★ 重庆市高校省级思想政治理论课教学改革创新团队建设成果
★ 重庆市高校省级精品资源共享课"中国近现代史纲要"建设成果

近现代中国历史故事讲评中的思想政治教育研究

项福库 杨风 ◎ 著

西南交通大学出版社
·成都·

图书在版编目（CIP）数据

近现代中国历史故事讲评中的思想政治教育研究 / 项福库，杨风著. —成都：西南交通大学出版社，2014.12
ISBN 978-7-5643-3583-0

Ⅰ. ①近… Ⅱ. ①项… ②杨… Ⅲ. ①思想政治教育－高等学校－教学参考资料 Ⅳ. ①G641

中国版本图书馆 CIP 数据核字（2014）第 278832 号

近现代中国历史故事讲评中的思想政治教育研究
项福库　杨风　著

责 任 编 辑	吴明建
封 面 设 计	严春艳
出 版 发 行	西南交通大学出版社 （四川省成都市金牛区交大路 146 号）
发行部电话	028-87600564　028-87600533
邮 政 编 码	610031
网　　　址	http://www.xnjdcbs.com
印　　　刷	成都蜀通印务有限责任公司
成 品 尺 寸	148 mm×210 mm
印　　　张	9
字　　　数	250 千字
版　　　次	2014 年 12 月第 1 版
印　　　次	2014 年 12 月第 1 次
书　　　号	ISBN 978-7-5643-3583-0
定　　　价	35.00 元

图书如有印装质量问题　本社负责退换
版权所有　盗版必究　举报电话：028-87600562

前　言

一、本书的写作意图、主要内容及材料来源

尽管长期以来，党中央、国务院、教育部以及全国各高校下定决心，要实现高校思想政治教育教学状况的根本好转，对大学生思想政治教育教学投入了大量人力、物力和财力，开展了数轮教育教学改革，然而，高校思想政治教育教学之整体现状仍然不佳，改革成效也不十分显著。追根究底，有多方面的原因，而其中一个不可忽视的方面即是当今大学生特别是理工科大学生在中学阶段历史教育普遍缺失、基本历史知识严重匮乏所致。

历史教育是对青少年开展历史唯物主义教育和思想政治教育的基础。但是，自1977年恢复高考以来，全国各级各类学校的历史教育大部分比较薄弱。在有些中小学校，历史课成了"鸡肋"，老师多为兼职教师或其他课老师，历史课成了可有可无的课。这样，全民族的历史教育不但得不到普及，反而受到了伤害，历史教育的育人功能没有发挥出来。实行"文理分科"，许多学校理工科班级的历史课形同虚设。这种错误的做法导致了当代中学生知识结构的缺陷，不少理科学生缺少最基本的历史常识。高中阶段是学生世界观形成的重要时期。高中历史教学的松懈和缺失，导致学生历史知识的匮乏，也使学生失去了学习历史唯物主义的基础。学生缺乏历史唯物主义思想，就不能认识和辨别社会上纷繁复杂的社会现象，这严重地影响到他们正确世界观的形成。当历史虚无主义思潮来袭的时候，当西方敌对势力用"多党制""议会制""民主""自由""人权"等为借口的糖衣炮弹向中国发起"攻心战"的时候，他们中的一些人就容易迷失方向，就容易打败仗。

据调查，许多理工科大学生及研究生因在中学阶段没有接受过系统的历史教育，而缺乏基本的历史知识，其中80%以上的学生对近现代中国历史的基本框架，以及诸如"中国梦"等重要理论观点知识知之甚少；约90%以上的学生对欧洲历史及中东历史几乎是"史盲"。面对20世纪90年代以来"历史虚无主义思潮"在中国社会上的流行、泛滥，面对一些媒体大力鼓噪"告别革命论"，否定中国自五四运动以来的爱国革命传统，恶意诋毁攻击中国共产党领导的新民主主义革命，肆意贬低甚至全盘否定革命领袖毛泽东，否定中国改革开放等论调甚嚣尘上，面对影视剧、文学作品对近代中国历史人物、事件予以"重新评价""还原历史"乃至"戏说""恶搞"，甚至无中生有、捕风捉影，将民众集体记忆中的革命英雄人物形象进行丑化、滑稽化等方面的渲染，面对西方敌对势力对中国进行的种种恶意宣传和攻击，这些"史盲"的大学生由于没有辨别力和洞察力，往往会迷失方向，乱了阵脚，从而丧失马克思主义和历史唯物主义的正确立场。他们开始对社会缺乏正确的认识，对林林总总的社会现象缺乏分析能力，甚至对国家和民族丧失认同感。这是近年来中国社会存在的潜在危险。

对青少年进行思想政治教育，历史教育至关重要。对青少年实施系统的历史教育，是为对其开展思想政治教育打下基础。没有系统的近现代中国历史知识，就无法看透资本—帝国主义的入侵给中国带来了什么；无法理解近现代中国人民为何要选择马克思主义、选择中国共产党、选择社会主义道路、选择改革开放；也无法辨别祖国在近代史上与现代史上前后两次对外开放有着什么本质上的不同；更无法坚定对中国特色社会主义的道路自信、理论自信、制度自信，无法领悟伟大"中国梦"的历史底蕴和时代内涵。

当代大学生历史教育的相对有限，近现代中国历史知识的严重匮乏，是高校思想政治教育教学质量难以提高、被动局面难以得到根本好转的一个不容忽视的客观因素，也是高校思想政治教育教学工作者非常棘手的现实问题。当前，面对西方世界"普世价值说"及其歪曲、丑化近现代中国历史的种种言论，加强对大学生历史教育的普及工作十分紧迫。为了强化大学生思想政治教育，给国家培养合格可靠的接班人，高校思想政治教育工作者有责任、有义务通过全面而系统地挖掘适合于对大学生开展思想政治教育的近现代中国爱国历史故事资源，编写出在近现代中国爱国历史故事讲评中对大学生进行思想政治教育的可供师生阅读的校本读物，并运用于大学生思想政治教育教学实践中去，从而为大学生补上这中学时代缺失的一课，进而拓宽大学生思想政治教育的主渠道。

在中国近现代史上，涌现出许许多多爱国主义英雄人物，如虎门销烟的林则徐、著书警世的陈天华、工运领袖苏兆征、舍身炸碉堡的董存瑞、人民的好干部焦裕禄、草原英雄小姐妹、白衣天使叶欣等。这些英雄模范所表现出来的爱国主义情操和高尚的道德风范都是值得大学生们学习和继承的宝贵精神财富。通过讲评发生在他们身上的历史故事，并将这些历史人物放到历史长河中去定位，去分析其价值，让学生们学会运用唯物史观，从当时的历史背景下去分析，再从历史进程的发展来思考问题，从而促使学生们从他们身上吸收正能量，提高自身修养。通过对这些历史人物，尤其是他们的爱国情感、民族精神和人格魅力的了解和认识，将给大学生留下深刻的影响，而对历史人物的正确讲评，将能够帮助他们提高史学分析判断能力，进而树立科学的历史观和人生观。

二、本书的学术价值及应用价值

170余年的近现代中国历史中蕴含着丰富的爱国故事资源，"它们作为特殊的文化意识形态，是对中国共产党将马克思主义中国化过程的全记录；是党领导全国人民夺取政权、巩固政权和建设新中国的精神支柱；是当代中国社会主义核心价值观、社会主义核心价值体系的源头；是一部难得而珍贵的关于中国革命、建设与改革开放的鲜活历史教材；是一笔丰厚而系统的集理想信念教育、革命传统教育、爱国主义教育、思想品德教育于一体的国民社会主义核心价值观养成教育的优质资源"[①]。挖掘近现代中国爱国历史故事资源，并结合史学界研究的新成果对其进行深入地讲评，会给大学生以生动具体的理想教育和人格教化，

---

① 项福库，蒋长清，李沙：《近现代中国爱国歌曲作品赏析中的思想政治教育教程》，成都：西南交通大学出版社，2013年版，第4页。

值得高校思想政治理论教育工作者进行深入系统的开发、利用和研究。本书通过对大量近现代中国爱国历史故事的介绍、讲评,从正面引导大学生扬善弃恶、崇荣避辱,培养其正确的世界观、人生观和价值观,提高大学生的道德修养水平。本书可为全社会,特别是各级各类学校思政课教师及教育工作者开展思想政治教育工作和社会主义核心价值体系建设提供鲜活的故事案例素材,它以独特的视角、全新的理念、典型的案例,丰富、拓展、更新了大学生思想政治教育教学的内容,并从学术研究的角度为高校"中国近现代史纲要"等思想政治理论课程建设提供了学术支撑,增强了其课程教学的学术性与案例性。

三、本书的写作特点、结构体系及内容范围

在鸦片战争以来不同历史时期中华民族抵御外来侵略、争取民族独立和人民解放、实现国家富强和人民富裕的奋斗进程中,涌现出无数感人的爱国历史故事,它们是当今高校开展思想政治教育教学取之不尽、用之不竭的宝贵资源。加强对近现代中国爱国历史故事资源的挖掘与利用,是优化、完善高校思想政治教育教学的重要环节。本书便是从这一角度出发,结合了史学界研究的新成果,对典型爱国历史故事进行深入系统的讲评,进而对大学生开展思想政治教育。本书严格按照马克思主义理论研究和建设工程重点教材《中国近现代史纲要》(高等教育出版社,2013)中编、章、节的结构体系和编写顺序,选取编、章、节中的部分典型爱国历史故事作为案例,并用思想政治教育的研究方法进行具体讲评,以便配合"中国近现代史纲要"等思想政治理论课程教学。本书按编、章、节结构体系写成,全书分上、中、下三编,每编各有综述,每编里设章,章下设节。本书收录的爱国历史故事从近代的鸦片战争时期一直到现代的改革开放新时期,本书在写作中参考了大量中外书籍、论文,资料丰富,内容翔实。愿本书的出版能为从事思想政治教育教学及其研究的同仁、读者起到抛砖引玉之作用。

作 者
2014 年 8 月 1 日于长江师范学院鉴湖之滨

上编 旧民主主义革命时期历史故事讲评中的思想政治教育（1840—1919）

第一章 反对外国侵略斗争时期历史故事讲评中的思想政治教育 …… 9
  第一节 林则徐虎门销烟 …… 9
  第二节 三元里群雄抗英 …… 15
  第三节 陈连升与忠烈节马 …… 20
  第四节 黑旗军助越抗法 …… 26
  第五节 冯子材边关破敌 …… 35

第二章 对国家出路的早期探索时期历史故事讲评中的思想政治教育 …… 43
  第一节 洪秀全金田起义 …… 43
  第二节 康有为"公车上书" …… 51
  第三节 巾帼女子"红灯照" …… 61

第三章　辛亥革命时期历史故事讲评中的思想政治教育 …… 68
第一节　浩气英风史坚如 …… 68
第二节　著书警世陈天华 …… 73
第三节　黄花英烈浩气长存 …… 81

中编　新民主主义革命时期历史故事讲评中的思想政治教育（1919—1949）

第一章　新民主主义革命初期历史故事讲评中的思想政治教育 …… 102
第一节　火烧赵家楼，痛打章宗祥 …… 102
第二节　工运领袖苏兆征 …… 110
第三节　北伐先锋，彪炳千秋 …… 121

第二章　土地革命战争时期历史故事讲评中的思想政治教育 …… 131
第一节　红色特工钱壮飞 …… 131
第二节　彝海结盟传佳话 …… 138
第三节　"一二·九"吹响全民族抗日号角 …… 147

第三章　抗日战争时期历史故事讲评中的思想政治教育 …… 157
第一节　八女英魂，永垂不朽 …… 157
第二节　五壮士血染狼牙 …… 164
第三节　为国捐躯刘老庄连 …… 169

第四章　解放战争时期历史故事讲评中的思想政治教育 …… 175
第一节　千里跃进大别山 …… 175
第二节　董存瑞舍身炸碉堡 …… 183

第三节　烈火红岩丰碑存 …………………………………………… 190

下编　社会主义革命与建设时期历史故事讲评中的思想政治教育（1949年至今）

第一章　新中国成立初期历史故事讲评中的思想政治教育 ………… 210
　第一节　宁肯一人脏，换来万户净 ……………………………… 210
　第二节　特级英雄杨根思 ………………………………………… 215
　第三节　人民的好干部焦裕禄 …………………………………… 226
第二章　社会主义建设在探索中曲折发展时期历史故事讲评中的思想
　　　　政治教育 ……………………………………………………… 236
　第一节　地质学家李四光 ………………………………………… 236
　第二节　草原英雄小姐妹 ………………………………………… 243
　第三节　铁人精神永放光辉 ……………………………………… 248
第三章　改革开放与现代化建设新时期历史故事讲评中的思想政治教育
　　　　…………………………………………………………………… 257
　第一节　钢铁英雄史光柱 ………………………………………… 257
　第二节　九八抗洪，众志成城 …………………………………… 263
　第三节　白衣天使叶欣 …………………………………………… 271
后　　记 ……………………………………………………………… 278

上 编

旧民主主义革命时期历史故事讲评中的思想政治教育
(1840—1919)

1840年的鸦片战争是中国近代史的开端，中国历史的发展从此发生重大转折。从这一年到1919年五四运动爆发，其间80年，是中国社会风云变幻的80年，也是中华民族苦难屈辱的80年。在这80年中，西方列强一次又一次的侵略，使中国从一个主权完全独立的封建国家逐步沦为半殖民地半封建社会。这80年中，中国人民为了争取民族独立和人民解放，进行了不屈不挠的反帝反封建的民族民主革命斗争，最终结束了统治中国长达两千多年的封建帝制，粉碎了西方列强企图灭亡中国的狂妄野心。

中国的封建社会前后延续长达两千多年。在漫长的封建社会中，中华民族创造了高度发达的中华文明，并传播、辐射、影响到东亚、东南亚地区及世界其他国家，对人类社会的进步做出了卓越的贡献。但到鸦片战争前，中国的封建社会已处于衰落的晚期，统治中国的最后一个封建王朝——清朝，在经过了"康乾盛世"之后，正循着中国历代封建王朝的旧轨迹、"周期律"，走到了危机四伏的封建社会的末世。其具体表现为：

政治方面——政治腐败，统治者荒淫无度。道光皇帝（1782—1850）是鸦片战争时期清王朝当政皇帝，他独断专横，虚骄自大。由他派出的执掌一省或数省军机大权的封疆大吏大多闭塞愚昧，对世界形势茫然无知，许多人甚至不知道英国在天南还是地北。魏源（1794—1857）曾对此进行讽刺："为问海夷何自航？或云葱岭可通大西洋。……岛夷通市二百载，茫茫昧昧竟安在。"①面对来势汹汹的外来入侵，君臣们依旧沉浸于"天朝上国"的美梦。与此同时，清政府吏治腐败不堪。在封建专制统治下，统治者饱食终日，无所用心，不解民苦，昏庸腐朽。乾隆皇帝曾六次下江南，沿途寻欢作乐，劳民伤财。各级官吏贪污成风，贿赂盛行。乾隆年间的权臣和珅聚敛家产达白银八亿两，等于当时清朝十七八年的国库收入。道光时的首席军机大臣穆彰阿，揽权卖官，与和珅有"上和下穆"之称。嘉庆、道光年间久任要职的军机大臣曹振镛，对讨教官运亨通

---

① 《魏源集》下册，北京：中华书局，1976年版，第276~277页。

之道的门生称:"无他,但多磕头少说话耳!"① 中央官员如此,其余各级官吏也纷纷不遗余力地搜刮民财。"三年清知府,十万雪花银"的民谚,便是对当时吏治败坏,无官不贪的真实写照,这充分暴露出清朝封建制度的腐败与堕落。

经济方面——财政困难,封建剥削残酷。清朝土地高度集中,贫富分化悬殊。封建土地制度依然是社会经济的基础,以小农业和家庭手工业相结合的自给自足的自然经济依然占主导地位。皇室、官僚和地主大肆兼并土地,造成土地高度集中,这种情况在乾隆年间就已经开始恶化,到鸦片战争前夕,则更趋严重。当时,皇帝就是最大的地主。据1812年(清嘉庆十七年)统计:嘉庆皇帝直接或间接掌握的土地竟达83万顷(830万亩)。道光年间的大官僚琦善占地曾达25 600余顷之多,而与此同时占全国人口80%以上的农民却只有很少的土地或者完全没有土地。这不仅加剧了农民阶级和地主阶级的矛盾,同时也激化了满汉贵族官僚大地主与中小地主之间的矛盾。另外,繁重的地租、税赋、劳役和高利贷,使农民陷于极端贫困的境地。地主对农民的地租剥削十分苛重,农民要将收成的一半甚至60%~80%作为地租交给地主。此外,农民还必须承担政府沉重的赋税,而"正赋"之外,官吏胥役各种私派的敲诈勒索层出不穷,龚自珍"国赋三升民一斗"的诗句就是当时的真实写照。自明朝中叶以来,南方沿海沿江的一些省份,在丝织业、棉纺织业、制瓷业、采矿业和冶铁业等行业中手工工场有很大的发展,出现了资本主义萌芽。但资本主义萌芽的发展却十分缓慢,在清朝"重本扣末"政策的摧残下,直到鸦片战争前夕,这个萌芽始终没有发展成为破坏封建制度、建立资本主义制度的独立力量。

军事方面——军制落后,军备废弛,国防空虚。清朝的军队由八旗军和绿营兵组成。清政府每年耗资2 000万两白银(占当时清

---

① 〔清〕李岳瑞:《春冰室野乘》,呼和浩特:内蒙古人民出版社,2003年版,第45页。

朝年财政收入的将近一半）豢养着22万八旗军和66万绿营兵。但八旗军在入关以后，大量圈地，享受种种特权，过着寄生生活。绿营兵军官也吞饷肥私，花天酒地，不管营务；兵丁则扰民劫财，从不操练。军队武器装备也十分简陋，弓箭、刀斧等原始武器依然占主导地位；海防要塞的大炮，有的还是300年前的旧炮。总之，清军到鸦片战争前夕已完全丧失了抵御侵略、保卫国防的能力。

文化思想方面——实行严厉的文化专制政策。清政府提倡以"三纲五常"为核心的程朱理学，大兴"文字狱"，以禁锢人们的思想，使整个社会出现万马齐喑、死气沉沉的局面。

阶级矛盾方面——阶级矛盾尖锐，人民反抗不断。1796年爆发的白莲教大起义，先后有数百万农民参加，波及湖北、四川、河南等五省，历时9年。1813年，李文学领导的天理教（白莲教支派）起义，波及河南、山东、河北等省。天理教首领林清率领的一支起义军，在宫内太监的协助下，竟一举攻入了紫禁城，至今隆宗门匾额上还留有被箭射中的痕迹。此起彼伏的农民起义沉重地打击了清王朝的统治，加速了清王朝的衰落。

对外关系方面——闭关锁国，故步自封。1757年乾隆皇帝下令闭关，仅留广州一口对外通商，并对贸易的数量、品种以及外商的活动加以严格控制。闭关政策使中国与世隔绝，严重地阻碍了国内资本主义萌芽和科学文化的发展，阻碍了中外经济文化交流，结果使中国与西方先进资本主义国家的差距越来越大，导致近代中国处于被动挨打的局面。

正当清朝国势江河日下之时，西方资本主义却迅速发展起来。英国在17世纪完成了资产阶级革命，又于18世纪60年代最早开始了工业革命，成为当时世界上最强大的资本主义国家。为了摆脱经济危机，夺取新的市场，英国迫不及待地把侵略矛头指向地大物博、人口众多而又闭塞落后的中国。法国经过18世纪末资产阶级革命和19世纪20年代的工业革命后发展成为仅次于英国的资本主义国家，到处扩张侵略，争夺殖民地。美国在18世纪独立战争后，资本主义获得迅速发展，成为仅次于英、法的资本主义强国，到鸦片战争前夕，它积极跟随英国贩卖鸦片，成为英国的主要帮凶。沙皇俄国于1861年废除农奴制后资本主义也有了较快的发展，它利用地理上的方便条件，从陆路侵占中国的土地，并通过陆路贸易，对中国进行经济掠夺。

  中外贸易开始于16世纪，最先来到中国的是葡萄牙人，随后是西班牙人、荷兰人。17世纪初，英国人、法国人也相继来到中国。当时英国输入中国的商品主要是呢绒、棉布等棉毛制品，还有少量的铅、锡、铜等金属品，其中棉花占输入商品的一半以上。中国输出的商品主要是茶叶、生丝、土布、大黄等农副产品，其中茶叶约占出口总量的60%，生丝约占20%。由于中国闭关政策的限制和自然经济的抗拒，英国的呢绒、棉布、金属品等很难在中国市场上推销，而中国商品特别是茶叶和生丝，却成为英国市场上的畅销货。因此，在正当的中英贸易中中国长期处于出超地位。为了改变这种不利局面，扭转对华贸易上的逆差，英国侵略者找到了一种特殊的商品——鸦片。鸦片俗称"大烟"，又叫"阿芙蓉"，是用罂粟的汁熬制而成的麻醉性毒品，人一旦吸食上瘾，便难以戒绝。1773年第一任英印总督哈斯丁斯正式制定了对华鸦片政策，此后英国对中国的鸦片输入逐年增加：1773年以前每年不超过1 000箱，到1800年增加至4 570箱，1828年为11 154箱，1834年为21 885箱，1838年则激增至40 200箱。① 鸦片走私使英国鸦片贩子和英属印度政府获得惊人的暴利，从而改变了中英正当贸易状况。据不完全统计，鸦片战争前40年间，英国侵略者从中国掠夺了3亿至4亿银元。从此，中国失去了对外贸易中的长期优势，由原来的出超变为入超。与此同时，美、俄等国也不断地向中国输入鸦片。鸦片战争前十年，烟毒已经泛滥于全国。据1835年估计，全国吸食鸦片的人数在200万人以上，"上自官府缙绅，下至工商优隶，以及妇女僧尼道士，随

---

  ① 马士：《中华帝国对外关系史》第一卷，上海：上海书店出版社，2006年版，第238~239页。

在吸食"。① 烟毒泛滥给中国社会带来了严重的危害。马克思曾愤怒地谴责英国说："非法的鸦片贸易年年靠摧残人命和败坏道德来充实英国国库。"② 当时，中国有人编歌谣警示国人，其中有这样的句子："请君莫畏大炮子，百炮才闻几人死？请君莫畏火箭烧，彻夜才烧二三里。我所知者鸦片烟，杀人不计亿万千！"③

烟毒泛滥给中国人民带来了深重的灾难，使中华民族与外国资本主义侵略者的民族矛盾日益激化。面对严重的鸦片侵略和人民群众的禁烟要求，清朝统治集团内部展开了一场"要不要严禁鸦片"的激烈争论，并逐渐形成了"驰禁"和"严禁"两派。为维护清王朝的统治，在两派之间摇摆不定的道光皇帝最终决定禁烟，并任命林则徐为钦差大臣。1839年3月，林则徐到达广州，很快，他就对外国鸦片贩子采取了严厉的措施。他责令外商将趸船上所存的鸦片，造具清册，听候收缴，并声明"嗣后来船，永不敢夹带鸦片，如有带来，一经查出，货尽没收，人即正法"。他禁烟战备两手抓，同时表示"若鸦片一日不绝，本大臣一日不回，誓与此事相始终，断无中止之理"④。最后，英国鸦片贩子被迫缴出20 000余箱鸦片，美国烟贩缴出1 500余箱。1839年6月3日至25日，林则徐主持把收缴的230多万斤鸦片在广州虎门海滩当众销毁，这就是著名的虎门销烟。虎门销烟使禁烟运动达到最高潮。这一事件震动中外，永垂青史。

虎门销烟维护了国家的利益和民族的尊严。由于英国资产阶级及其政府对中国发动武装侵略蓄谋已久，加之1825年和1837年英国连续发生了两次资本主义经济危机，商品滞销，工厂倒闭，银行破产，工人失业，人民不满，为了摆脱危机和转移国内人民的视线，

---

① 黄爵滋：《黄少司寇奏疏》，转引自《鸦片战争》（第一册），全国图书馆文献缩微复制中心，2005年版，第463页。
② 《马克思恩格斯选集》第二卷，人民出版社，1972年版，第14页。
③ 陈澧：《炮子谣》。
④ 《林则徐集》公牍，北京：中华书局，1963年版，第58~60页。

英国政府迫不及待要发动一场侵略战争。于是英国政府借口中国禁烟，于1840年6月至1842年8月对中国发动了鸦片战争。鸦片战争以清政府的失败而告终，清政府被迫与英国签订了中国近代史上第一个不平等条约《南京条约》，接着签订了中英《虎门条约》和《五口通商章程》。美国、法国等西方列强趁火打劫，逼迫清政府签订了中美《望厦条约》、中法《黄埔条约》等不平等条约。

鸦片战争的失败，第一批不平等条约的订立，对中国社会产生了巨大而深远的影响，中国自此由一个独立完整的封建国家开始沦为半殖民地半封建社会。中国社会的主要矛盾，由地主阶级与农民阶级的矛盾，演变为了资本－帝国主义与中华民族的矛盾、封建主义与人民大众的矛盾，其中资本－帝国主义与中华民族的矛盾是主要矛盾。从此，中国人民肩负起了反帝反封建的双重任务。

鸦片战争后，资本－帝国主义又对中国发动了多次侵略战争，其中最主要的有：第二次鸦片战争、中法战争、中日甲午战争和八国联军侵华战争。资本—帝国主义通过"一打一拉"的手法逐渐控制了清政府，而清政府为了维护其反动统治，对外一味妥协投降，无止境地出卖国家主权，并逐步买办化，以换取列强的支持。《南京条约》签订后，清政府又相继与各资本—帝国主义国家签订了一系列不平等条约：《北京条约》《中法新约》《马关条约》《辛丑条约》，等等。1901年的《辛丑条约》使中国完全陷入了半殖民地半封建社会的深渊，清政府完全成了资本—帝国主义的走狗。

随着资本—帝国主义侵略中国，一步步把中国变成半殖民地半封建社会的同时，中国人民的反帝反封建斗争也一浪高过一浪。按照社会经济关系的发展和领导革命阶级力量的变化，在旧民主主义革命时期的80年间，前期主要为农民阶级领导的反帝反封建斗争，如太平天国农民战争和义和团运动。他们在帝国主义和封建主义的双重压迫和奴役下，奋起反抗，在反封建的同时勇敢地担负起了新的斗争任务——反对帝国主义。在此期间，地主阶级中的洋务派掀起了洋务运动。洋务运动虽然没有使中国强大起来，也没有使中国富强起来，但它在客观上促进了中国早期工业和民族资本主义的发展。到 19 世纪末 20 世纪初，随着民族危机的空前严重和民族资本主义的初步发展，民族资产阶级登上了中国的政治舞台，开始领导反帝反封建斗争。从希望通过改良发展资本主义的维新变法运动，到提出比较完整的资产阶级民主主义革命纲领的辛亥革命，中国的旧民主主义革命达到了最高峰。中国人民的反帝反封建斗争，推动了中国社会不断前进，也是帝国主义不能灭亡中国的主要原因。

"向西方学习"是贯穿于这风云变幻的 80 年中的进步潮流。先进的中国人披荆斩棘，历尽艰辛，向西方寻找救国救民的真理，提出了一个又一个救国方案：地主阶级的代表魏源提出"师夷长技以制夷"的思想；农民领袖洪秀全提出农业社会主义方案；资产阶级改良派领袖康有为提出君主立宪制；资产阶级革命派领袖孙中山制定出资产阶级共和国方案并一生为之奋斗。由于时代和阶级的局限，这些救国方案都无法实现，这标志着旧民主主义革命的历史行程已到达终点。然而，中国人民没有退缩，而是继续前仆后继，英勇奋战，探索前进。五四运动前夕，在俄国十月革命的影响下，随着中国工人阶级的壮大和马克思主义的开始传播，先进的中国人把学习的目光从西方转向了俄国，从而迎来了中国革命的新曙光。自此，中国革命开启了由无产阶级和中国共产党领导的新时代，走社会主义道路成为近代中国人民的必然选择，这是中国人民经过 80 年的旧民主主义革命斗争，用鲜血换来的宝贵经验。

在风云变幻的旧民主主义革命的 80 年间，在中国人民前仆后继、英勇奋战，一浪高过一浪的反帝反封建斗争中，涌现出无数可歌可泣的动人的英雄故事。希望能通过对这些故事的讲评，加强青少年的思想政治教育，帮助他们进一步加深对近现代中国人民"为什么选择了马克思主义？""为什么选择了中国共产党？""为什么选择了社会主义道路？""为什么选择了改革开放"等问题的理解。

第一章 反对外国侵略斗争时期历史故事讲评中的思想政治教育

第一节 林则徐虎门销烟

虎门销烟是指清朝政府委任钦差大臣林则徐到广州禁烟,收缴英美鸦片230多万斤并集中在虎门海滩当众销毁的历史事件。事件发生于鸦片战争之前的1839年。

一、故事背景

鸦片战争之前,中国为清朝道光皇帝统治时期,处于中国两千多年封建社会的末期。此时的清朝政治腐败,高度集权的封建君主专制制度已腐朽不堪,皇帝专横独断,骄妄自大,沉醉在"天朝上国"的美梦之中。一般封疆大吏愚昧闭塞,官场贪污成风,吏治腐败。经济落后,农业和家庭手工业相结合的自给自足的自然经济仍然占全国主导地位。土地兼并十分严重,大量耕地集中在少数贵族、地主手中,皇帝是全国最大的地主;而占全国人口绝大多数的农民,只有很少的土地或者完全没有土地。同时广大农民还受到封建地租、赋税、徭役和高利贷的重重盘剥,陷于贫困破产和流离失所的悲惨境地。军备废弛,清朝的八旗军和绿营兵在编制上虽有八九十万人,但实际上缺额甚多;武器落后,大刀、长矛、弓、矢等冷兵器依旧大行其道;而且军务废弛,缺乏训练,军纪败坏。清政府还实行严酷的文化专制政策,沿用"八股取士"的科举制度,并大兴"文字狱",钳制和禁锢了知识分子的思想。在对外政策上,清政府始终坚持闭关自守的锁国政策,严格控制对外交流。到清朝中后期,阶级矛盾尖锐,人民反抗不断。

就在清朝封建专制统治走向末世之时,欧美资本主义国家却迅速崛起。英国在19世纪20~30年代完成了工业革命,代表了当时最先进的生产力水平。中国拥有庞大的人口资源,正是英国资产阶级梦寐以求的潜在市场。而中国自给自足的自然经济和闭关锁国的政策对英国的商品倾销具有顽强的抵抗力,英国的工业品没有能够打开中国市场,在正当的中英贸易中,中国长期处于出超的有利地位。以1781年到1790年为例,"中国输往英国的商品,仅茶叶一项就价值九千六百万银元。而同一时期英国输入中国的所有商品总值才一千六百万银元,仅相当于中国茶叶的六分之一"。[①] 英国工业革命以后,对中国的出口贸易虽有所增加,但在中国市场上仍难打开销路。1821年,英国商人在广州廉价拍卖运来的印花布、天鹅绒、剪绒等,"亏本百分之六十以上"。[②] 英国每年都必须从本国运来大量白银,才能抵偿对华贸易的逆差。为改变这种状况,英国资产阶级决定利用鸦片来打开中国市场的大门。1773年,英属印度政府正式确立了向中国贩卖鸦片的政策,并先后给予东印度公司制造和专卖鸦片的特权。从1800年开始,英国鸦片大量输入中国。[③]

鸦片大量输入给中华民族带来了深重的灾难。首先,鸦片大量输入改变了中国对外贸易的长期优势,白银大量外流在引起清政府财政危机的同时,也导致"银贵钱贱"的局面。例如1794年白银1两兑换铜钱1 000文,到1838年时就增至1 060~1 070文,而农民

---

① 中国社会科学院近代史研究所:《中国近代史稿》第一册,北京:人民出版社,1978年版,第28~29页。

② 马士:《东印度公司对华贸易编年史》第四卷,上海:上海书店出版社,2006年版,第1页。

③ 李伯祥等:《关于十九世纪三十年代鸦片进口和白银外流的数量》,载《历史研究》1980年第5期。

向政府缴纳赋税时须折成白银，这样他们实际上要多交6%~7%的赋税，大大增加了负担，所受剥削更加严重了。据1839年统计，"各省积年拖欠赋税共达二千九百多万两"。① 这造成城乡工商业凋敝，摧残了资本主义萌芽的成长。其次，鸦片使清朝统治者更加腐化，加剧了国家危机。鸦片战争前夕有人估计，在京官中有十分之一二，地方官中有十分之二三吸食鸦片；作为清朝国家支柱的军队，许多官兵也吸食甚至贩卖鸦片，广东水师中这种现象就颇为严重。当时所谓海关检查，只是装装样子，对鸦片走私官兵不但不予缉拿，而且俨然成了武装保驾。广东水师副将韩肇庆就同鸦片贩子订立了一个契约，前者每私放一万箱鸦片进口除了收取一笔贿赂外，还让巡船扣下几百箱充当缉获的赃物，送到上司衙门去报功请赏，因此被晋升为总兵。再次，鸦片毒害了国人的身心健康，摧残了社会生产力。总之，烟毒泛滥给中国人民带来了深重的灾难，使得中华民族与外国资本主义侵略者的民族矛盾日益激化。

广大人民对鸦片贸易深恶痛绝，称罂粟为"妖花"，烟贩为"老鼠"，烟船为"鬼船"。1838年，广东出现了群众性的禁烟热潮。当年12月12日，广州地方政府决定在广州商馆前的广场上处决中国烟犯，外国鸦片贩子前来捣乱，激起了民愤。上万群众自发地包围了商馆，用石头瓦块袭击商馆门窗，痛打了外国暴徒。这些都显示出中国人民坚决要求禁烟的决心。面对鸦片输入造成的"国日贫，民日弱"②的严峻形势，清政府内部展开了一场"要不要严禁鸦片"的激烈争论，并逐渐形成了"弛禁"和"严禁"两派。弛禁派以首席军机大臣穆彰阿和直隶总督琦善为代表，主张对鸦片侵略妥协，反映了贵族、官僚、地主、商人中与鸦片贸易直接有关的受贿集团、贩毒者和吸毒者的利益。严禁派以湖广总督林则徐和鸿胪寺卿黄爵滋为代表，主张严禁鸦片，反映了受鸦片之害的中小地主和商人的利益，并代表了具有民族自尊心的爱国的地

---

① 《清宣宗实录》卷三二三，第3页。
② 《夷艘入寇记》，辑自中国近代史资料丛书《鸦片战争》（六），上海：上海人民出版社，1972年版，第105页。

主阶级改革派的思想。1838年10月，林则徐上奏道光皇帝，支持黄爵滋"重治吸食"的主张，并尖锐指出"鸦片迨流毒于天下，则危害甚巨，法当从严。若犹泄泄视之，是使数十年后，中原几无可御敌之兵，且无可以充饷之银"①。林则徐的话击中了道光帝的要害，一直在弛禁派和严禁派之间摇摆不定的道光帝从维护封建统治出发，决定严禁鸦片。1838年12月，道光帝任命林则徐为钦差大臣赴广州查禁鸦片，从而出现了中国近代史上著名的林则徐虎门销烟的故事。

林则徐（1785—1850），字元抚，又字少穆、石磷，福建侯官人（今福州市）。他幼年时虽然家境贫寒，但在父亲的精心培育下，依然受到了良好的教育。嘉庆九年（1804年），中举人，年仅20岁；嘉庆十六年（1811年），赐进士，时年26岁。在从政的40年中，林则徐曾任江苏巡抚、两广总督、湖广总督、陕甘总督和云贵总督，两次受命为钦差大臣。他廉洁奉公，重视水利建设，救灾赈民。他还主持编译《四洲志》等外文书籍、资料，开创了中国近代学习和研究西方之风气，是中国近代睁眼看世界的第一人，维新思想的先驱，堪称清朝后期著名的政治家、思想家、诗人，以及伟大的民族英雄。

二、故事简介

1839年3月10日，钦差大臣林则徐到达广州查禁鸦片。广州人民群众自发组织起来，截击鸦片走私船，砸毁"窑口"，袭击烟馆。对此，林则徐深受鼓舞，从而增强了禁烟的信心。他说："察看内地民情，皆动公愤，倘该夷不知改悔，唯利是图，非但水陆官兵，军威壮盛，即号召民间丁壮，已足制其命而有余。"② 他多次发出告示，晓喻军民绅商，凡吸食鸦片者要立即呈缴烟土烟具，限期戒除。他与两广总督邓廷桢、广东水师提督关天培等，严拿烟贩，惩办不法官吏；要求外商交出鸦片，将功赎罪。3月18日，林则徐责令外商交出全部鸦片，声明"嗣后来船，永不敢夹带鸦片，如有带来，一经查出，货尽没收，人即正法"。

---

① 《林则徐集》奏稿（中），中华书局，1965年版，第601页。
② 《林则徐集》公牍，《谕各国商人呈缴烟土稿》，中华书局，1963年版，第59页。

林则徐坚决表示，"若鸦片一日不绝，本大臣一日不回，誓与此事相始终，断无中止之理"①。在广州人民的支持下，禁烟运动迅速高涨起来。在缴烟期间，美国、荷兰烟商承诺永不再贩鸦片，英国却从中破坏，在缴烟途中运走鸦片，又以各种理由拖延时间。林则徐将计就计，延长封锁十三行的时间，查理·义律无奈，只得如数缴烟。截至5月21日，共收缴鸦片20 283箱，共2 376 000多斤。同时，拘捕吸毒者、烟贩1 600人，收缴烟膏461 526两、烟枪42 741杆、烟锅212口。

1839年6月3日至25日，历时23天的虎门销烟，在林则徐的指挥下开始了。虎门搭起了一座礼台，前面挂着一面黄绫长幡，上书"钦差大臣奉旨查办广东海口事务大臣节制水陆各营总督部堂林"，广东各高级官员全部出席。在虎门海滩，林则徐主持把收缴的鸦片230多万斤当众销毁，这就是著名的虎门销烟。有人这样描绘当时的景象：数日来大雨不断，到这天放晴了，古老的虎门寨下，山脚中央搭起一座礼台，挂起麟帐，铺着红地毯，山前山后，扎着兵哨，写着林则徐官职的黄绫长幡迎风飘舞，威武雄壮。午后二时许，林则徐登上礼台，在礼炮声中，震动中外的虎门销烟开始了。在销烟过程中，林则徐派人在海滩挖成15丈见方的池子，池底用石头铺砌，池壁围钉上木板，以免渗漏。池子前面设一涵洞，后面通一水沟，先由沟道里引水入池，撒盐成卤，然后将鸦片烟箱劈开，把鸦片逐个切成四瓣，投入池里的卤水，浸泡半日，再将石灰撒入池中，池里顷刻便沸腾起来。销烟工人立在跳板上，用铁锄木耙来回翻搅，直到鸦片颗粒全化，彻底破坏，等退潮的时候，启放涵洞，将池中物随浪送入大海，并用清水刷涤池底，不留一点烟灰。如此照样重复进行，工作十分精细，所以用了整整23天的时间才将全部鸦片销毁完毕。

林则徐虎门销烟是中国禁烟运动的重大胜利，它打击了外国侵略者的嚣张气焰，表明了中国人民维护民族尊严的决心和反抗外国侵略的坚强意志。新中国成立后，雕刻在天安门广场人民英雄纪念碑上的第一幅巨型浮雕就是虎门销烟的图景。

---

① 《林则徐集》公牍，中华书局，1963年版，第58～60页。

三、"林则徐虎门销烟"故事讲评中的思想政治教育

1. 反毒禁毒,捍卫国家利益和民族尊严

鸦片的大量输入及由此引起的白银外流,给中华民族带来了深重的灾难。鸦片毒害了国人的身心健康,摧残了社会生产力,使得中华民族与外国资本主义侵略者的民族矛盾日益激化。林则徐对鸦片的泛滥深恶痛绝,希望严禁鸦片,他与以首席军机大臣穆彰阿和直隶总督琦善为代表的弛禁派展开坚决的斗争,提出"重治吸食"的主张。他在禁烟期间,严拿烟贩,惩办不法官吏,要求外商交出鸦片,将功赎罪。同时,他还写了一封照会当时英国维多利亚女王的信件,对英国明知鸦片的危害却在其管辖的印度大量种植生产鸦片以及在中国进行非法的鸦片贸易提出质问,要求英国停止在印度生产鸦片和在中国贩卖鸦片,并通知维多利亚女王中国已经通过了《钦定严禁鸦片烟条例》,进行全面禁烟,英国国民应放弃鸦片贸易。虎门销烟在一定程度上遏制了鸦片在中国的泛滥,捍卫了国家利益。它是近代中国历史上反对外来侵略的重要史例,向全世界表明了中国人民反抗侵略的决心和勇气,振奋了民族精神,维护了民族尊严。

2. 使国民充分认识到毒品的危害,增强抵制毒品的意识

虎门销烟历时23天,广东各级官员全部参加。老百姓可以公开参观,加之是端午节前后,人们纷纷前往虎门海滩观看,销烟的正义行动得到了广大人民的支持,人们无不拍手称快。广东人民纷纷前来协助林则徐调查毒犯活动情况,揭发贪官污吏,爱国士绅们还设立民间禁毒机构,协助官府收缴烟土烟枪。这大大增加了中国广大民众对鸦片危害性的认识,增强了抵制毒品的意识,使很多人看清了英国向中国贩卖鸦片的本质,唤醒了人们的爱国情怀。另外,一些外商、领事、外国记者、传教士等也专程由澳门或其他地方前来观看,林则徐直接让他们进入池边,详细查看销烟方法,并沿途讲解,使其了解销烟的全部过程。对此,不少外国人也佩服不已。因此,《澳门月报》《季度评论》《新加坡自由新闻》《广州纪时报》等外国人创办的报刊都大篇幅连续报道了虎门销烟的事迹,进一步

扩大了虎门销烟的影响。1987年6月,联合国正式将"虎门销烟"完成的第二天,也就是6月26日定为"国际禁毒日"。

第二节 三元里群雄抗英

一、故事背景

三元里群雄抗英斗争的故事发生在1841年(道光二十一年),即第一次鸦片战争期间。鸦片战争爆发之始,林则徐早已在广州一带做好了战备,严阵以待,并提出"以守为战,以逸待劳"①的作战方针,动员民间壮勇杀敌,英国侵略者没有占到便宜。

战争爆发后,道光皇帝在英国侵略者的炮舰和投降派的影响下,由主张禁烟转而谋求妥协,任命投降派琦善为钦差大臣到广州与英军谈判,同时把林则徐和邓廷桢撤职查办,后充军伊犁。林则徐上书道光帝力谏必须禁烟和重视海防,被斥为一派胡言,这使抵抗派遭到沉重打击。而琦善到达广州后,抱定妥协投降的宗旨,一反林则徐所为,不但撤销一切防御措施,解散招募的水勇,甚至听任英军在内河探测水道。道光皇帝原以为查办了林则徐等人并答应英国侵略者可以在广州照旧通商就可以罢兵息战,不料英国侵略者更加蛮横地提出割地、赔款等无理要求,并突然攻占虎门的大角、沙角炮台,致使清朝守军死伤700多人。大角、沙角炮台失守后,琦善被迫让步,与英国侵略者首领义律签订了《穿鼻草约》。然而《穿鼻草约》自始至终未经中国皇帝批准,琦善也没有盖用关防印,因此该条约不具备法律效力。由于英军提出的条件过于苛刻,加之琦善擅自签订《穿鼻草约》,道光皇帝大为不满,感到有伤"国体",于是下令将琦善锁拿进京,抄家革职,并另派奕山、隆文和杨芳赴

---

① 《林则徐集》奏稿(中),北京:中华书局,1963年版,第762页。

广东指挥作战。义律获悉清政府调兵遣将的消息后，便趁广州防务被琦善破坏而奕山等人尚未到任之机先发制人，大举进攻虎门炮台，当时守卫炮台的是 62 岁的老将水师提督关天培。

关天培，江苏淮安府山阳县人，1834 年任广东水师提督。1839 年，林则徐任钦差大臣到广东禁烟，关天培成为林则徐的得力助手。他和邓廷桢一起，一方面积极协助林则徐收缴外商鸦片，另一方面认真布置海防，督造排桩，设置铁链，做好了抵御侵略的准备。在鸦片战争中，面对英军的大举进攻，关天培率军英勇抵抗。由于当时的虎门炮台只有少数兵力防守，形势万分危急，而手握重兵的琦善却见危不救，拒绝增援，关天培极为愤恨，决定死守。他拿出自己的银钱补充军饷，鼓励将士英勇杀敌，又将数枚脱落的牙齿和几件旧衣寄给家眷，表示了与炮台共存亡的决心。在战役中，他率领将士挥刀上阵，指挥士兵顽强坚守。守卫炮台的将士大半英勇牺牲，关天培也受伤 10 多处，周身鲜血淋漓。最后，终因弹尽粮绝，寡不敌众，关天培和官兵 400 余人壮烈殉国。虎门炮台失守后，英军进逼广州城。奕山等人姗姗来迟，抵达广州后，日夜饮酒作乐。面对英军进攻，他们魂飞魄散，只得竖起白旗乞降，与英军签订《广州和约》。事后奕山还谎报战事胜利。道光皇帝明知打了败仗，但因急于结束战争，批准了《广州和约》，并下令沿海各省撤兵，鸦片战争的第二阶段结束。

战争期间，英军所到之处，烧杀淫掠。在广州，英军将"十三行"洗劫一空。在定海，侵略者成群结队，遍历城乡，凡"遇衣服银两，牲口食物，肆意抢夺，稍或抵拒，即被剑击枪打"①。在宁波，英军不仅掠走大量白银和财物，还掳走大批妇女。在乍浦，侵略者大肆屠杀，浮尸满江。而在攻破镇江城后，英军更是大肆杀戮，"比户劫掠，无家不破"，"无日不火，市为之空"。②侵略者的暴行，

---

① 中国近代史资料丛书《鸦片战争》（三），上海：上海人民出版社，1972 年版，第 341 页。
② 中国近代史资料丛书《鸦片战争》（四），上海：上海人民出版社，1972 年版，第 702 页。

激起了东南沿海各地人民的奋起抗击。正如毛泽东同志所说："帝国主义和中国封建主义相结合，把中国变为半殖民地和殖民地的过程，也就是中国人民反抗帝国主义及其走狗的过程。"① 这个过程是从鸦片战争开始的。在鸦片战争期间，爱国民众积极配合清军作战。当统治者妥协投降时，他们便自发地展开反侵略斗争，其中规模最大、影响最深远的就是三元里人民的抗英斗争。

二、故事简介

三元里位于广州北郊，离城约5里。第一次鸦片战争爆发后，英军不仅在广州城内烧杀掠夺，还常常跑到城外的三元里一带胡作非为，引起了当地民众的极大愤怒。因此，便发生了三元里群雄抗英斗争的故事。

1841年5月《广州和约》签订后，清军撤出广州城，英军就不断窜扰北郊三元里及泥城、西村、萧冈等村庄，杀人放火，奸淫妇女，抢劫粮食、牲畜，甚至盗掘坟墓，窃取陪葬品。广大民众义愤填膺，各地团练共图抵抗，试图依靠自己的力量，保卫家园。1841年5月29日清晨，一小股英军窜入三元里，适遇菜农韦绍光的妻子李喜外出拜神，英军拦截了李氏，恣意侮辱。韦绍光见状，忍无可忍，与敌力搏，乡人群起相助，当场打死英军数人，其余则狼狈逃窜。三元里民众料到英军必会报复，于是全村男女在村北三元里北帝庙集会，决定以庙中黑底白边的三星旗作为指挥战斗的"令旗"，宣誓"旗进人进，旗退人退，打死无怨"。爱国士绅番禺县萧冈乡（广州市境内）举人何玉成"柬传东北、南海、番禺、增城、连路诸村，各备丁壮出护"。② 当天下午，附近103乡的代表在距城北约12公里的牛栏冈，共商组织群众联合抗英的部署，一致决定：

（1）各乡自成一个战斗单位，各备乡旗一面，推选领队，指挥作战。

---

① 《中国革命和中国共产党》，辑自《毛泽东选集》（合订本），北京：战士出版社，1964年版，第595页。

② 中国近代史资料丛书《鸦片战争》（六），上海人民出版社1972年版，第43页。

（2）吹螺、打鼓进兵，只许前进，不许后退。

（3）各乡准备大锣数面，一有警报，一乡鸣锣，各乡皆出。

（4）不正面进攻，诱敌深入至丘陵起伏的牛栏冈围歼。

（5）16岁至60岁男丁一齐上阵杀敌，老弱疏散至西海、茶头、潭村一带，妇女在后方煮饭接济粮食。同时还派专人与邻乡村民和社学、书院等社团组织以及附近的打石工人、城西高基围的纺织工人取得联系，以求支援。

这样，一支以贫苦农民为主力的，包括打石工、丝织工、烧炭工、渔民、盐民，还有爱国士绅参加和领导的有组织、有纪律、有共同指挥标志的抗英武装就迅速组织起来了。

1841年5月30日早晨，三元里及城北各乡义勇约5 000人，打着各色斑斓旗帜，手持大刀、长矛、鸟枪、锄头、铁锹、木棍、石锤等，浩浩荡荡向英军占据的四方炮台挺进佯攻。英军司令卧乌古率手持新式武器的1 000多名侵略军负隅顽抗，并冲下炮台。在战斗中，三元里群众武装按原定计划且战且退，诱敌至牛栏冈。一时之间，螺号、战鼓齐响，埋伏的七八千名武装群众从四面八方冲杀出来，漫山遍野，围歼敌人，正是"三元里前声若雷，千众万众同时来。因义生愤愤生勇，乡民合力强徒摧"。① 在战斗中，敌军少校毕霞因紧张恐惧过度，加以天气炎热，昏倒在地，几分钟内便一命呜呼。很快，各乡群众愈来愈多，"不转眼间，来会者众数万"。② 妇女老弱也担饭送水，上阵助战。到中午时，大雨滂沱，英军陷在泥泞里难以动弹，枪炮淋湿不能使用，士气低落，被困在田间小路，寸步难行。与此相反，群众武装由于使用刀矛、地理熟、打赤脚等特点，不受雨天的限制，充分发挥出自己的长处，越战越勇，并乘

---

① 中国近代史资料丛书《鸦片战争》（四），上海：人民出版社，1972年版，第712页。

② 中国近代史资料丛书《鸦片战争》（四），上海：人民出版社，1972年版，第600页。

机分割包围,痛歼敌人,"杀之如切瓜"。①敌人胆战心惊,有的往瓜棚里钻,有的往稻田里爬,"各弃其鸟枪,徒手延颈待戮,乞命之声震山谷"②,不可一世的英国侵略者暴露出其"纸老虎"本质。下午4时许,有一个连伤亡过半。到晚上9点,在四方炮台守敌的接应下,卧乌古逃出丘陵地带,溜回四方炮台。

5月31日,三元里人民乘胜追击,包围四方炮台。广州附近佛山、番禺、南海、增城、花县、从化等四百多乡,义勇民众共数万人赶来汇合,声势浩大,杀声震天。义律、卧乌古无计可施,便密派奸细混出重围,投书广州知府余保纯,威胁说如不制止群众示威闹事,便立即恢复敌对行动。奕山和两广总督祁贡派余保纯和南海、番禺两知县前往威胁、诱骗绅民,强迫解散抗英队伍,英军才得以逃走。6月1日,英国侵略军撤出虎门。7日,义律贴出告示说:"百姓此次刁抗,蒙大英官宪宽容,后毋再犯。'③借以遮羞解嘲。三元里人民立即贴出檄文,痛斥义律的谬论,并警告侵略者:你们胆敢再犯,我们一定"不用官兵,不用国帑,自己出力,杀尽尔等",否则"便非顶天立地男子汉"。④

三元里人民的抗英斗争是近代中国第一次大规模的群众自发性的反侵略斗争,在近代中华民族革命斗争史上写下了光辉的一页。1950年,广州市人民政府为三元里群雄抗英斗争建立纪念碑。

三、"三元里群雄抗英"故事讲评中的思想政治教育

中华民族不畏强暴,敢于斗争的精神在"三元里群雄抗英"的

---

① 《三元旦人民抗英斗争史料》(修订本),北京:中华书局,1978年版,第302页。

② 中国近代史资料丛书《鸦片战争》(六),上海:人民出版社,1972年版,第43页。

③ 中国近代史资料丛书《鸦片战争》(六),上海人民出版社,1972年版,第150页。

④ 中国近代史资料丛书《鸦片战争》(四),上海人民出版社1972年版,第21、22页。

故事中得到了充分的体现。由于清政府的腐败无能和卖国求荣,以贫苦农民为主力的,包括打石工、丝织工、烧炭工、渔民、盐民,还有爱国士绅参加和领导的人民群众自发的抗英武装迅速组织起来,依靠自己的力量,保卫家园。他们使用土枪、土炮、矛戈、盾牌、锄头、镰锹等痛击敌人,妇女儿童也上阵助威,与英军作战,打死打伤英军近50名,缴获大量战利品,沉重地打击了英国侵略者。"三元里群雄抗英"是中国近代史上中国人民第一次大规模的自发的反侵略武装斗争,显示了中国人民不甘屈服和敢于斗争的英雄气概。三元里人民的反英斗争不仅在那个时代产生了重大的影响,而且对后来的历史也具有深远的意义,它激励了一代又一代中国人民与侵略者作斗争。总之,"三元里群雄抗英"给后人留下了珍贵的不畏强暴、敢于斗争的精神遗产,它向全世界宣告:人民群众是反侵略的主力军,中华民族是不可征服的。

第三节 陈连升与忠烈节马

在广州越秀山五层楼上,陈列着一块长约152厘米、宽约40厘米的碑刻,称为"节马图"或"节马碑"。碑上遒劲苍古的碑文及清晰可见的骏马形象,记载了鸦片战争期间陈连升和他的忠烈战马可歌可泣的英雄故事。

一、故事背景

鸦片战争爆发后,清政府内部分化为抵抗派和投降派。抵抗派将领率领爱国官兵英勇抗敌,投降派由于害怕英国人的坚船利炮,一味地妥协求和。道光皇帝在两派之间摇摆不定,忽战忽和,使战争三起三落,形成了明显的三个阶段。从1840年6月战争爆发开始到1841年1月签订《穿鼻草约》为止为战争的第一阶段。本故事就发生在这一阶段。

1840年6月,英军统帅兼全权代表义律领兵到达广州海面后,根据英国外相巴麦尊的指示立即封锁珠江口。林则徐调整部署,积极备战,张贴告示,号召民众奋勇杀敌。广东军民群情激昂,严阵以待,随时准备给来犯之敌以迎头痛击。义律见无隙可乘,便按预定计划,北窜福建。7月,英军侵犯厦门,被闽浙总督邓廷桢击败。英军继续北犯浙江,攻陷战略要地定海县城,并进行疯狂屠杀和掠夺,把定海洗劫一空后继续北犯,沿途广大人民群众进行了英勇反抗。佢由于清政府妥协投降,8月,英国军舰即抵达天津大沽口,向清政府提出鸦片合法化、割地、赔款等无理要求,并以武力威胁清政府屈服。

定海失陷后,本来对禁烟就不坚决的道光皇帝开始动摇,责备林则徐办理夷务"终无实济,反生出许多波澜"①。实际上,在鸦片战争前,对于英军的入侵,除了林则徐在广东、邓廷桢在福建做好了战备外,其余沿海各省在军事上皆毫无战守准备。林则徐曾先后多次上书朝廷请旨沿海各省筹防,被琦善复奏为"水师不必设,炮台不必添"。②在沿海各省中,直隶的海防是最空虚的。天津作为重镇,其守军只有800人,山海关连一台海防大炮都没有。对于英军舰突然抵达天津海口,道光皇帝大为恐慌。这时,以穆彰阿、琦善等为代表的投降派大肆活动,造谣中伤抵抗派,称"夷兵之来,系由禁烟而起"③,同时宣扬英人"船坚炮利"难以取胜等投降理论。道光帝在英军的炮舰和投降派的双重压力下,倒向投降派,并急忙派琦善到天津海口与英军谈判。谈判中,琦善将一切推为林则徐的罪过,私下向英军保证"重治其罪",希望英军退回广东。加之当时英军中病疫流行,北方港口也即将封冻,不便长期停留,英军最终于9月15日南返。昏庸的道光皇帝竟以琦善退敌有功,任命他为钦

---

① 《筹办夷务始末》(道光朝)卷13,北京:中华书局,1964年版,第393页。

② 《林则徐关于鸦片战争的书札》,辑自中国近代史资料《丛书鸦片战争》(二),上海:上海人民出版社,1972年版,第570页。

③ 《筹办夷务始末》(道光朝)卷16,北京:中华书局,1964年版,第530页。

差大臣到广东继续与英军谈判,又以"误国病民,办理不善"[①]的罪名,撤职查办了林则徐和邓廷桢,轰轰烈烈的禁烟运动夭折。抵抗派因此受到沉重打击,投降派占据上风。

11月29日,琦善到达广州后,为了取得侵略者的欢心,便"一切力反前任所为,谓可得夷欢心"[②]。他下令撤除珠江口一切防务,裁减水师,遣散水勇、乡勇,以示谈判诚意,还排斥抵抗派官员,通过曾任英国洋行买办的汉奸鲍鹏与义律谈判,拖延时间。义律失去耐心,决定战后再商。1841年1月7日,英军突然进攻虎门的大角、沙角炮台,炮台守将陈连升率部英勇抵抗,其与忠烈节马的故事就发生在此次战役中。

二、故事简介

1841年1月7日凌晨,英军出动2 000多人、炮舰20余艘,突袭虎门,一时虎门江面炮火连天。沙角和大角炮台是虎门东南的屏障,首当其冲地遭到英军猛烈进攻。英军集中火力攻打大角炮台,占领大角炮台后,又集中火力攻击沙角炮台,沙角炮台守将陈连升和他的儿子武举人陈长鹏率600多名兵勇奋勇还击。

陈连升,生于1777年,土家族,湖北恩施鹤峰人。他自幼习武,臂力过人,善于使用大刀与弓箭,骑马驾船无不精熟。虽年近半百,但身材魁梧,是一位久经沙场的老将。清嘉庆年间,陈连升在施南府任清军千总,后调任保康营守备。道光年间递升广西左江镇都司、广东连阳营游击、增城营参将。鸦片战争初期,陈连升是关天培部下清军参将,镇守九龙尖沙咀官涌山炮台。当时,英军猛攻官涌山炮台企图占领官涌山,进攻虎门夺取广州,结果遭到陈连升的迎头痛击。陈连升向各炮口下令开炮轰击英船,一时炮弹如雨,打得英军舰船晕头转向,英军一只双桅飞船被击沉,人员伤亡惨重,

---

① 《筹办夷务始末》(道光朝)卷15,北京:中华书局,1964年版,第491页。

② 《夷艘入寇记》,辑自中国近代史资料丛书《鸦片战争》(二),上海:上海人民出版社,1972年版,第114页。

陈连升在官涌山之战中立下赫赫战功。1840年6月下旬，英军企图封锁珠江口以迫使清政府求和妥协，林则徐派陈连升率战船5艘，载3 000名水师与英舰在龙穴岛激战，取得重大胜利。他两战两捷，深受林则徐的赞赏。道光帝闻捷大喜，下令嘉奖参战有关人员，陈连升因此晋升为镇守虎门、沙角、大角炮台的三江副将，调守号称"虎门第一隘"的沙角炮台。

沙角炮台是沿珠江而上进入广州的咽喉，在军事上极为重要。陈连升遵照林则徐提出的"以守为战，以逸待劳"①的原则，率领义勇日夜坚守沙角炮台。1841年1月7日，面对英军对沙角炮台的猛烈进攻，陈连升不顾朝廷不准开炮的规定，为了维护中华民族的尊严，他命令全体官兵坚守阵地，奋勇还击，同时派都司赵平赴广州向琦善请求援兵。琦善怕此时派兵影响"议和"，不但拒绝了陈连升的请求，一兵不发，还命令陈不准擅自开炮，并拆走全部木排铁链，裁减1/3兵船，遣散忠心卫国的船工水勇，从各方面削弱陈连升部队的战斗力。由于大量炮弹和火药里面掺杂了许多石头和木炭，火力很差，连连出现哑炮，战机被一再延误，这使沙角炮台守军遭受重创，伤亡较大。面对数倍敌人的进攻，陈连升仍旧面无惧色，镇定指挥，以木石、土炮、地雷等将偷袭绕道的英军打得落花流水，鬼哭狼嚎，同时指挥守兵用抬枪、弓箭对山上的英军进行猛烈的还击。激战到傍晚，守兵伤亡很大，炮弹和火药也即将用完。此时沙角炮台有一处陷于英军包围之中，形势危急，陈连升和将士们毫不畏惧，奋勇抵抗。他骑在马上，眼含怒火，拔剑高呼"将士们，父老兄弟们，捐躯报国的时候到了，中国的土地决不能让夷人蹂躏"。②官兵们拔出佩刀，齐声高呼"愿与将军同生死，誓与炮台共存亡"。③陈连升和炮台守军们不顾身负重伤，有的用剑刺，有的用

---

① 《林则徐集》奏稿（中），北京：中华书局，1963年版，第762页。
② 《中国近代爱国者的故事》，上海：上海人民出版社，1982年版，第35页。
③ 《中国近代爱国者的故事》，上海：上海人民出版社，1982年版，第35页。

刀砍，有的用箭射，杀得英军哭爹喊娘。面对不怕死的中国军人，敌人吓得纷纷后退。陈连升父子手挽强弓，接连射杀英军20多人。士兵们也连发弩，一时箭如雨下，射得英军抱头捂脸，四处逃窜。但当守军的箭用完后，敌人又像蚂蚁似的爬上来，陈连升抡起利剑，大吼一声"洋鬼子，我让你们有来无回"，和守军们一道冲向敌人，展开了一场惊心动魄的肉搏战。他刀劈剑刺，杀伤英军数十人。英军使用洋枪，子弹像飞蝗一样射向陈连升等人，守军最后只剩下了几人。这时，躲在炮台围墙阴暗角落的一名英军用洋枪偷偷向陈连升等射击，陈连升一阵眩晕，翻身落马，跌倒在地。他胸部中弹，鲜血染红了战袍。其战马长嘶，佩剑摔在一旁。当陈连升从昏迷中醒来时，他看见一个英军向自己扑来，环顾四周，士兵们都已牺牲，他睁圆虎目，忍着剧痛，一手撑地，一手取剑，狠狠地刺向扑来的英军。最终，他"生持利剑呼砍贼，死守函关誓化泥"①，身负重伤，壮烈殉国。陈连升的儿子陈长鹏眼睁睁地看着父亲与敌人拼搏到最后一瞬，当炮台最后只剩下他一人还活着时，敌人逼迫他投降，他誓死不屈，最后跳入大海殉国。

　　林则徐在得知大角、沙角炮台失守及陈连升父子以身殉国时悲愤交加，怒斥琦善等人"似此倒行逆施，懈军心，颓士气，壮贼胆，蔑国威，此次打败，皆伊所卖"。② 虎门、大角、沙角炮台保卫战后，没有亲属认领的阵亡官兵的遗体，由父老乡亲按照当地的风俗习惯，将遗骨起出，用陶罐装好，合葬于沙角山南麓的白草岗上，取名"节兵义坟"，并立碑纪念。后来，恩施人民自发捐款，在广州城中心繁华位置为陈连升及其战马树立起高达数丈的功德碑，以表示对其爱国主义精神的崇敬和怀念。

　　陈连升牺牲后，他的坐骑黄骝骏马俯首尸旁，哀嘶长鸣，其情

---

　　① 《中国近代爱国者的故事》，上海：上海人民出版社，1982年版，第36页。

　　② 《林则徐关于鸦片战争的书札》，辑自中国近代史资料丛书《鸦片战争》（二），上海：上海人民出版社，1972年版，第565页。

其景，令人惆怅让人惋惜。英军的一个头目见此马膘肥体壮，毛色清纯，而且没有受伤，希望将此马据为己有，于是命人将其马掳往香港。不料这匹战马同他的主人一样坚贞，不吃不喝，终日朝着虎门的方向怔怔地张望着，若有所思，若有所语，俯仰之间，双眸朦胧。几个蛮横的英军不相信此战马难以驯服，挥刀硬上，战马嘶叫着，左右颤抖着摇摆身躯，不到几步，就把飞扬跋扈的英军给摔了下来。黄骝马不准敌人骑坐，近之则踢，骑之则摔，刀砍不惧，每日朝着沙角炮台方向嘶叫悲鸣。它似通人语，每当听到"陈连升"三个字，就泪水涟涟；当听到有人说要带它回陈家，它就乖乖地跟在此人身后，温顺柔和。英国人用金盘银盘盛食喂它，它却连闻都不闻，只有当国人恭敬地用双手捧草喂它时，它才象征性地咀嚼吞咽几口。几个月后，原来健壮肥硕黄骝战马，忍受着饥饿和伤痛，伴随着日夜对主人的思念，变得瘦骨嶙峋，于1842年5月在香港绝食而亡。有好心人约了几个村民在战马倒地的附近挖了一个土坑，用稻草垫底，将战马埋入土中，竖起石碑，上书"节马之墓"，后来由于时事迁移，此墓已无迹可寻，但节马的故事却越传越广。

三、"陈连升与忠烈节马"故事讲评中的思想政治教育

1. 坚贞不屈，献身祖国的爱国主义情操

但凡了解陈连升与忠烈节马故事的中国民众，无不为忠烈爱国的精神所感动。在第一次鸦片战争中的沙角炮台战斗中，陈连升等爱国官兵与数倍于自己的英国侵略者作殊死斗争，英国侵略军柏纳德写道："陈连升身先士卒阵亡了，他的儿子陈长鹏一发现他的父亲阵亡，决心不活，既然无法为他父亲报仇，不顾一切劝告，纵身大海……凡亲眼目睹过中国人在每一次交战中，所经常表现出来的个人英勇事迹的人——不管这种无畏是出于勇气，还是处于绝望——都不把中国人当懦夫看待。"[①] 陈连升父子共同书写了沙角炮台战斗中最为悲壮的一幕。爱国诗人张维屏在《三将军歌》中写道："英

---

① 柏纳德：《"复仇神"号战舰航行作战记》。

夷犯粤寇氛恶,将军奉檄守沙角。奋前击贼贼稍却,公奋无如兵力弱。凶徒蜂拥向公扑,短兵相接乱刀落。乱刀斫公肢体分,公体虽分神则完。公子救父死阵前,父子两世忠孝全。"陈连升父子以及广大爱国官兵为保卫祖国而浴血奋战的事迹为后人所传诵,他们坚贞不屈,献身祖国的爱国主义情操永远铭记在每一个中国人民的心中。

2. 硬骨头的崇高民族气节

现藏于广州市博物馆的节马碑上刻有一幅栩栩如生的节马图,这就是陈连升的坐骑黄骝骏马。黄骝骏马绝食而亡后,当地人民崇尚它的气节,称之为"节马",专门石刻《节马图》,把绘图和诗文编成《节马诗册》以表敬慕,并立碑纪念。人们感怀"忠烈节马"和节马的主人陈连升,为此写下了不少诗文。在刘炳元《节马与陈连升》一书中,其中有一首诗这样写道:"马有马有,公忠马忠。公心唯国,马心唯公。公歼群丑,马助公斗。群丑伤公,马驮公走。马悲马悲,公死安归。公死安归,马守公尸。贼牵马怒,贼饲马吐。贼骑马拒,贼弃马舞。公死马跨,马死马髁。死所死所,一公一马。"这些诗文和"节马"的故事,充分反映了节马硬骨头的崇高民族气节。许多中央领导同志读了节马碑后,对节马的硬骨头精神十分赞扬,指出:节马碑是爱国主义教育的好教材。

第四节 黑旗军助越抗法

在历史上,刘永福和黑旗军的名字一直为中国人民和越南人民所尊敬,黑旗军大战法军,英勇抗法的故事也广为流传,在中国人民的反侵略斗争史上写下了光辉的篇章。

一、故事背景

从 19 世纪 70 年代起,世界上主要资本主义国家已开始从自由竞争阶段逐步向垄断阶段即帝国主义阶段过渡。伴随其过渡，帝国主义列强开始了在全球范围内争夺殖民地、分割世界领土的斗争。远东地区成为列强争夺的重要场所，中国成了他们争夺的目标。列强首先侵吞中国的邻邦，然后蚕食中国的边疆。19世纪七八十年代，中国的东南、西南和西北几乎同时出现了严重的边疆危机。在西南边疆，除了英国侵入西藏外，法国侵略越南也给我国边疆造成了深重的危机，中法战争就是这一危机的延伸和发展。战争的最终结局使我国西南门户大开，西南边疆的危机进一步加深。

越南位于印度支那半岛（即中南半岛）东部，东南两面临海，北面与中国云南、广西二省接壤，西面与老挝、柬埔寨为邻。19世纪时，越南分为南圻（南部十省）、中圻（中部四省）、北圻（北部十六省）三部分，顺化为国都。19世纪80年代初，越南人口约2 300万。其南北长1 600余公里，东西最宽处约600公里，最窄处仅50公里，全国总面积329 000多平方公里。越南全境五分之四为山地和高原，北部和西北部为高山、高原，中越边境山间谷地较宽。高平、那岑、谅山等处的谷地是中越之间的天然通道。

法国侵略越南蓄谋已久。早在17世纪初，法国传教士就来到越南，大搞间谍活动。18世纪下半叶，法国在北美和印度的势力被殖民劲敌英国排挤之后，越南更成了法国向东方扩张的主要目标。它企图在印度支那建立强大据点，阻拦英国人进一步向东方扩张，以便自己独占中国的利益；同时，企图以越南为基地，开辟一条通向中国西南和中部地区的侵略道路。1787年，法国国王路易十六根据曾在越南等地传教的法国殖民主义者百多禄的奏议，制定了侵略越南的"法兰西东方帝国"的庞大计划。但由于1789年法国大革命爆发，该侵略计划未能实施。

19世纪50年代，法国统治者拿破仑三世继承路易十六的衣钵，乘第二次鸦片战争之机，加紧对越南推行"炮舰政策"。1856年，法国远东舰队借口越南处死传教士，炮轰土伦港（今岘港），并于1858年强行登陆，占领了伦港。第二年，法军攻占了西贡（今胡志明市）。第二次鸦片战争结束后，法国随即从侵略中国的军队中抽调3 500人增援侵略越南的法军。1862年，法军进攻南圻，先后占领了嘉定、定祥、边和、永隆等省和昆仑岛，并于1862年6月强迫越南政府签订第一次《西贡条约》（即《柴棍条约》），把越南南方以西贡为中心的大片地区割归法国。条约使法国获取了种种侵略特权。这标志着越南沦为法国殖民地的开端。1863年，法国又强迫越南承认柬埔寨受法国"保护"，进一步控制了战略地位十分重要的湄公河下游广大地区。后来，法国侵略者发现湄公河上游即中国的澜沧江滩多流急，航行甚为困难，同时又得知红河为中越交通要道，于是，便把注意力从湄公河转移到了红河，企图沿红河侵入中国西南地区，以打通走向中国云南的道路。1871年，法国殖民主义者堵布益以帮助云南清军采购军火为名，对红河进行了实地考察，证明了红河可以航抵中国，保胜（今老街）以下可通汽船。自此，占领北圻，由红河直达中国便成为法国殖民者在亚洲扩张的主要目标。法国驻海防领事土尔克曾这样叫嚣："法国必须占领北圻，……因为，它是一个理想的军事基地。由于有了这个军事基地，一旦欧洲各强国企图瓜分中国时，我们将是一些最先在中国腹地的人。"[①]

19世纪70年代以后，法国资本主义的发展造成了国内资本前所未有地集中，金融资本在经济和政治生活中的作用迅速膨胀，法兰西共和国成为金融君主国。为了追求最大限度的利润，法国的金融寡头们加紧向国外投资，并更加强烈地要求法国政府进一步推行殖民政策。1873年11月，法国驻西贡总督杜白蕾派安邺率领一支侵略军北犯，攻陷河内、海阳、宁平、南定等四省。越南政府请求驻守中越边境的黑旗军帮助抵抗法国侵略者。

二、故事简介

黑旗军是19世纪末中国广西天地会领导下的一支农民地方武

[①] 陈辉燎：《越南人民抗法八十年史》中译本卷一，生活·读书·新知三联书店，1973年版，第71页。

装，因以七星黑旗为军旗，故称"黑旗军"。黑旗军初创时仅200多人，成员基本是贫苦农民，前期主要军事行动为抗击清朝统治。后期转移到云南滇越边境的保胜（今老街）一带，开辟山林，聚众耕牧，坚持斗争，逐渐扩充到2 000多人。

  黑旗军的创建者和首领名叫刘永福。刘永福（1837—1917），字渊亭，汉族，广西博白人。他出生贫苦农民家庭，从小务农，13岁开始在广西左江航道上当船工，后来与友人一起到越南芒街做工。1857年他参加广西农民起义，1865年率部参加以吴亚中为首的广西天地会的反清斗争。刘永福先后在19世纪中后期的助越抗法、中法战争和中日甲午战争中，率部与帝国主义侵略者进行了殊死战斗，建立了卓越功勋。

  19世纪60年代，刘永福因受清军压迫，率领黑旗军向滇越边境的保胜（今老街）一带转移。在南撤过程中，一位侦察兵飞马奔向刘永福报告说：前面就是中越边境了，是否继续前进？刘永福命令部队停止前进，就地待命，清点队伍。他在实地察看了中越边境地形后对部下说："前面是中越边境，那里是红河流域，土地肥沃，物产丰富，牛羊成群，我军如果到那里去，一定能迅速扩大队伍，粉碎清军的围剿。不知各位愿意不愿意？"话音刚落，战士们就齐声道："愿意。"① 就这样，刘永福带领黑旗军300多人从归顺州的波斗翻越崎岖的大岭进入越南苏圩。此后又不断扩展地盘，占领安礼、高平、左大、六安等地，直至把势力伸展到与云南隔河相望的保胜（老街）。刘永福带领的黑旗军平时务农，自耕自养，积蓄力量，战时打仗，获得了当地居民们的大力支持。不久，队伍就发展到了2 000多人。当时盗匪猖獗，残害无辜，1869年，刘永福大破白苗土霸盘文义匪帮，深得当地群众拥护。1870年，他又率部进剿称霸保胜的匪首何均昌，激战数月，终于消灭何均昌，从而控制了保胜附近10余个州县。接着他乘胜进击，同勾结法国殖民者的黄崇英进行

---

  ① 李茂高：《中国近代史故事》（二），沈阳：辽宁少年儿童出版社，1985年版，第63页。

了激烈的战斗。黑旗军与越军、清军三方面配合，经过多年艰苦清剿，最终消灭了勾结法国殖民者的黄崇英部，从此越南北圻出现"烽烟不警，鸡犬无惊"的安定局面。越南人民对刘永福和黑旗军赞誉不绝，有口皆碑。刘永福还把黑旗军分编为3个营，紧靠红河驻扎。红河是由我国云南境内流向越南，横跨中越两国的一条河流。当时法国侵略者把这条河流看作由越南入侵中国的一条捷径，因此，千方百计向越南北部扩张。

1873年（清同治十二年）11月，法国企图以武力打通红河，搜刮我国云南矿产资源，开辟进入我国西南腹地的新商路。法国侵略军头目安邺率侵略军袭击河内，越南总督阮知方奋起抵抗。但由于武器落后，士气不振，越军不堪一击，阮知方受伤被俘，绝食而亡。越南政府派人前往谅山和保胜请求清政府出兵援助，但清军无动于衷。安邺一举攻占了河内，形势十分危急，越南政府急忙派人请求刘永福的黑旗军协助作战。刘永福决定接受所邀，亲率2 000多名黑旗军战士走羊肠小道，日夜兼程，南下河内，与越南军队共同抗击法国侵略军。12月21日，黑旗军在河内郊外罗池与安邺的法国侵略军正式开战。刘永福带领黑旗军沉着应战，他先派出一部分兵力向左右两侧运动，迂回包围，接着又出动敢死队正面迎敌，并佯装败退，诱敌深入。当法军大摇大摆行至伏击圈后，黑旗军放下米袋，装上刺刀，一时间伏兵四起，杀声震天，打得法军抱头鼠窜，争先恐后缩回河内城内。黑旗军的先锋官吴凤典横冲直砍，尾追法国侵略军司令安邺，一刀斩下了安邺的脑袋，取得"诱斩安邺，覆其全军"[①]的大捷，迫使法国侵略者退出河内。黑旗军旗开得胜，立下了捍卫国疆、支援友邦抗法的首次功勋。越南政府为了表彰刘永福的战功，授刘永福为"三宣副提督"，担任管辖宣光、兴化、山西三省的副长官，并命刘永福扼守红河两岸。河内首战全胜，越南境内稍得安宁，推迟了法国

---

① 陈辉燎：《越南人民抗法八十年史》中译本卷二，生活·读书·新知三联书店，1973年版，第36页。

侵略者并吞越南，觊觎中国的进程。

　　法国侵略者在军事上遭到失败后，改变了策略，派人贿赂刘永福。有一天深夜，一个陌生人来到刘永福的黑旗军军营，说有要事求见刘永福。见到刘永福后，此人立马跪倒在地，口不绝声地赞颂黑旗军，吹捧刘永福，并从地上爬起来要将100万两白银送给黑旗军作为礼物，还说："这是法国司令官送给刘提督的一点微小的礼品，只要提督能让出红河地区，以后继续送礼。"① 刘永福怒发冲冠，立刻命令将此人赶出黑旗军军营。贿赂之计破产后，法国侵略军露出了真面目。法军到处张贴告示，扬言要为安邺报仇，重金悬赏刘永福首级，还用10万元高价购买黑旗军保胜基地。结果均未得逞。

　　1882年（清光绪八年）3月，法国任命殖民头子李威利为侵略军总司令，率领法军2 000多人又一次对越南北部发动大规模的军事进攻，先后攻占河内和南定，接着又分兵进犯越南国都顺化及北宁、山西，越军望风而逃，清军观望不前，局势岌岌可危。刘永福再次接受越南政府的请求，率领3 000名黑旗军将士抗击法军。黑旗军与越南军民一起向法军发起反攻，收复了一些失地。法军总司令李威利被迫龟缩在河内，不敢出动。

　　1883年5月10日，黑旗军全体将士在河内城外召开誓师大会，刘永福在会上带头高呼："为越南削平敌寇而战斗到底！为捍卫祖国的边疆而战斗到底！不获胜利，决不收兵。"② 将士的喊声响彻河内城外，并向法军总司令李威利投下战书。5月19日，双方决战于河内西边二里处的纸桥。此次决战，黑旗军发挥近战、夜战的优势，诱敌深入，进行短兵相接的肉搏战。刘永福令大刀队用巧计引诱法军上钩，当法军冲杀出城时，黑旗军大刀队纷纷扑地卧倒，迅速将预备好的猪血、朱砂涂在身上，假装战死。待法军呼啸而过后，战

---

① 李茂高：《中国近代史故事》（二），沈阳：辽宁少年儿童出版社，1985年版，第64页。

② 李茂高：《中国近代史故事》（二），沈阳：辽宁少年儿童出版社，1985年版，第65页。

士们猛然翻身跃起，使法军腹背受敌，陷入重围。此时枪炮已不起作用，法军被黑旗军砍得人头滚地，鬼哭狼嚎，法军总司令李威利也被大刀队剁成肉饼。此次战役双方激战3个多小时，黑旗军在越南人民的支援下把法军打得落花流水，打死李威利等军官30多人，打死法军士兵200多人，并获得大量战利品，这就是闻名中外的纸桥大捷。

  法军在越南惨败的消息传到巴黎，法国当局不肯善罢甘休，决定扩大侵略战争，把战火烧到中国境内。1883年8月，当局任命孤拔为侵略军总司令，统率兵舰4艘，陆军6 000人，再次侵犯越南。黑旗军得到法军进攻的情报后立即进行战斗部署，将兵力分散到丹凤城郊外埋伏起来。法军登陆后发现丹凤城黑旗军军营没有一个士兵，方知中计，急忙后退。此时，埋伏于丹凤城郊外的黑旗军伏兵四起，杀声冲天，将法国侵略军重重包围起来。侵略军拼命突围，黑旗军奋力阻击。经过3天激战，黑旗军打死法军80多人，打伤200多人。法国侵略军袭击丹凤城的阴谋被粉碎。与此同时，另一路孤拔率领的法军在东线战场不费吹灰之力攻陷顺化，强迫越南政府在《顺化条约》上签字，开放了红河，割让保胜给法国，并责令刘永福退兵。刘永福满腔怨愤，只好退守越南的山西。

  1883年12月，法国侵略者扩大侵略战争，把战火烧到中国境内。这时，清政府已应越南政府的请求，派兵到达越南。法军向驻守在越南山西的清军发起猛烈进攻，中法战争正式爆发。清军首领唐炯被吓得魂飞魄散，连夜逃回了云南。唐炯逃走后，黑旗军立即开赴山西前线抗击法国侵略军。山西是越南北部的军事要地。刘永福为了保卫山西，收复失地，命令部属急造木排、竹筏拦江，截阻从河内来的法军兵舰；又部署在河岸修筑炮台，每隔10丈置1门铁炮；还抢修加固城墙，并在其周围筑起五重木棚，于东、西、南、北4个门分兵把守，在城头上加强巡逻戒备。1883年12月11日，法军出动兵舰12艘，板船40艘，弹药车500辆，水陆并进，气势汹汹地向山西杀来。刘永福率领黑旗军冒着枪林弹雨，沥血鏖战。将士们孤军奋战，有的甚至身受重伤还用枪托把敌人的头骨打碎，就连法军也惊呼:"这些人的英雄气概,实在是神奇。"① 经过5天5夜的激战,黑旗军歼敌300多名,但终因众寡悬殊,被迫于12月16日退出山西。接着,法军攻打北宁,驻守北宁的徐延旭清军2万多人,闻风而逃,北宁失守。

1884年,法国侵略军海军舰队突然袭击我国福建马尾军港,清朝政府被迫下令正式对法宣战。从12月上旬开始,刘永福领导的黑旗军与西线清军联合向法军发起进攻,包围宣光城两个多月,断绝法军一切运输粮械,宣光法军守敌成为瓮中之鳖,遂向河内法国全权大臣寄信求援,说:"宣光被围,弹药将尽,速派兵援。"被围法军把求救信装在成千个竹筒和玻璃瓶内,写明:"有谁拾得此信,报上法国全权大臣者,赏银二十元。"② 投入红河顺水漂流,向河内法军告急。刘永福断定河内法军总部得到消息后必派援兵,且取道左育,于是便在左育附近野茅丛生的大荒坡埋下两万斤炸药,铺上草皮伪装成坟墓。待法军进入伏击圈时,黑旗军引爆火药,一阵震天巨响,山崩地裂,硝烟冲天。当场炸死炸伤法军数百人,其中军官20多名。黑旗军乘胜用火炮攻击,残余法军逃回河内城。由于法军不断增援,调兵遣将,而黑旗军却没有后援,只好退守临洮。

1885年3月,法军进犯临洮。黑旗军与云南农民军、越南军民相配合,共同阻击来犯之敌,在临洮大败法军。刘永福挥师乘胜追击,连克临洮、广威、黄冈等10多个州县,有力地策应了东路抗法清军,转败为胜。同时,冯子材在镇南关大败法军,收复谅山、高平等重镇,扭转了战局,沉重地打击了法国侵略者的嚣张气焰。正当黑旗军准备进一步歼灭法军时,腐朽的清政府却阻止黑旗军继续抗击法国侵略者。最后,清政府为了逼刘永福率黑旗军回国,一个

---

① 《中国近代爱国者的故事》,上海:上海人民出版社,1982年版,第99页。

② 《中国近代爱国者的故事》,上海:上海人民出版社,1982年版,第100页。

月内连下9次圣谕,采取胁迫利诱、恩威兼施的手法将刘永福诱骗回国,黑旗军解散。

三、"黑旗军助越抗法"故事讲评中的思想政治教育

1. 国际主义精神的生动体现

中越两国是山水相连、唇亡齿寒的邻邦。刘永福在越南人民抗法斗争的激励下,亲自率领2 000多名黑旗军战士,走羊肠小道,翻越宣光大岭,日夜兼程,南下河内,与越南军队共同抗击法国侵略军,取得河内首战大捷。这是刘永福黑旗军立下的捍卫祖国边疆、支援友邦抗法的首次战功。河内首战全胜,越南境内稍得安宁,这大大鼓舞了越南人民的斗志,推迟了法国侵略者并吞越南、觊觎中国的进程。在这之后,刘永福率领黑旗军与冯子材领导的清军南北配合,取得了中法战争的胜利,迫使法国茹费理内阁倒台。中法战争的胜利,鼓舞了亚洲其他国家人民的反帝斗争。所以说刘永福黑旗军的助越抗法斗争是以国家、民族、人民的利益为重,是顾全大局、牺牲小我的国际主义精神的体现,是中越人民传统友谊的象征。

2. 抗击外来侵略的爱国主义精神。

1882年,法国政府任命殖民头子李威利为侵略军总司令,再一次对越南北部发动大规模的军事进攻。刘永福再一次接受越南政府的请求,率领3 000黑旗军将士奔赴前线抗击法军,双方决战于河内西边二里处的纸桥,取得了纸桥大捷。黑旗军敢于斗争、敢于胜利的英雄气概,继承和发扬了中华民族抗击外来侵略的光荣传统和爱国主义精神。刘永福率领黑旗军始终冲锋在抗法斗争的最前线,黑旗军取得的一系列抗法斗争的胜利,不但沉重地打击了法国侵略者,而且也充分暴露了清政府的腐朽本质,并以铁的事实证明了侵略者并非不可战胜,极大地鼓舞了坚持抗法斗争的中越两国人民。黑旗军之所以能够在援越抗法斗争中取得一系列胜利,除了抗法斗争本身是正义的,且得到了中越人民的广泛支持外,更重要的原因是在于刘永福和黑旗军将士对祖国的无限热爱和忠诚。黑旗军正是

凭借着这种深厚的对祖国的无限热爱和忠诚,从而迸发出锐不可当的精神力量,谱写了一曲爱国主义新篇章。

第五节 冯子材边关破敌

中法战争是中国人民反侵略斗争获得重大胜利的一次战争。在战争中涌现出了许多可歌可泣的英雄故事,其中爱国将领冯子材边关破敌的故事流传至今。

一、故事背景

19世纪七八十年代,资本-帝国主义开始了争夺殖民地的"大高潮",分割世界领土的斗争达到极其尖锐的程度[1],中国成为资本-帝国主义争夺的主要目标。因此,在中国的西北、西南、东南几乎同时出现了严重的边疆危机。法国此时把魔爪伸向了越南,并进一步发动了侵略中国的战争。

1883年8月,《顺化条约》签订后,法国把战火烧到了中越边境,矛头直指中国的云南和广西。面对法国侵略者的步步进逼,清政府内部出现了主和派与主战派之争。以李鸿章为代表的主和派夸大法国侵略者的力量,认为中国"各省海防兵单饷匮,水师又未练成,未可与欧洲强国轻言战事"。宣扬[2]在战争中,即使"一时战胜,未必历久不败,一处战胜,未必各口皆守"[3],所以应力保"和

---

[1]《列宁全集》第22卷,北京:人民出版社,1959年版,第248页。
[2] 中国近代史资料丛刊《中法战争》(四),北京:中华书局,1999年版,第45页。
[3] 中国近代史资料丛刊《中法战争》(五),北京:中华书局,1999年版,第158页。

好大局"①。而以左宗棠、张之洞、曾纪泽为代表的主战派则力谏朝廷采取抗法措施，认为中国与越南唇齿相依，法国对越南的侵略会导致中国西南边疆永无宁日，主张在对法国的交涉中采取强硬态度，保护黑旗军，加强广东、广西、云南的军事力量，抵御法国侵略者的进攻，提出若"一战不胜，则谋再战，再战不胜，则谋屡战"，决心与法国侵略军斗争到底。慈禧太后面对法国侵略的严重局势以及国内主战派、主和派的分歧，举棋不定，态度暧昧。由于李鸿章掌握了清政府的军事、外交实权，他的态度直接影响到清政府的决策。因此，清政府一面派军队援越和支持黑旗军抗法，一面却力图通过谈判达成妥协。中法战争就在这样的摇摆不定中爆发了。

1883年12月，法军司令孤拔率军向驻守在越南山西的清军发起进攻，正式挑起了中法战争。中法战争经历了两个阶段：第一阶段从1883年12月至1884年5月，主要战场在越南北圻红河三角洲地区。第二阶段从1884年8月至1885年6月战争结束，战场从越南北圻扩大到中国本土。在战争的第一阶段，驻扎在越南山西的清军统帅、云南巡抚唐炯认为"清廷战议不坚，败则为罪，胜不为功，即弃军而逃"。②1884年2月，法军16 000多人侵犯北宁，企图给清军以重创，从而迫使清政府完全屈服。当时北宁一带清军驻军约40营，由于将帅徐延旭昏庸、怯懦，军队互不协调，军纪废弛，兵无斗志，北宁、太原、兴化相继失守，徐延旭不战而逃。黑旗军孤军奋战，势单力薄，法军最终占领了整个红河三角洲。法军利用军事上的胜利，对越南和中国展开进一步的政治胁迫，并与越南订立了最后的保护条约。

前线溃败的消息传到北京，清政府惊慌失措。为了掩盖败绩，清政府下令将唐炯、徐延旭革职查办，改派潘鼎新为广西巡抚、张

---

① 中国近代史资料丛刊《中法战争》（五），北京：中华书局，1999年版，第257页。

② 《清光绪朝中法交涉史料》卷七，故宫博物院档案馆，1932年版，第20页。

凯嵩为云南巡抚,并更换军机大臣,恭亲王奕䜣等被黜退,以礼亲王世铎代之,而实际大权则操纵在醇亲王奕譞(光绪帝生父)的手中。表面上看这似乎是要与法军决一死战,但实际上却转向屈辱议和。醇亲王奕譞授权李鸿章与法国代表举行和谈。5月11日,李鸿章与法国代表福禄诺在天津签订了中法《简明条约》,主要内容是:①中国同意法国与越南之间所有已定与未定各条约,即承认法国对越南的保护权;②中国将驻守越南的军队撤回边境;③中越边境开放通商。这一条约,初步满足了法国侵略者侵吞越南和打开中国西南大门的目的。李鸿章也因此得到了法国侵略者的高度赞扬,侵略者说"在中国人中,谈判上,他是对我们最有利的,他是最能给我们服务的,我们应当尽我们一切的努力,重新树起他的威望"。①

中法《简明条约》并未明确规定中国在越南撤兵的具体日期和细节,但法军却迫不及待地于1884年6月要接管在越南的中国军队的防区,强迫中国驻守谅山的军队交出防地,并声称"三日内定要谅山"。② 同时,法军开枪打死清军代表,炮击中国驻军阵地。中国驻军被迫还击,并击败法国进攻。这场冲突是法国侵略者挑起的,但法国却反诬中国破坏中法《简明条约》,照会清政府要求中国驻越清军火速撤离越南,并赔偿法国军费2.5亿法郎(约合白银3 800万两),限7日内答复,侵略者还威胁说,法国将占领中国1~2个海口当作赔款的抵押。清政府虽然认为这是无理勒索,但乃派两江总督曾国荃在上海与法国代表巴德诺谈判,以求解决争端,但谈判未有结果。

法国进一步扩大战争。1884年8月5日,法军炮轰台湾基隆炮台,遭到当地驻军英勇还击,法军被迫退回海上。8月23日,法军对驻守在马尾军港的福建海军发起突然袭击,福建海军仓促应战,顷刻间,11艘战舰或沉或伤,近800名官兵殉难。其后法国军舰又

---

① 中国近代史资料丛刊《中法战争》(七),北京:中华书局,1999年版,第417页。
② 《光绪朝中法交涉史料》卷18,北京:故宫博物院档案馆,1932年版,第1页。

炮轰马尾船厂（福州船政局），将其击毁，并连日大肆破坏马尾至海口间的岸防设施。虽然爱国官兵奋起抵抗，福建海军仍全军覆灭，马尾海战以清政府惨败告终。马尾海战惨败是清政府奉行妥协投降政策的结果。当法国军舰驶进马尾军港时，福建海军竟不加以阻拦，也不作战斗准备。闽浙总督何璟，整天拜佛念经，福州船政大臣何如璋"对于目前敌患，绝不预防，且下令各军舰，战期未至，不准发给子弹，并不准无命自行起锚"①，甚至"严谕水师，不准先行开炮，违者虽胜亦斩"②，这些举措使福建海军处于被动挨打的境地。此外，李鸿章为了保存北洋海军的实力，拒绝南下支援，执意与法国侵略者求和，加速了清军战争的颓势。

马尾海战后，全国各地民众纷纷自发组织起来驱除法国传教士，海外华侨捐款支持祖国人民的抗法斗争，迫使清政府于1884年8月26日对法国宣战，命令清军迅速向越南推进，夺回被法军占领的防地，沿海各地则加强戒备，严防法军入侵，从而出现了冯子材边关破敌的英雄故事。

二、故事简介

在越南战场上，战争分东、西两线进行。在西线，刘永福率领黑旗军英勇抗敌，于宣化重创法国侵略军，收复了一些失地。在东线，法军占领红河三角洲后继续向北推进，把战火烧到了中越边境。广西巡抚潘鼎新忠实执行李鸿章的"败固不佳，胜亦从此多事"③的妥协投降政策，导致士气低落，潘本人在法军进攻下逃跑，谅山、龙州、镇南关相继失守。法军占领镇南关后气焰更加嚣张，法军越南前线总司令尼格里狂妄到了极点，他在镇南关前竖立木桩，上用

---

① 中国近代史资料丛刊《中法战争》（三），北京：中华书局，1999年版，第131页。
② 中国近代史资料丛刊《中法战争》（二），北京：中华书局，1999年版，第144页。
③ 中国近代史资料丛刊《中法战争》（五），中华书局1999年版，第380页。

汉文写下"广西的门户已不再存在了"。镇南关附近人民群众针锋相对地在镇南关的墙上写下醒目的"我们将用法匪人的头颅重建我们的门户",①表达了中国人民誓死抗法的坚强决心。

国难当头,闲居在家的年近古稀的清军老将冯子材忧心忡忡,寝食难安。在全国人民的抗法呼声下,清政府不得不任命主战派张之洞为两广总督,主持抗法斗争。张之洞奏请朝廷,举荐老将冯子材帮办广西军务,任越南抗法前线主帅,担负起保卫祖国南部边疆的重任。

冯子材(1818—1903),又称冯宫保,字南干,号萃亭,生于广东钦州(今属广西),行伍出身。他自幼父母双亡,流落街头,跑过牛帮,早年参加过广东天地会。光绪八年(1882年),他乞病家居,以疾退休。1884年法军进犯滇桂边境,两广总督张之洞奏请起用冯子材,称冯为"老成宿将"。之后,冯子材相继任云南、贵州提督,累官至太子少保,86岁卒于军旅。

冯子材到中越边境后,大力整军,激励将士,联络边民,部署战备。1885年2月,法军慑于中国军民的强大声势,炸毁镇南关,退到关外30里地的文渊城,准备伺机卷土重来。为防止法军袭击,冯子材移驻关内8里处的关前隘。他和各军将领反复勘察,选定了形势险要的关前隘附近的有利地形构筑起防御阵地,作为同法军决战的地点。他命令部队在关前隘两旁的东、西岭上赶修多座炮台,在隘口前抢筑出了一条横跨东、西两岭的长达3.5里的土石长墙,又在长墙下挖了一条长长的战壕,可以隐蔽许多士兵,以便居高临下,抗击来犯之敌,从而构建出一个较完整的山地防御阵地体系。冯子材亲率本部18营军士扼守关前隘的长墙和两面高山险要处,为中路;另命王孝祺部8营驻守山后半里远处,为后路;苏元春部驻守隘后5里处,为西路;王德榜部10营于关前隘以东30里处,为东路。各路军与中路互为犄角,相互策应。

布防妥当后,冯子材先发制人,主动出击法军占据的文渊城,

---

① 中国近代史资料丛刊《中法战争》(三),北京:中华书局,1999年版,第530页。

打乱法军侵略部署。3月23日,法军统帅尼格里率2 000余人兵分三路发起攻击,企图占领关前隘清军阵地。法军来势凶猛,"炮声震天,远闻七、八里外,山谷皆鸣"①。在法军同时从正面、侧面夹击的情况下,冯子材不慌不乱,镇定自如,沉着应战。他指挥王孝祺部从小路抄袭敌后,牵制法军正面力量;苏元春部赶到东岭,与法军争夺炮台;王德榜军袭击文渊城法军据点,切断法军补给线。各军在冯子材指挥下,相互配合,奋力杀敌。直到第二天,战斗还十分激烈,"药烟弥漫,至不辨旗帜,弹积阵前逾寸,墙后且被毁"②。当时,法军已扑至墙下,有的还爬上了长墙,在这紧急关头,老将冯子材"以帕裹首,赤足草鞋,持矛大呼跃出"③,杀入敌阵,砍杀侵略军。他的两个儿子紧紧跟在后面,配合父亲,奋勇杀敌。广大官兵看到老将身先士卒,带头冲杀,都纷纷跳出长墙,冲入敌群,奋力拼杀。经过两天激战,冯军大获全胜,法军全线崩溃,狼狈逃出镇南关,退到文渊城。全体官兵群情振奋,乘胜追击,攻克了文渊城,重伤法军总司令尼格里,收复谅山、屯梅、观音桥、谷松、威波、长头、船头等地。镇南关、谅山大捷,共击毙法军1 000多人,震动中外,这迫使法国茹费理内阁倒台,扭转了整个战局。中越军民斗志昂扬,决心乘胜追击法国侵略者,把法军赶出越南。但就在此时,腐败的清政府下令停战,撤回了在越南的中国军队。

　　镇南关、谅山大捷后,投降派把这当作寻求妥协的绝好机会,建议清政府立即与法国缔结和约。清政府任命李鸿章为谈判代表与法国政府代表、驻华公使巴德诺在天津举行谈判,于1885年6月在天津签订《中法新约》。条约规定:中国承认越南是法国的保护国;中国边界指定两处通商;法国货物进出云南、广西边界,应减税率;

---

① 中国近代史资料丛刊《中法战争》(六),北京:中华书局,1999年版,第455页。

② 林绳武《冯勇毅公神道碑》。

③ 中国近代史资料丛刊《中法战争》(三),北京:中华书局,1999年版,第79页。

日后中国修筑铁路,与法国商办。这一屈辱的不平等条约的签订,标志着中法战争以法国不胜而胜、中国不败而败的结局告终。冯子材等爱国官兵用鲜血和生命换来的胜利,却被清政府化为乞和的本钱,完全给葬送掉了。中法战争以后,资本—帝国主义进一步扩大了对中国的侵略,中华民族的危机更加深重。

三、"冯子材边关破敌"故事讲评中的思想政治教育

爱国主义精神是中华民族的优良传统,是人们在特定历史条件下对自己祖国所表现出来的一种高尚的精神气质,是人们在长期的实践中凝结、积淀形成的对自己祖国的一种深厚的感情和信念,它集中表现为民族自尊心和自信心,以及为保卫祖国和争取国家独立而献身的奋斗精神。从"冯子材边关破敌"的故事讲评中,人们可以深深地体会到:

1. 坚贞不移的民族气节

当国家遭到外敌侵略时,冯子材率领清军奋起反抗,维护民族尊严与国家独立,表现出崇高的民族气节与不屈的反抗精神。在中法战争中,冯子材率军赶往中越边境前线时,抗法前线的形势陡然恶化,法军占领镇南关,但冯子材仍然担负起保卫祖国西南边陲的重任。他召集会议,劝告各路将领消除派系成见,以国事为重,同心协力保卫国家。各军在冯子材指挥下,相互配合,奋力杀敌,大获全胜,法军全线崩溃,狼狈逃出镇南关。冯子材从小就深受我国优良传统文化的熏陶,深知"富贵不能淫,贫贱不能移,威武不能屈"的道理,积淀出坚贞不屈的民族气节,而这种民族气节正是中国传统文化中立国立身、为人处世的道德规范。

2. 铮铮铁骨的担当精神

冯子材的担当意识更多体现为一种以国家利益至上的自觉的神圣使命感。国难当头,冯子材虽已年过七旬,但依旧关心国家安危。他主动上书两广总督张之洞,并自告奋勇,请缨出征:"子材所患之

疾已逾八九，如蒙我大公祖垂爱，任以军旅，即请奏明，将现在关外尚未遣散之粤勇一并调到谅山、海阳交界之宣安州，并由子材就近募勇，连关外粤军共足一万五千人，均交子材统带调遣，应需粮饷概照楚军章程给发，所有广安、海阳两夷省均请大公祖责成子材以克复之，并请将应用枪炮及子药在于折内声明，由天津、上海、苏州各机器局划明分制，及军装等项飞解来钦，俾得迅速进剿……既可寒贼胆，又足以固藩封，且使法夷不敢再窥两粤、滇南边境，一劳永逸，似为全策。"① 在与法军作战过程中，他身先士卒，带头冲杀，与敌人展开白刃搏斗，全军将士大受鼓舞，纷纷冲入敌群，奋力拼杀，最终大获全胜。由此可见，冯子材所具有的担当精神就是一种自觉的献身精神，是不畏艰难困阻、赤心报国、不求名利、敢为天下先、把国家和民族利益置于自身利益之上的担当精神。在民族危亡之际，在多数清政府文武官吏贪生怕死、畏敌如虎时，冯子材挺身而出，站到民族抗法斗争的最前线，肩负起抗法报国的历史重任，表现了一个爱国将领抵御法国侵略、保卫祖国的强烈情感和铮铮铁骨的担当精神。

---

① 《清实录》广西资料辑录（三），广西通志馆、图书馆编，南宁：广西人民出版社，1988年版，第88—90页。

第二章 对国家出路的早期探索时期历史故事讲评中的思想政治教育

第一节 洪秀全金田起义

太平天国运动是19世纪中叶在洪秀全领导下爆发的一场大规模的反对清朝封建统治和外国资本主义侵略的农民革命战争,这场农民革命战争是从洪秀全领导的金田起义开始的。

一、故事背景

鸦片战争后,中国人民开始遭受封建地主阶级和外国资本主义的双重压迫和剥削。清政府为了支付战败赔款,大肆搜刮人民,"近海之区,藉防堵以派费。征兵之境,借调发以索财。并各经过地方,以护送供给为名,科敛无度"①,激起了民众的强烈不满。战争期间,沿海各省招募了大量水勇,战争结束后这些人又重新回到了失业者的行列,增加了社会的动荡因素。鸦片输入的激增,白银外流,银贵钱贱等问题使人民的负担更加沉重,加之地租剥削和连年灾荒,阶级矛盾空前尖锐。具体表现如下:

---

① 《清宣宗实录》卷三六八,道光二十二年(1842年)二月丁未。

"夷寇之役，首尾二载，糜帑七千万。"① 鸦片战争期间，清政府所耗军费大约为 7 000 万银元。战后，英国侵略者又在《南京条约》中向清政府勒索战费 2 100 万银元，连同战争期间英军勒索的"赎城费"和直接抢走的白银共 1 000 万银元左右，总计高达 1 亿银元。这笔巨款以捐税和浮收的形式，转嫁给了劳动人民。1842 年，战争一结束，清政府就下达了一连串的搜刮令，加重了对地丁和漕税的征收科派，其中地丁税从 1841 年到 1849 年的 8 年间增加了 338 万银元。各地贪官污吏巧立名目，对劳动人民进行压榨。江浙一带，漕赋正额为 1 石，但实际缴纳往往在 2.5 石以上。由于大户把税赋转嫁给小户，挖小户之肉，补大户之疮，使小农纷纷破产。正是"天下贪官甚于强盗，衙门污吏何异虎狼"②。与此同时，地主阶级还乘机加剧土地兼并，地租和高利贷剥削越来越沉重。

战后，鸦片泛滥，白银外流，银贵钱贱更加严重。战败的清政府不敢再言"禁烟"，下令"不管外国商船带不带鸦片，中国不必查问，也不采取任何行动"③。香港成为鸦片走私的中心，走私活动更加猖獗。上海在 1857 年输入鸦片约 31 907 箱，成为全国最大的鸦片走私港；广州的鸦片窑口有 20 多处，鸦片商铺多达 500～600 家。各通商口岸和沿海各地，鸦片贩子在光天化日之下搬运鸦片。据统计，1843 到 1846 年 4 年间，我国白银外流约 3 900 万～4 700 万银元。银贵钱贱现象十分严重，至 1850 年，2 300 文钱才兑换一两白银。1852 年，曾国藩向朝廷上奏说："东南产米之区，大率石米卖钱三千，自古迄今，不甚悬远。昔日两银换钱一千，则石米得银三两，今日两银换钱两千，则石米仅得银一两五钱。昔日卖米三斗，输一亩之科而有余；今日卖米六斗，输一亩之科而不足。朝廷

---

① 中国近代史资料丛书《鸦片战争》（六），上海：上海人民出版社，1972 年版，第 166 页。

② 《万大洪告示》，辑自《中国近现代史资料选辑》，北京：生活·读书·新知三联书店，1954 年版，第 115 页。

③ 近代史研究所：《帝国主义侵华史》第一卷，北京：人民出版社，1961 年版，第 54 页。

自守岁取之常，而小民则暗加一倍之赋。"① 可见银贵钱贱现象的严重性。加之战后英美资本主义国家对中国进行商品倾销，沿海和沿江一带的自然经济开始解体，进一步加速了农民和手工业者的破产。

沉重的封建剥削及外国侵略所造成的严重灾难，使鸦片战争前早已激化了的阶级矛盾更加尖锐，广大劳动人民忍无可忍，被迫走上反抗道路。据《清实录》记载，从1842年到1850年间，各地人民大小武装暴动和起义多达100余次，范围遍及内地18省和西北边疆，包括了汉、壮、苗、瑶、彝、回、藏等各族人民。以"反清复明"为宗旨的天地会起义遍及长江流域和江南各省。由于鸦片战争期间清政府从两广和湖南三省征调的兵力和粮饷最多，三省直接遭受战争的灾祸，阶级矛盾特别尖锐；且当时三省水旱灾害不断，尤其是广西，地瘠民贫，多民族杂居，民族矛盾和阶级矛盾相互交织。因此两广和湖南是起义的主要地区，而两广则是全国农民起义的中心，次数多，规模大。特别是广西地处西南边陲，是清政府统治力量比较薄弱的地区，加之天地会在当地有比较坚实的基础，所以广西的阶级矛盾尤为激烈。1845年，广西爆发兴立奇、钟敏起义；1846年李观呆起义、吴英康起义；1847年，雷再浩起义，规模最大；1848年，陈亚贵起义，给清军以很大威胁。1848年后，广西起义更加频繁。由于这些起义缺乏明确目标和斗争纲领，组织松散，纪律不严，各自为战，无统一指挥和领导，"饥则蜂起，饱则远扬，旋起旋散"②，容易被分化瓦解和各个击破。因此，要把这些分散的斗争汇集成强大的革命洪流，就迫切需要有新的革命组织，洪秀全的拜上帝教便是在这种形势下创立的，金田起义也由此应运而生。

二、故事简介

1851年1月11日，广西桂平县金田村竖起了一面反清起义的大旗，起义队伍聚集在韦家祠堂，发布了讨伐清政府的檄文，宣布建

---

① 《曾文正公全集》奏稿，卷一，中国书店出版社2011年版，第32页。
② 《论粤西贼情兵事始末》太平天国历史博物馆编《太平天国史料丛编简辑》（二），北京：中华书局，1961年版，第3页。

号"太平天国",起义军称"太平军",金田起义由此爆发。其发起者和领袖就是洪秀全。

洪秀全(1814—1864),原名洪仁坤,小名火秀,广东花县汉族客家人,出身农民家庭。他7岁起在村中书塾上学,接受系统的封建教育,熟读四书五经及其他古籍;16岁时因家贫辍学,在家帮助父兄务农;18岁被聘为本村塾师,生活清贫。在"学而优则仕"思想的影响下,从1828年15岁起到1843年30岁为止的16年中,洪秀全先后4次到广州参加科举考试,结果都名落孙山,连一个秀才也没有考取。屡次不第的沉重打击,使洪秀全愤然抛开了科举功名的幻想,产生了对现实的强烈不满。当时正值鸦片战争前后,广州一带又是遭受外国侵略最严重的地区,清政府的腐败及其战后对劳动人民的残酷剥削和压迫,以及广州人民的反侵略反封建斗争等,都给了洪秀全以极大的震动。他开始把个人的遇与农民的痛苦和整个中华民族的命运结合起来,逐步走上了一条反抗清朝封建统治的道路,探索救国救民的真理。

1836年,洪秀全第二次到广州参加科举考试,在考完后等待出榜的几天空闲时间里,他常到双门底一带逛街。一天,他逛街时无意间碰上两个基督教牧师传教,向听众散发宣传品——基督徒梁发的《劝世良言》一书,洪秀全拿了一份,回家顺手翻了翻。书中摘引了若干《圣经》中的内容,然后针对当时中国政府的腐败和现实以及中国的风俗人情加以解释发挥,反复宣扬上帝是"独一真神",人人应敬拜上帝,不拜别的偶像。这本小册子成为洪秀全获得基督教神学知识的最初来源以及他创立拜上帝教的借鉴。

1843年,洪秀全第四次到广州参加科举考试失败后,完全抛弃了对科举仕途的幻想。他开始仔细阅读《劝世良言》一书,并被里面的新奇说教所吸引,他认为自己是受上帝之命下凡诛妖,相信只有上帝是独一真神,而别的偶像都是邪魔。他认为自己见过上帝,受过天命。于是他抛开了孔孟之书,不再做一名儒生而改信基督教教义,并索性把家里的孔子牌位换成了上帝的牌位。很快,洪秀全开始宣传他所理解的基督教教义,劝导人们只拜上帝,不拜邪神。

洪秀全最先说服他的朋友冯云山和族弟洪仁玕参加"拜上帝教"。道光二十三年（1843年）七月的一天，艳阳高照，天气晴朗，他们三人相约来到村外的一条名叫石角潭的小河，仿照基督教的"洗礼"仪式，跳进水中，洗净全身，象征结束旧我，开始新的生命、新的事业。就在这一天，他们三人结为一个秘密革命团体——拜上帝会，"拜上帝教"就这样创立了。

"拜上帝教"创立后，洪秀全主要在广东花县从事拜上帝教教义的撰写工作，冯云山则到广西紫荆山继续进行拜上帝教的宣传和组织活动。紫荆山位于广西桂平县北，是一个山深地僻、地势险要的地方，一向被清政府视为"离城甚远，地僻而险，久为藏污纳垢之区"①。这里方圆500里，山多地少，分散居住着6 000多汉、壮、瑶族农民，以种山烧炭为业。冯云山刚到这里时"举目无亲，典借无路"②，他便放下读书人的架子，打短工，拾牛粪，挑泥芝土割禾，与山民一起劳动，后来成为塾师，深入到紫荆山各族劳动人民中大力宣传拜上帝教教义。冯云山以"历尽艰辛，坚耐到底"③的非凡毅力，经过3年艰苦活动，使得参加拜上帝教的劳苦人民逐渐增多。到1847年上半年，一个以广西紫荆山区为中心、拥有2 000多人的拜上帝教组织基本形成，它为金田起义奠定了坚实的组织基础，表现了冯云山卓越的宣传和组织才能。

在1844年至1847年两年多的时间里，洪秀全一面教书，一面从事拜上帝教的理论研究工作。在此期间，他相继写下了《原道救世歌》《原道醒世训》《原道觉世训》等著作，使拜上帝教的说教从隐晦到明确，创立了拜上帝教的基本理论。《原道救世歌》是用诗歌的形式宣传上帝是唯一真神，是人人共同的父亲，人人都有敬拜上

---

① 太平天国历史博物馆编《太平天国史料丛编简辑》（一），北京：中华书局，1961年版，第4页。

② 广西通志馆编《太平天国革命在广西调查资料汇编》，广西人民出版社，1962年出版，第57页。

③ 中国近代史资料丛刊《太平天国》（一），上海：神州国光社，1951年版，第371页。

帝、不信神邪的权利;并且"普天之下皆兄弟""上帝视之皆赤子""天父上帝人人共""何得君王私自专"。① 这些虽然是宗教宣传,但表达了广大贫苦农民要求政治平等的思想,启发了处于水深火热中的人民群众团结起来冲击封建君主制度。《原道醒世训》讲的是经济平等,对当时的阶级压迫和经济不平等进行抨击,揭露清朝统治下中国的黑暗现实;强烈谴责"相凌相夺相斗相杀""世道乖漓,人心浇薄"② 的现实社会,提出了"天下一家,共享太平""何得存此疆彼界之私,何可起尔吞并之念"的大同理想,描绘出"乱极则治,暗极则光,……于今夜退而日升矣"③ 等光明前景;宣传"天下多男人,尽是兄弟之辈,天下多女子,尽是姊妹之群",同时还宣扬"天下凡间,分言之,则有万国,统言之,则实一家"④,希望建立一个天下大同的理想社会。洪秀全提出的经济、政治、性别、国家四大平等思想,反映了广大劳动人民反对封建剥削和压迫的革命愿望。《原道觉世训》是一篇战斗檄文,洪秀全把农民阶级与地主阶级的对立幻化为神与妖的对立,号召天下兄弟姊妹共同起来斩"阎罗妖",推翻封建王朝的反动统治。这3篇著作反映了洪秀全反清思想的最终形成,奠定了拜上帝教的理论基础,为金田起义作了理论准备。

1847年8月,洪秀全带着他新创立的革命理论来到了广西紫荆山区,与冯云山故友重逢,分外高兴。尤其当他看到冯云山热心宣传拜上帝教,信徒发展已到数千人时,更是喜出望外。洪秀全和冯云山又根据革命形势的发展,共同制定了《十款天条》。同时,积极

---

① 中国近代史资料丛刊《太平天国》(一),上海:神州国光社,1951年版,第88页。
② 中国近代史资料丛刊《太平天国》(一),上海:神州国光社,1951年版,第91页。
③ 中国近代史资料丛刊《太平天国》(一),上海:神州国光社,1951年版,第92页。
④ 中国近代史资料丛刊《太平天国》(一),上海:神州国光社,1951年版,第89~98页。

宣传《原道醒世训》等诗文中的革命道理，并领导紫荆山区人民开展实际斗争，横扫了当地所有的神坛庙宇和各种偶像。这些斗争大大振奋了拜上帝教会众的革命热情，但是，也遭到了当地封建势力的镇压，在斗争中，冯云山不幸被捕，拜上帝教一时无人主持，在这危急关头，杨秀清、萧朝贵挺身而出，假托天父、天兄"附身显圣"，以天父、天兄代言人的身份发号施令，安定了人心，团结了会众。

1848年，冯云山被释回到紫荆山后，得知洪秀全为营救他已赴广州，他随即到广州寻找洪秀全共商大计。1849年7月，二人一起重返紫荆山，积极准备起义。当时，正值广西灾荒严重，饥民遍地，但清政府仍催粮逼租，以天地会为主的武装起义的烈火燃遍广西各地，当地官员已无法维持统治，起义的客观条件已经成熟。同时，拜上帝教在发展过程中逐渐形成了以洪秀全为中心，另有冯云山、杨秀清、萧朝贵、韦昌辉、石达开等人组成的领导核心，起义的组织条件也已具备。

随着革命时机的成熟，1850年7月，洪秀全发布"团营"号召，要求各地拜上帝教会员变卖田产到金田村聚集。各地拜上帝教会众纷纷向金田村集中，揭开了拜上帝教武装斗争的序幕。洪秀全将"团营"指挥部设在金田村，由杨秀清、韦昌辉、石达开主持并在金田、花洲、奇石、陆茵等处秘密打造武器。韦昌辉、胡以晃、石达开、周胜坤、余廷樟等献出全部家资充当起义经费。各地拜上帝会则认真操练，筹足钱粮。先后汇集金田的男女老少共计2万人左右，他们将携带钱物概交"圣库"，衣食全由"圣库"供给。洪秀全还按军制把前来"团营"的群众组织起来，实行男女别营，进行军事训练，准备武装起义。"团营"期间，会众蓄发、改装，以表示对封建统治者民族压迫政策的反抗。

1851年1月11日，洪秀全38岁生日，拜上帝教会众举行隆重的祝寿庆典，万众齐集金田村，誓师起义，向清朝宣战。建号"太平天国"，起义军称为"太平军"，封五军主将，并颁布军律：一遵条命；二别男行女行；三秋毫无犯；四公心和傩，各遵头目约束；

五同心合力,不得临阵退缩。洪秀全令全体将士蓄发易服,头裹红巾,金田起义正式爆发。太平军一路势如破竹,革命深入人心,八方响应。太平军打下武昌后,浩浩荡荡,顺江东下,直捣南京。

三、"洪秀全金田起义"故事讲评中的思想政治教育

反封建反侵略的革命斗争精神是金田起义故事中一个突出的亮点。金田起义发生在鸦片战争后中国从封建社会开始沦为半殖民地半封建社会的转折时期。这一时期,人民目睹了清政府的腐败无能,更遭受了鸦片战争所带来的灾难和痛苦。作为外国侵略者和本国封建统治者的主要压迫对象,长期以来,中国广大农民过着极其贫困和不自由的生活。占农村人口不到10%的地主、官僚占有全国绝大部分土地;农民租种地主土地,需要把全年收成的一半以上作为地租交给地主。鸦片战争失败以后,为支付对列强的巨额赔款,同时也为了弥补财政亏空,清政府加重了赋税的征收科派。各级官吏在征收钱粮时往往浮收勒扣,横征暴敛,农民的负担更为沉重。由于西方资本主义的入侵,中国的农业和家庭手工业相结合的自然经济逐渐解体。鸦片贸易在战后进一步泛滥,白银外流更加严重,导致银贵钱贱,又额外增加了农民的负担。残酷的压迫和剥削,迫使广大人民尤其是农民群众走上了反抗斗争的道路,全国各地的反清斗争此起彼伏在100次以上。但这一系列起义由于缺乏明确目标和斗争纲领,最终都以失败告终。因此,要把这些分散的斗争汇集成强大的革命洪流,迫切需要有革命组织的领导,洪秀全的拜上帝教便在这种形势下创立了,金田起义随之爆发。以洪秀全为代表的农民阶级在进行反封建反侵略革命斗争的同时,也对推翻清朝后如何构建一个百姓安居乐业的社会进行了理论和实践的探索。太平天国定都南京后,颁布了《天朝田亩制度》,希望建立"有田同耕,有饭同食,有衣同穿,有钱同使,无处不均匀,无人不饱暖"的理想社会。《天朝田亩制度》从根本上否定了封建地主土地所有制,表现了广大农民要求平均分配土地的强烈愿望,是对以往农民战争中"均贫富""等贵贱"和"均平""均田"思想的发展和超越,具有强烈的反封建反侵略的革命斗争精神。

第二节 康有为"公车上书"

1895年,康有为、梁启超联合各省举人1 300多人联名上书光绪皇帝,反对与日本议和,反对签订《马关条约》,史称"公车上书"。

一、故事背景

中国封建社会内部早在明朝中后期就已经出现了资本主义萌芽,鸦片战争后,外国的工业品开始倾销到中国市场,中国的自然经济逐步解体,农民、手工业者破产失业,商品经济有所发展,在客观上为中国资本主义的产生提供了商品市场和劳动力市场。鸦片战争后,外商在华投资建厂,在各通商口岸设立了一批近代企业,将资本主义生产方式带到了中国,促进了中国资本主义工业的产生。19世纪60年代以来,洋务派创办了一批近代军事和民用工业企业,促进了中国近代民族工业的产生和发展。特别是洋务派兴办近代企业,带动了一部分拥有货币财富的官僚、地主、商人、买办投资于近代企业,原有的一些手工作坊或采用机器生产的正式手工工场也转化成为近代企业。因此,中国民族资本主义于19世纪六七十年代初便产生了。当时的中国"既不能禁洋货之不来,又不能禁华民之不用"[1],"中国富商大贾必有仿造洋机器制作以自求利益者,官法无从为之区处"[2]。这说明民族资本主义产生的条件已经成熟。至1894年,中国民族资本主义企业共有76家,其中较著名的有:

1866年,广东香山人方举赞、孙英德创办的"上海发昌机器厂",是中国近代第一家民族资本主义企业,也是民族机器工业中规模最大的一家。

---

[1] 吴汝伦编录《李文忠公全书·第稿》卷二十四,古籍善本刻本,线装,第20页。

[2] 吴汝伦编录:《李文忠公全书·朋僚函稿》卷九,古籍善本刻本,线装,第34页。

1872年，华侨商人陈启源在广东南海创设"继昌隆缫丝厂"，成为近代中国第一个民族资本经营的机器缫丝厂。

1878年，朱其昂在天津创办"贻来牟机器磨坊"，成为天津第一家近代化私人面粉工厂，开创了天津机磨面粉的先河。它是中国北方最早的民族企业，也是中国食品工业最先使用机器生产的厂家。

1881年，黄佐卿在上海设立"公和永缫丝厂"，成为华东地区第一家华商经营的丝厂，它带动了上海缫丝业的发展。

1892年，华侨张弼士为了实现实业兴邦的梦想，先后投资300万两白银在烟台创办了"张裕酿酒公司"，由此拉开中国葡萄酒工业化的序幕。

19世纪80年代前后又相继出现了一些民族资本主义采矿企业。其中，以山东人李宗岱于1883年开办的平度招远金矿规模最大。此外，湖北荆门、山东泽县、江苏徐州、安徽池州等地也先后出现采煤业，热河等地也开办了各种金属矿厂，但这些工矿规模都不大。

中国民族资本主义工业的产生和发展有利于社会进步，它代表着当时中国社会发展的方向，对中国社会产生了巨大而深远的影响。随着中国民族资本主义企业的产生，19世纪六七十年代中国的民族资产阶级产生了。中国民族资产阶级主要由商人、地主、官僚、买办转化而来，他们在经济上依赖于外国资本主义并被资本主义列强的商品输出所遏制，同时还要受本国封建经济的限制，这就决定了中国民族资产阶级具有明显的两面性，他们既具有反对外国资本主义与本国封建主义剥削压迫的革命性，又具有依赖于外国资本主义与本国封建主义的妥协性。

从19世纪60年代末到甲午中日战争之前，伴随着中国民族资本主义的产生和发展，国内出现了反映民族资产阶级政治、经济要求的早期资产阶级维新思想。早期维新思想的著名代表人物有王韬、薛福成、马建忠、郑观应、汤震、陈炽、何启、胡礼垣等人，他们都是刚从封建地主阶级逐渐分化出来的具有初步资产阶级意识的知识分子。中法战争前，早期维新思想处于萌芽、酝酿阶段，它们只是要求以西方强国为榜样作些改革，还没有同洋务派提出的以"中学为体，西学为用"的思想划清界限。中法战争后，随着帝国主义侵略的日益加深和洋务运动的破产，早期资产阶级维新派逐渐从洋务派中分化出来，早期维新思想逐渐发展起来。他们主张发展民族资本主义工商业，要求改革中国现状。他们著书立说，主张改革的呼声日益高涨，要求改革的内容也不断扩展，维新变法逐渐成为一股社会思潮。早期维新派的主要主张有：

第一，要求维护民族独立和国家主权。早期维新派对帝国主义侵略和清政府媚外卖国表示愤慨和抗议。他们认为不平等条约严重侵犯了中国的主权，给中国带来无穷的祸害。他们认为只有仿效西方，实行变法，才是维护国家主权、使国家独立富强的唯一出路。他们提出了"习兵战不如习商战""欲制西人以自强，莫如振兴商务"①等"商战"口号，希望以"商战"来抵制资本－帝国主义的侵略。

第二，要求发展民族资本主义。早期维新派认为中国日益贫穷的主要原因在于西方列强对中国的经济侵夺，因此他们把发展中国资本主义经济作为谋求民族独立和国富民强的出路。他们提出以重商政策代替中国传统的重农政策，反对洋务派的官督商办企业对民族资本的垄断和控制，揭露"官办""官督商办"企业的腐朽性质，认为它们不可能求得真正的富强，只有发展民族工业才是唯一可行道路。他们宣传"士有商则行其所学而学益精，农有商则通其所植而植益盛，工有商则售其所作而作益勤"的主张②，把商业抬到了能推动文化、科技、农业、工业发展的地位。他们反对清政府对商办企业的限制，要求清政府制定商律，设立专门机构保护商人利益。

第三，要求实行君主立宪政体。早期维新派在向西方学习时，初步认识到中国积弱不振的根源在于封建专制主义统治，希望从政治体制上实行改革。他们指出：随着社会不断向前发展，一个国家

---

① 中国近代史资料丛刊《戊戌变法》（一），上海：神州国光社，1953年版，第80、83页。
② 薛福成：《庸庵全集·海外文编》卷三，刻本。

的政治制度也必须随之发生变化，要使中国变贫弱为富强，非改革封建专制制度不可。他们介绍英国资产阶级议会中的两党制和西方资产阶级"三权分立"的政治学说，明确提出在中国建立君主立宪政体的主张，并认为这是西方资本主义国家富强的根本原因。这些主张反映了民族资产阶级要求参与政权的愿望，表现出早期维新派具有一定的反封建专制的民主思想。

早期维新思想是当时资本主义经济因素在意识形态领域里的反映，体现了民族资产阶级的利益和诉求。早期维新思想是鸦片战争时期以龚自珍、林则徐、魏源为代表的地主阶级改革派变法维新、抵御外侮思想的继续和发展，同时又是后来康有为、梁启超等变法维新思想的前导。

甲午中日战争之前，随着中国民族资本主义的发展和民族资产阶级的壮大，加之民族危机不断加深，日本又步步进逼，以康有为、梁启超为代表的资产阶级维新派要求维新变法的呼声越来越强烈。面对甲午中日战争中国的惨败，康有为等冲破清政府规定的知识分子不得干政的禁令，上书皇帝，抨击时政，要求变法。"公车上书"就是在这样的背景下出现的。

二、故事简介

甲午中日战争后，空前严重的民族危机和民族资本主义的初步发展，推动着资产阶级维新派发动了一场自上而下的变法维新的政治运动。这场运动的主要领导人就是康有为。

康有为（1858—1927），字广厦，号长素，广东南海人，人称"康南海"，清光绪年间进士，官授工部主事。康有为生于封建仕宦家庭，家族为广东望族，世代为儒，以理学传家。他从小接受了严格的封建传统教育。由于父亲去世早，他从小跟随祖父，在祖父的教育下，阅读了大量的古典经史，对古文经学有很深的造诣。康有为青少年时代，正是中国屡遭资本—帝国主义侵略、中华民族灾难深重的年代，王韬、薛福成、马建忠、郑观应等早期维新思想家的改革理论对他影响很大，使他对改革产生了浓厚兴趣。在阅读了

《天下郡国利病书》《读史方舆纪要》《海国图志》《瀛环志略》等许多经世致用的书籍后，他眼界大开，开始走出书斋，去接触现实社会。1879年，他22岁，开始游历香港。在香港，他直接接触到了西方资本主义文明，深感西方人士治国有方，值得探索。于是他"购地球图，斩收西学之书，为讲西学之基矣"。① 这一年成为康有为从中学转向西学的重要开端。资本—帝国主义的入侵，清政府的腐败，使年轻的康有为胸中燃起了救国之火，经过艰苦探索，他认识到"要救国只有维新，要维新只有学外国'②。因此，他将西学同中国历史上主张变革的思想有机地结合起来，逐渐形成了一套改良主义的思想体系。

1888年（清光绪十四年），康有为到北京参加顺天乡试。当时正值中法战争结束不久，他痛感民族危机深重，满怀爱国热情，第一次写下一封5 000字的上皇帝书，陈述了"强邻四逼于外，奸民蓄乱于内"③的危急形势，提出"变成法，通下情，慎左右"④三项建议。这次上书，虽然没有提出具体的变法方案，但康有为对变法图强充满信心，认为中国如能进行变法，则"十年之内，富强可致"，二十年便能"雪仇耻"⑤。由于顽固派的阻挠，上书没有送到光绪皇帝手里，但在许多爱国人士中辗转传颂，在社会上广为流传，产生了积极的影响。康有为这次应试获得了第三名，本应中举，但主考官徐桐是顽固守旧之人，对康有为上书破口大骂"如此狂生，

---

① 中国近代史资料丛刊《戊戌变法》（四），上海：神州国光社，1953年版，第115页。

② 《毛泽东选集》（合订本），北京：战士出版社翻印，1964年版，第1359页。

③ 中国近代史资料丛刊《戊戌变法》（二），神州国光社1953年版，第125页。

④ 中国近代史资料丛刊《戊戌变法》（二），上海：神州国光社，1953年版，第127页。

⑤ 中国近代史资料丛刊《戊戌变法》（二），上海：神州国光社，1953年版，第129页。

不可中"①，便把康有为的名字从举人的录取名单上一笔勾销了。康有为落第回到广州，于1891年在广州创办万木草堂，招生讲学，宣传变法思想。万木草堂先后招生100多人，培养了梁启超、麦孟华、徐勤、陈千秋等一批维新人士，成为以后变法维新的骨干力量，其中以比康有为小17岁的梁启超最为著名。梁启超聪明好学，12岁即考取秀才，17岁中举人。他拜康有为为师，在万木草堂学习了3年，接受了康的变法维新思想，成为后者在戊戌变法中的得力助手。

康有为在万木草堂讲学的同时，还著书立说，将今文经学与西方资本主义政治学说相结合，先后撰写了许多著作，其中影响最大的是《新学伪经考》和《孔子改制考》，这两部书是康有为变法维新的理论依据。

《新学伪经考》又名《伪经考》，14卷，1891年初刊，是康有为打着"公羊派"的旗号，宣扬托古改制思想的重要著作。此书着重从经学方面进行论述，对传统的"古文经学"展开猛烈的攻击。康有为认为：历代封建统治者所尊崇的《周礼》《春秋》《尚书》《左传》等"古文"经典都是西汉末年刘歆伪造的，因此都是"伪经"，而刘歆制造伪经的目的是为了帮助王莽篡夺西汉政权，所以"古文经学"是"新莽"一朝之学，只能称之为"新学"。康有为对所有古文经学进行了彻底的否定和批判，在政治上打击了恪守祖训、不愿变法的封建顽固派，为资产阶级改良运动做了舆论准备。《新学伪经考》问世后，多次翻印，在海内外流行甚广，在社会上引起很大的震动。1894年7月，御史安维峻弹劾康有为"非圣无法，惑是诬民"②，要求焚烧《新学伪经考》，两广总督李瀚章令康有为将此书自行焚毁。戊戌政变后，此书两度被禁，可见此书在政治上产生的巨大影响。

《孔子改制考》于1892年开始撰写，曾得到陈千秋、梁启超等人的协助，1898年在上海刊行，全书21卷。该书指出：孔子以前

---

① 李茂高：《中国近代史故事》（二），沈阳：辽宁少年儿童出版社，1985年版，第137页。

② 苏舆：《翼教丛编》卷二，台北：文海出版社，1970年版，第74页。

的历史无据可考,于是孔子就假托以前先贤的言论、行事来作"六经",即《诗》《书》《礼》《易》《乐》《春秋》;"六经"中称颂的尧、舜、文、武、周公的"盛德大业"都是孔子为了实现自己的理想而假托古人的议论创立的;孔子"托古"的目的,是为了"改制"。康有为这一理论把长期以来封建士大夫深信不疑的中国传统观念打破了,他在书中虚构出一个首创"改制"的孔子,树立起孔子"改制"的形象,把他装扮成变法改制的祖师和资产阶级维新思想的先师。他通过孔子改制来宣传因时变革的历史进化思想,从而证明维新变法的主张是符合先贤言行的,以此减轻变法的阻力。他还运用今文经学的传统说法,宣称人类社会是按照"据乱世""升平世""太平世"三个阶段的顺序逐步由低级向高级演变发展的,所以君主专制必然为君主立宪制所取代,为维新变法提供了历史理论依据。

  康有为的《新学伪经考》《孔子改制考》等著作建立了资产阶级变法维新的理论体系,宣传了西方资产阶级的进化论和自由平等学说,反映了资产阶级变革社会现状的要求,对封建顽固守旧势力进行了猛烈的抨击,其进步意义不可磨灭。但是他所宣扬的进化论,是西方资产阶级的庸俗进化论,即只承认社会的渐变,而否认革命性的突变,这就决定了他所要求的社会变革是不彻底的,这也是日后变法运动失败和他由进步走向倒退的重要根源。

  1895年春,康有为、梁启超等在北京考完会试,等待发榜,正逢李鸿章在日本签订丧权辱国的《马关条约》的消息传到北京,当时云集在北京应试的举人群情激愤,奔走相告,台湾籍举人更是痛哭流涕。各省举人分别向都察院提出要求,反对议和。康有为、梁启超发动广东、湖南籍举人率先到都察院上书,反对割让台湾,要求清政府拒绝在《马关条约》上签字。一时间,都察院前人山人海,上书如雪片般纷至沓来。台湾籍举人还包围了都察院长官的车轿,情绪激昂,捶胸顿足,垂泪请命,强烈反对割让台湾,而清政府依旧毫不理睬。在这种情况下,康有为决定联合在北京会试的18省举人共1 300多人联名给皇帝上书,大家一致推荐康有为负责起草上皇帝书。康有为壮怀激烈,热血沸腾,用一昼两夜时间起草了一份长达 1.8 万字的"上皇帝书"。这就是著名的"公车上书"①,这是康有为的第二次上书。

"公车上书"陈词慷慨,气势磅礴,详陈自强之道,引经据典,文贯中西,可以说是当时爱国知识分子救亡图存、振兴中华的一篇宣言书。上书的主要内容是:

第一,"下诏鼓天下之气"。上书强烈反对割让台湾,指出割台湾给日本是"弃台民""散天下",会造成"民心先离",② 中国将有土崩瓦解之患。建议皇帝下诏鼓天下之气,反对议和,认为言和是"解散民体,鼓舞夷心,更速其亡"③ 之举,要求拒和、迁都、练兵、变法。

第二,"迁都定天下之本"。康有为认为,京师近海,容易为外国侵略者所挟制,且而今旅顺、威海卫已为日军攻占,京师屏障全失,建议迅速迁都西安,使日本失其挟制之术。这样既不必割地,也能达成和议;即使和议不成,大军云集都畿,扼守潼关、函谷关之险,亦可言战。

第三,"练兵强天下之势"。康有为认为,中国之所以屡战屡败,将衰兵弱、武器落后是重要原因,所以他主张训练重兵,尤其强调选将和购械。他认为选将应注意挑选年少力壮、出身卑贱、肯为国家效力者;而不用那些精力衰竭、暮气沉沉的老将。他建议令各地绅士举办团练,并令州县各荐一位慷慨知兵之士,十中挑一,从中选拔出优秀将才,为国家所用。而在购械方面,则需选拔精于制造技术、又能廉洁奉公的人,向外国购买近代化枪炮,使"器械精利,

---

① 从汉代开始,凡是被政府征举的士人入京,都由官府备车马接送,称为"公车"。后来,人们就把入京就试的举人也称为"公车"。由于这次上书是举人上书请愿,因此称为"公车上书"。

② 中国近代史资料丛刊《戊戌变法》(二),上海:神州国光社,1953 年版,第 133 页。

③ 中国近代史资料丛刊《戊戌变法》(二),上海:神州国光社 1953 年版,第 134 页。

有恃无恐"。康有为认为只要有精兵猛将，再配以精锐武器，即可强天下之势，对外稳操胜券。

第四，"变法成天下之治"。康有为指出前三项建议还只是"权宜应敌之谋"，第四项"变法"才是"立国自强"的根本大计。他发挥变易的哲学思想，指出清朝制度沿袭明制已经数百年之久，而"物久则废，器久则坏，法久则弊"。他向光绪帝建议说：今之为治，当以开创之势治天下，不当以守成之势治天下，清朝应更新百度，再也不能率由旧章。而对于如何变法？他提出了"富国之法""养民之法""教民之法"三项建议。

上皇帝书写成后，康有为发动了1 300多名举人在上书上签名，并把它交到了都察院，希望都察院转交给光绪皇帝。但是这次"公车上书"又被拒绝了。

"公车上书"虽然没有能够阻止《马关条约》的签订，但它是近代中国知识分子第一次群众性的爱国行动，它冲破了清政府规定的知识分子不得干政的禁令，在社会上产生了巨大的震动。这次上书虽然没有送到皇帝手里，但其内容却被辗转传抄、印刷，在社会上广为流传，推动了变法维新的改革浪潮，是资产阶级变法维新思想转变为变法维新运动的标志。康有为的政治声望进一步提高，从此取得了变法维新运动的领袖地位。

"公车上书"的第二天，康有为考中进士，清政府授予他工部主事一职，但他认为此官太小，对变法不利，没有就职。为了实现变法图强的目的，康有为决心争取皇帝的支持。于是，他又连续给光绪皇帝上了第三书和第四书，反复强调必须变法维新的道理。光绪皇帝读到了第三封上书，他感到康有为的变法主张符合改变国家贫弱状况和挽救清政府统治危机的需要，非常重视。从此，维新派开始获得光绪皇帝的支持。

为了扩大变法维新的影响，1895年8月，康有为在北京创办《中外纪闻》，宣传西学，鼓吹维新，在官员群体中影响甚大。同时，康有为、梁启超又组织了"强学会"和"保国会"宣传维新改良，加快了变法维新的步伐。

三、"康有为'公车上书'"故事讲评中的思想政治教育

1. 忧患意识和强烈的责任感

1895年，李鸿章在日本签订了丧权辱国的《马关条约》，清政府不惜以割让台湾岛和赔偿巨额赔款为代价，换取屈辱的短暂和平。康有为联合在北京会试的18省举人共1 300多人，起草了一份长达1.8万余字的"上皇帝书"，即"公车上书"，它体现了以康有为、梁启超为首的中国知识分子，对国家前途命运的担忧之情和强烈的责任感。面对亡国灭种的严重危机，"公车上书"首先提出了"下诏鼓天下之气"，的建议，建议皇帝颁布三道诏书：第一，明诏罪己，要深痛切至。第二，颁明罪之诏，严惩那些蔽惑圣聪、主和辱国的庸臣及丧师失地、战阵不力的将领，还有那些擅自答应割地赔款的议和大臣等，明责重罚。第三，颁求才之诏，下令选拔天下贤士。其次是"迁都定天下之本"。劝告统治者不要留恋京师，因为北京已没有重要的关卡可以阻挡外国侵略者的坚船利炮。再次是"练兵强天下之势"。康有为在"公车上书"中提出的三项建议，虽然只是危机之时的权宜之计，但充分体现了广大知识分子强烈的爱国热情以及希望用自己的激情和热血来恢复中华民族的独立和尊严的民族气节。"公车上书"冲破了清政府规定的知识分子不得干政的禁令，是中国知识分子在民族危亡时刻主动承担历史使命的爱国表现，是中华民族抵御外辱、救亡图存的一份伟大宣言，它体现了广大知识分子对国家前途命运的忧患意识和强烈的责任感。

2. 国家利益高于一切的爱国情操

在"公车上书"中康有为明确地提出，"弃台民之事虽小，而离散天下民心之事大，割地之事小，而亡国之事大"，如果这样下去，势必人心背离，国家会面临亡国灭种的危险。"台湾一割，民心先散，日本野心得逞，列强接踵而至，国家势必土崩瓦解。"他认为求和并不能真正解决危机，相反只会使国人丧失斗志，而助长列强侵略中国的野心，各国可能会群起而效仿，中国要摆脱危机只能变法

图强。康有为在上书中还详陈了自己的变法主张,并提出三条具体建议,请求朝廷拒和、迁都、变法。从中可以看出,康有为把割让台湾与国家利益联系起来思考,是中华民族传统爱国思想的体现,更是对封建王朝观念的突破。他把国家利益置于封建王朝利益之上,决不容许以李鸿章为首的投降派以割让台湾岛、赔偿巨额赔款等损害国家利益的举动为代价而换来屈辱的短暂和平,体现了国家利益高于一切的爱国情操。

3. 自强不息的进取精神

自强不息的进取精神是中华民族的传统美德,它在"公车上书"中充分地展现出来。康有为高举"穷则变,变则通"的变法图强的利剑,向"祖宗之法不可变"的封建桎梏开刀,提出了富国、养民、教民等变革主张。关于富国,他提出发行钞票、广筑铁路、发展民营机器轮舟公司、开矿、铸银、邮政六项具体建议。关于养民,他提出务农、劝工、惠商、恤穷四策。在教民方面,他指出要普及教育,改革科举、量才录用,开设报馆,通时务、拓心思,易风俗,提倡孔教,弘扬中国传统文化。除了这些具体措施之外,康有为还强调了中国君臣阻隔的弊端,并在此基础上提出设立"议郎制度"的建议,希望中国出现"君民同体,情谊交孚,中国一家,休戚与共"的政治局面,具有很大的进步意义。从以上变法主张可看出,康有为已经具备了一种世界竞争意识,并用这种竞争意识分析中国与世界的关系,从而说明落后就要挨打,必须变法图强,体现了自强不息的民族进取精神。

第三节 巾帼女子"红灯照"

在爆发于19世纪末声势浩大的反帝爱国的义和团运动中,有一支专门由出生贫苦家庭的女子组成的武装反帝反封建的队伍，这支队伍名叫"红灯照"，她们武装反抗外国侵略者的英勇事迹流传至今。

一、故事背景

反帝爱国的义和团运动是甲午中日战争后民族矛盾空前严重的产物，是19世纪末中国人民反对教会侵略、反对帝国主义瓜分中国斗争的总汇合。

19世纪70年代后西方列强从经济上侵略中国的显著特点，表现为向中国大量地输出资本。其资本输出的主要方式是对中国进行奴役性的政治贷款，在中国增设工厂，投资矿山和铁路，增设银行等。甲午中日战争后，西方列强在勒索中国赔款的同时，还迫使清政府举借外债来偿付这些赔款。清政府举借外债主要以关税和盐税作为担保，而这两项收入正是清政府财政收入的重要来源。清政府的这两项税收每年进项约4 000万至5 000万两白银，大部分用于偿付外债，自己只能得到很少的一点"关余""盐余"。西方列强直接控制了这两项税收，也就扼住了中国财政的咽喉。政治贷款都有苛刻的政治条件，帝国主义通过贷款从而控制了中国的政治、经济和外交，使清政府加深了对帝国主义的依赖。西方列强还利用不平等条约赋予的特权，在中国自由开办工厂，获取超额利润，压制中国微弱的民族资本主义经济的发展。甲午中日战争后，西方列强纷纷在中国投资开采矿山，掠夺矿山资源，使中国民族工业难以独立发展。其次，在华增设银行，这些银行凭借各种特权及雄厚的金融实力，逐步地控制了中国的财政金融，成为列强对华经济侵略的中心。此外，各国还纷纷在中国掠夺铁路修筑权，通过对中国铁路的控制，不仅攫取巨额利润，获得铁路沿线的许多经济权益，而且还从政治上、军事上取得对这些铁路及其沿线地区的控制权，确立和扩大列强在中国的势力范围。

总之，西方列强对中国的经济侵略，使中国在经济上丧失了独立性，中国成为西方列强的经济附庸。除了沿海、沿江少数城市的经济得到畸形发展以外，中国广大地区特别是农村的经济濒临破产。

西方列强在对中国进行军事、政治、经济侵略的同时，还对中国进行文化侵略，传教士成为西方列强文化侵略的"急先锋"。早在鸦片战争以前，法国天主教、欧美基督教、俄国东正教的传教士便相继来到中国。他们披着宗教外衣，在传教名义下进行间谍侦察活动，对中国进行文化渗透。鸦片战争后到19世纪末，来到中国的各国传教士已达3 300多人。他们在中国设立教区40个，教会60多个，网罗教民80多万人。教会成为资本-帝国主义侵华的工具，起到了大炮所不能及的作用。如：第二次鸦片战争期间，在北京的俄国东正教传教士就向俄国公使和英法联军提供了有关清军在大沽口的设防情况和详细的北京地图。传教士还通过不平等条约获得了在中国各地城乡租买土地和修筑房屋的特权，为外国教会在中国内地霸占地产、遍设教堂提供了根据。

19世纪60年代后，外国传教士大批来到中国，进入内地、边疆和少数民族地区。他们采用欺骗讹诈、强迫捐献、压价购买、强占垦地等手段霸占土地，建造教堂，剥削佃户，出租房产，甚至公开干涉中国内政。传教士的不法活动，激起了中国人民的义愤和反抗。19世纪60至90年代，各地群众反对外国教会侵略的斗争此起彼伏、连绵不断，成为近代中国人民反侵略斗争的重要组成部分。从鸦片战争到1900年义和团运动，期间群众反教会斗争大小共计400余次，其中影响较大的有1861年贵阳教案、1863年重庆教案以及继之而起的酉阳、彭水、丰都、石柱等地教案。与此同时，湖南、江西、江苏、河南、直隶、云南、西藏、福建和台湾等省区都迅速燃起了反对外国教会侵略的怒火。

甲午中日战争前，反教会侵略斗争已经发展成为大规模的武装起义。如：1886年，重庆大足县民众因不堪外国传教士肆虐，拆毁龙水镇、三驱场、万古场等地的教堂。同时，发生了教徒打死群众和烧毁民房的事件，群众怒不可遏，奋起捣毁教堂。余栋臣组织煤窑、纸厂工人及挑贩数百人起义，发布檄文，号召群众驱逐外国传教士。余栋臣部攻打永川、江津、重庆、铜梁、内江、安岳等地，各县纷纷响应，震动全国。由于帝国主义掀起瓜分中国的狂潮，人民群众自发地把反教会侵略和反对帝国主义列强瓜分中国的斗争结合起来，将斗争推向了新的阶段。1897年山东发生"巨野教案"，也称"曹州教案"（菏泽曾称曹州）。当时在巨野，传教士及其教徒横行乡里，敲诈勒索，作恶多端，清朝官吏畏之如虎，百般袒护。民众忍无可忍，攻打教堂，杀死德国传教士能方济和韩理二人。接着在济宁、寿张、菏泽、单县等州县，捣毁教堂，驱除外国传教士的事件不断发生。总之，反对外国教会侵略是中国人民反帝斗争的主要形式，是义和团运动的先导。

19世纪末20世纪初，帝国主义列强掀起了瓜分中国的狂潮。1895年，中日《马关条约》规定把台湾、澎湖列岛和辽东半岛割让给日本，这大大刺激了帝国主义列强瓜分中国领土的野心。德、俄、英、法、日等国于1898年至1899年竞相在中国租借港湾和划分势力范围，掀起了瓜分中国的狂潮。德国强租胶州湾，山东成为德国的势力范围。俄国租借旅顺和大连，长城以北成为俄国势力范围。法国强租广州湾，广东、广西、云南是其势力范围。英国租借深圳河以南、九龙半岛以北地区及其附近岛屿，即"新界"，将整个珠江流域。日本不满足于《马关条约》中所攫取的特权，于是强纳福建为势力范围。美国则向清政府提出"门户开放"政策，要求中国全境开放。"门户开放"政策是19世纪末帝国主义列强瓜分中国的产物，也是各国争夺在华利益的妥协方案，是一个在政治上共管中国的恶毒计划。

甲午中日战争后的几年间，中国的大好山河被帝国主义列强分割成了一块块的势力范围，中国的领土主权遭到了肆无忌惮的践踏，中华民族面临空前的危机。面对帝国主义列强的瓜分狂潮，中国人民进行了自发的反侵略、反瓜分斗争，义和团运动由此爆发，"红灯照"巾帼英雄的故事也广为流传。

二、故事简介

"红灯照"是义和团独有的一种专收妇女的拳会。入会妇女穿红衣红裤，右手提红灯，左手持红折扇，年长的头梳高髻，年轻的绾双丫髻。"红灯照"首先出现在山东,后来发展到山西、直隶、北京、天津、东北等地区,成为义和团运动中一支十分活跃的力量,表现了中华女儿们的革命豪情。天津"红灯照"是义和团运动中影响最大的一支由女青年组成的反帝反封建的武装,其首领称"黄莲圣母",原名林黑儿,是天津义和团14位著名首领中唯一的女性。

林黑儿,直隶人,生于天津南运河上船户人家。她幼时学过拳棒,曾随父亲在上海等地卖艺,是一位老实、能干、热诚、单纯、勤劳的渔家姑娘。当时正是帝国主义在中国日益横行之时,她的丈夫受到冤屈,被关进监狱,林黑儿虽然想尽了种种办法营救丈夫,但"八字衙门朝南开,有理无钱莫进来"①,营救最终未能成功。当时,义和团运动的强烈风暴正向直隶卷来,苦大仇深、新婚不久就不幸丧夫的林黑儿,在"天下第一团"首领张德成的影响及帮助下,联合了一帮穷姐妹,组织起了震惊中外的"红灯照",积极配合义和团展开反帝爱国斗争。八国联军进逼天津时,她率众与张德成等联合作战,在老龙头车站及紫竹林等地狠狠打击了侵略者。后因清政府对帝国主义妥协投降,夹击义和团,使义和团团员伤亡惨重,张德成负伤。天津沦陷后,林黑儿也负伤被俘,英勇牺牲。

1900年春,随着义和团大队人马进入天津城,时年仅20多岁的林黑儿头戴红巾,身围红裙,率领"红灯照"女青年们乘着一色红船浩浩荡荡地来到天津,在此安营扎寨,习武练兵。"红灯照"这支女子队伍进入天津城的奇闻,震惊了城内居民,天津的女青年们纷纷报名参加。"红灯照"在天津发展到了2 000多人。

当时流传一种说法,据说参加"红灯照"的女青年们只要经过七七四十九天的练习之后,就可步行水上而不湿,并可腾空而飞,手中扇子一挥,敌人大炮便不会响,或者敌人的船舰会自然起火等等。这些说法虽多半为迷信和宣传的幌子,但也吸引了更多女性加入"红灯照"。"红灯照"在天津设有多处拳坛。每当夜幕降临,大

---

① 李茂高《中国近代史故事》(二),沈阳:辽宁少年儿童出版社,1985年版,第181页。

家就聚集在一起，练习武艺，当时的人们都称赞"红灯照"的女儿们"耍起刀，快如飞"。① "红灯照"在义和团运动中主要负责救护伤员、搜集情报、配合义和团团员作战以及在宣传上支持义和团运动等。首领林黑儿自称能医治各种伤病，因此向她求医之人甚多。在义和团员与八国联军作战时，林黑儿率领"红灯照"女青年积极救护伤员，医治好了不少伤者，其医术为人称道。

"红灯照"经常四处活动，凭借她们的"法术"焚烧洋人教堂及船只等。还常与义和团男性组织联合作战，天津的义和团首领张德成就常和林黑儿联系，共同商讨作战计划。"红灯照"成员们虽为女性，但在战场上作战英勇，视死如归。在天津义和团与八国联军在老龙头火车站和紫竹林的战斗中，天津"红灯照"的女儿们迎着敌人的枪口，奋勇冲锋，不怕牺牲，给侵略者以沉重的打击。东北地区的"红灯照"在铁岭战斗中，配合义和团勇士英勇抗击俄国侵略者的入侵，焚烧了铁岭的耶稣教堂和天主教堂，打击了俄国侵略者的嚣张气焰。在天津保卫战中，"红灯照"还担负起站岗放哨、维护治安、缉拿奸细、侦查军情、传递消息、运送粮食及烧水做饭等工作，发挥了重要的作用。

林黑儿还用各种"神迹"进行宣传，使人们相信"红灯照"成员都具有神力，一方面收归人心，另一方面提振团众的信心及士气。此外每隔7~10日，队员们就出户绕村子跑，一边奔跑，一边耍刀，并高喊口号："红灯照，义和团，亲兄妹，闹得欢，一个心，杀洋官。"② 刀光闪闪，口号响亮，民众赞不绝口。同时团员们还在公共场所练习拳棒，借此达到宣传的效果。在保卫天津的战斗中，林黑儿率"红灯照"与义和团将士一同上阵杀敌，非常英勇。不幸的是，在战斗中林黑儿身负重伤，无奈被捕，但她依然表现出大义凛然、

---

① 李茂高：《中国近代史故事》（二），沈阳：辽宁少年儿童出版社，1985年版，第184页。

② 李茂高：《中国近代史故事》（二），沈阳：辽宁少年儿童出版社，1985年版，第184页。

威武不屈的精神。就连侵略者也不得不承认,在监狱中,林黑儿等
女囚仍有一种尊贵的风度,使人敬佩之情油然而生。她们大无畏的
气概,使侵略者嚣张气焰顿失。

三、"巾帼女子'红灯照'"故事讲评中的思想政治教育

大无畏的反侵略精神在"红灯照"的故事中得以充分显示。"红
灯照"女儿们在义和团运动中主动承担起救护伤员、搜集情报、配
合义和团团员作战以及在宣传上支持义和团运动等任务。在救护伤
员上,"红灯照"医治好了不少在战斗中受伤的义和团团员,得到了
大家的高度赞扬。她们还常与义和团男性组织联合作战,虽为女性,
但在战场上表现英勇,视死如归。这些充分显示了中国女子反帝斗
争的决心和大无畏的革命精神。为了纪念这些巾帼英雄们,现在,
在天津南运河、北运河和海河交汇处的天津三岔口,有一座由天津
市人民政府树立的纪念碑。碑文中说林黑儿"积极组织广大青年妇
女投身抵抗八国联军侵华的战争。红灯照的姐妹们,在这场伟大的
斗争中,充分表现出中华民族大无畏的精神风貌,人们永远不会忘
记"。总之,"红灯照"在反帝反封建斗争中,为祖国立下了很大功
劳,她们的爱国思想和爱国事迹,为后代的青少年树立了光辉的
榜样。

第三章 辛亥革命时期历史故事讲评中的思想政治教育

第一节 浩气英风史坚如

如今,在广州吉祥路西侧、市政府北邻,有一条令人感到奇怪的街道,名叫"新墙头",这个名字包含了一段不寻常的故事,故事的主人就是少年英雄史坚如。

一、故事简介

史坚如生活的年代正是帝国主义和本国封建主义相结合,把中国一步一步地沦为半殖民地半封建社会的年代。特别是甲午中日战争后,由于《马关条约》规定允许外国人在中国开办工厂,帝国主义国家便争先恐后地涌向中国投资,对中国进行大量的资本输出。列强强迫清政府进行政治贷款,在中国增设工厂和银行,开采矿山,修筑铁路,获取超额利润,压制中国微弱的民族资本主义经济的发展。

面对帝国主义瓜分中国的狂潮,中国人民展开了英勇的反侵略、反瓜分的斗争。1898年4月,沙俄侵略军侵占金州,设卡征粮,人民群众不断起来进行反击,进行抗捐抗税斗争,俄军无法立足,被迫退出金州。1899年秋,法国租借广州湾时,当地人民群众两次与法国侵略军作战进行反抗。这些人民群众零星的自发的反侵略斗争,预示着一场群众性的更大规模的反帝反封建风暴即将到来。

甲午中日战争后，由于帝国主义对华进行大量的资本输出，国内自然经济结构进一步解体，为民族资本主义的初步发展提供了一些客观条件。正如列宁所说："资本输出总要影响到输入资本的国家的资本主义发展。"① 同时，清政府为了扩大税收，也放宽了对民间设厂的限制。在严重的民族危机刺激下，许多人把发展民族工业作为挽救民族危亡的重要手段，纷纷呼吁"设厂自救""实业救国"，中国出现了兴办工业、自办铁路、开采矿山等的浪潮，民族资本主义有了初步的发展。

随着中国民族资本主义的初步发展，中国民族资产阶级也逐渐成长起来。在甲午中日战争后民族危机加深的情况下，他们肩负起了挽救民族危亡的责任，登上了中国的政治舞台。1898 年 6 月 11 日，在康有为、梁启超等人的协助下，光绪皇帝颁布了"明定国是"诏书，宣布开始变法。在此后的 103 天中，皇帝接连发布了一系列推行新政的改令，史称"百日维新"。"百日维新"中颁布的各项政令是在接受了维新派建议的基础上制定的，旨在开放一定程度的言论、出版、结社自由，使资产阶级享有一定程度的政治权利，促进资本主义工商业的发展。因此，戊戌维新是一场资产阶级性质的改良运动。然而，民族资产阶级发动的维新变法运动遭到了以慈禧太后为首的封建守旧势力的激烈反对，他们于 1898 年 9 月 21 日发动政变，由慈禧太后重新"垂帘听政"，将光绪皇帝囚禁于中南海瀛台，同时下令搜捕维新派人士。"百日维新"经历了 103 天就夭折了，除京师大学堂（北京大学的前身）被保留下来以外，其余新政措施大都被废除，维新派人士和参与或同情变法的官员，或被囚禁，或被革职，或遭放逐，不流血的戊戌维新运动最终以流血的政变而告结束。"百日维新"的失败，暴露了中国民族资产阶级的软弱性，也说明在半殖民地半封建社会的旧中国，企图通过统治者走自上而下的改良主义道路是根本行不通的。要想争取民族独立、人民解放和国家富强，必须用革命的手段，推翻帝国主义、封建主义联合统

---

① 《列宁选集》第二卷，北京：人民出版社，1995 年版，第 785 页。

治的半殖民地半封建的社会制度。"百日维新"的失败再次暴露出清朝统治集团的腐朽与顽固,"戊戌六君子"的遇害促使一部分人放弃了改良主张,开始走上革命的道路。此后,孙中山领导的资产阶级民主革命进一步发展起来。

1894年11月,孙中山在美国檀香山创立了近代中国第一个资产阶级革命团体"兴中会",其宗旨是"驱除鞑虏,恢复中国,创立合众政府",决心推翻清政府,建立民主共和国。兴中会的成立,标志着中国资产阶级民主革命运动的开始。兴中会成立后,孙中山把武装夺取政权作为革命的首要任务,于是革命党人发动了一系列的武装起义和暗杀清政府重要官员的活动,试图以此来推翻满清朝的统治。史坚如的英勇故事就出现在这个时候。

二、故事简介

史坚如,名久纬,字经如,后改坚如。1879年出生,广东省番禺(今广州市)人。他出身于官宦富室,7岁丧父,由母教养成人,幼时体弱多病,沉默寡言,自幼聪颖,遇事爱深思,喜读历史、兵法、地理,鄙夷八股,曾就读于美国人所办的格致书院,阅读了许多西学著作。

史坚如从小就关心时事,立志挽救民族危亡。他目睹了甲午中日战争之惨败和戊戌维新运动时清政府的腐朽,逐渐产生了反清革命思想。每当与人讨论时局时,他对帝国主义列强的侵略和清政府的腐败,都愤形于色。甲午中日战争失败后,清政府签订了丧权辱国的《马关条约》,16岁的史坚如闻此消息,痛恨清政府的腐败无能,气愤地说:"民主为天下公理,君主专制必不能治,即治亦不足训也。"① 在读书之余,他兼习武艺,增强体魄,以图将来为祖国做一番伟大事业。

1898年戊戌变法失败,谭嗣同等六君子被杀,史坚如胸中更燃

---

① 《中国近代爱国者的故事》,上海:上海人民出版社,1982年版,第271页。

起了对清政府的强烈仇恨,清政府的昏庸无望,使他更加坚定了推翻清朝的决心。不久,他进入美国人在广州开设的格致书院学习,了解到西方科学知识和外国革命历史,结识了一批志同道合的爱国青年,互相砥砺。当时,中国资产阶级革命派已在孙中山领导下建立了革命组织,积极开展革命活动,史坚如从中深受鼓舞,决心不惜一死,投身革命。

1899年,史坚如前往澳门,经人介绍结识了陈少白、杨衢云等人,很快就加入兴中会开始从事革命活动。他发誓要推翻祸国殃民的清朝封建君主统治,用自己的热血拯救苦难的祖国。不久,史坚如和毕永年一起前往汉口考察长江形势,联络会党及湘鄂一带的反清志士,以便伺机起义。之后,他前往日本会见了孙中山,两人就革命理论和实施方略畅谈了十余日。史坚如对孙中山先生倾吐胸臆,指陈大计,毫无拘束;孙中山也对史坚如产生了由衷的好感,认为他是"命世之英才"。① 此次与孙中山的长谈更加坚定了史坚如推翻君主专制、挽救民族危亡的决心和信心。不久,孙中山派史坚如回国联络和发动长江一带会党参加革命。1900年春,他回到香港,协助陈少白创办《中国日报》,大力宣传革命。

1900年,孙中山决定乘北方义和团运动兴起之际,在广东惠州发动起义,史坚如等奉命在广州举兵响应。接到命令后,史坚如和哥哥史古愚立即变卖家产,积极筹备,并与革命党人邓荫南等人商定计划,准备联络驻广州清军和东、西、北三江绿林分路进攻广州,与郑士良所率的惠州起义军遥相呼应。史坚如到广州后联络会党绿林,积极筹划准备,但因资金、武备不足,起义被推迟。在广州起义还未准备就绪的情况下,惠州起义先期发动。清政府急调两万清军包围惠州镇压起义,起义军处境异常危险。为减轻惠州方面起义军的压力,史坚如毅然改变原定计划,决定采用暗杀手段,炸死广东巡抚兼两广总督德寿,使广州陷于混乱,然后乘机发动东、西、北三江起义。

1900年10月中旬,史坚如以朋友宋少东名义租赁德寿后花园附

---

① 《孙中山选集》,北京:人民出版社,1981年版,第190页。

近一间私宅,作为暗杀活动的秘密地点,并让宋少东夫妇暂住以作掩护。接着,史坚如托邓荫南等从澳门密购200磅烈性炸药并悄悄运进租赁的住宅,然后将宋氏夫妇送往香港。史坚如与同志4人彻夜挖掘从住宅通向巡抚居室的地道,然后用铁桶将全部炸药送进地道。第二天凌晨,点燃炸药线之后,他们便匆忙离开,直至到达码头仍未听见爆炸声,于是史坚如让其他同志在船上等候,独自一人返回查看。由于潮气浸湿,引线熄灭,史坚如决定再次引爆。次日凌晨,史坚如点燃引线,闭门而出,他决定暂不离开广州城等待消息。但此次爆炸后传来的消息却是,德寿只是从床上被震落到地下,甩出几尺远,受了轻伤但没有丧命,其他仅有6人被炸死,5人受伤。

  爆炸事件发生后,清军包围了现场,德寿严令迅速破案。这时,有人向德寿告密,此人就是郭尧阶。此人平时假装同情革命党,大骂清政府的腐败,骗取了革命党人的信任,并被介绍结识了史坚如。由于他好赌好色,作风不正,屡次骗取钱财,史坚如逐渐对他产生了厌恶。爆炸事件出现后,郭尧阶认为报复革命党人的机会到了,于是充当了清军的暗探。由于传来德寿无事的消息,为了弄清事实真相,史坚如冒险乘轿到出事地点察看。当他跨出轿门即被郭尧阶发现,清军蜂拥而至,把他团团包围起来,他随身携带的配制炸药的德文说明书也被搜去。随后,他被押解到南海县衙门。

  在狱中,面对敌人"甘言美词"的诱骗,史坚如不为所动;面对敌人烫烙、拔指甲等酷刑,他依旧坚贞不屈。南海县令裴景福软硬两手均遭失败,最后判处史坚如死刑。

  1900年11月9日,史坚如在临刑前给妹妹史景然的绝命书中写道:只要我们努力,革命就会成功。信还未写完,他就被押赴珠江边的天字码头杀害,年仅21岁。

三、"浩气英风史坚如"故事讲评中的思想政治教育

1. 坚定的革命意志,不屈的革命品质

  史坚如被捕后,南海县令裴景福一开始采用软化手段,对他甜

言蜜语，想诱惑他供出同伙，套出革命党的秘密。但史坚如始终只
对自己暗杀德寿供认不讳，却不言其他。每次审讯，总是嬉笑玩弄，
把裴景福搞得狼狈不堪。裴景福见软化不成，企图毒打成招，但史
坚如仍忍痛默无一语。有一次，裴景福在对史坚如使用酷刑后，问：
"快说，同党有多少？首领是谁？"史坚如忍着剧痛，说："同党有
四万万，首领就是我"。① 在被施用火烫烙、拔去手足指甲等酷刑
后，仍坚贞不屈，始终未供出党内半点实情，其坚强的革命意志和
不屈的革命品质是我们学习的榜样。

2．大义凛然，视死如归的革命精神。

1900年11月9日，史坚如在一群凶似虎狼的清军的押解下，来
到了广州天字码头。面对斩首极刑，他大义凛然，视死如归，从容
就义。中华民国成立后，为了纪念革命先烈，国民政府追赠史坚如
为"上将军"，在广州市东沙马路东明寺附近为其塑造了一座石像。
孙中山表彰史坚如是继陆皓东之后"为共和殉难之第二健将"，其
"死节之烈，浩气英风，实足为后死者之模范"。②

第二节 著书警世陈天华

"呜呼，中国其将亡矣"——这是陈天华在1903年所著《警世
钟》一书中的开头一句，在此书中，他淋漓尽致地揭露帝国主义瓜
分中国的狼子野心和清政府的卖国罪行，呼吁国人共同为挽救国家、
民族危亡而战斗。陈天华是辛亥革命时期著名的资产阶级民主革命

---

① 《中国近代爱国者的故事》，上海：上海人民出版社，1982年版，第275页。

② 《孙中山选集》，北京：人民出版社，1981年版，第186、187页。

思想家和宣传家,他反帝爱国的故事给后世留下了不可磨灭的印象。

一、故事背景

陈天华所处的时代是中国被帝国主义列强瓜分、凌辱的时代。1901年9月7日（清光绪二十七年七月二十五日），李鸿章代表清政府与英、俄、德、法、美、日、意、西、荷、比、奥11国公使在"最后议定书"上签字，因1901年是夏历辛丑年，所以这"最后议定书"又称为《辛丑条约》。对于这样一个空前屈辱的条约，以慈禧太后为首的清政府却全盘接受了。慈禧太后还在《罪己诏》中厚颜无耻地宣称："今兹议约，不侵我主权，不割我土地，念列邦之见谅，疾愚暴之无知，事后追思，惭愤交集。"她还保证今后要"量中华之物力，结与国之欢心"。《辛丑条约》是帝国主义强加给中国的空前屈辱的不平等条约，它的签订对中国近代社会的发展产生了极为严重的影响。帝国主义通过该条约从政治、经济、军事等方面对中国进行控制和勒索，使中国的主权丧失殆尽，清朝成了"洋人的朝廷"，清政府彻底变成了帝国主义统治中国的工具。《辛丑条约》的签订，标志着中国完全沦为半殖民地半封建社会。

《辛丑条约》签订后，帝国主义列强对中国的经济侵略更加深入。争夺在中国开采矿山和修筑铁路等权利，是帝国主义列强这一时期对中国实行经济侵略的显著特点。1902年后的数年内，云南、福建、广西、贵州、四川、安徽、广东、吉林等10多个省区的重要矿山开采权，相继被英、法、比、美、俄、意各国霸占。从1901年至1902年间，粤汉、东清、京奉、平汉、津浦、陇海、正太、汴洛、沪宁等14条铁路主权都被帝国主义列强所掠夺。特别是日本和俄国，他们分割了南满和中东铁路的主权，进而分别霸占了南满和北满。

《辛丑条约》签订后，帝国主义列强对中国的瓜分也更加疯狂。1904年至1905年的日俄战争就是日本和俄国为争夺中国的东北和邻国朝鲜而进行的一场帝国主义战争。1900年俄军占领中国的东北三省，使日本和俄国之间的形势日益紧张，1904年2月，日本断绝与俄国的外交关系,向旅顺的俄国舰队发动攻击,日俄双方互相宣战,战争正式爆发。面对日、俄两国在中国的领土上开战,清政府竟然宣称"局外中立"。日俄战争的规模很大,战斗激烈。日本动用了110万兵力,俄国兵力超过日本。其中陆上战争主要有辽阳之战、沙河之战、奉天大会战和旅顺口围困战,俄军在陆上战场接连败退。海上战争主要是对马海峡之战,在这次海战中,俄国的第二太平洋舰队被日本海军一举消灭,俄国败局已定。在这种情况下,美国出面调停。日俄双方最后签订了条约,规定俄国旅顺、大连租借地及长春到旅顺口的铁路让给日本,日本从此在中国东三省南部取得了优势地位。日俄战争给中国人民带来了巨大灾难,战争使旅顺到开源,"纵横千里,几同赤地"①,其状惨不忍睹。

清政府经过义和团运动的冲击后,面临崩溃的危机。为了取得帝国主义列强的继续扶持,安抚统治阶级内部各派系,拉拢民族资本主义上层,欺骗人民大众,缓和社会矛盾以挽救垂危的封建专制统治,清政府从1901年开始进行所谓的"新政"改革。"新政"规定:整顿政治机构,改革官制;改革军制,编练新军和警察;提倡实业,增加捐税;废科举,办学堂,派遣留学生等,此外,清政府还下令推行满汉通婚,废除妇女裹足,改革服饰等。清政府的"新政"措施,其核心仍是"中体西用",实质上是洋务运动的翻版,与戊戌维新要求变革君主专制政体有本质的不同。尽管它的主观目的是适应帝国主义列强侵略中国的需要和维护清政府的统治,但在客观上它仍有利于民族资本主义的发展和资产阶级知识分子队伍的形成。从20世纪初年开始,国内纷纷成立新式学校,知识分子人数急剧增加。从1901年以后,全国各地新建学校陆续增多,到1910年,全国兴办的各类学校达42 444所,1911年增至52 500所。学生人数逐年上升,到1911年,全国学生达156万多人。虽然清政府的办学目的是要培养效忠于清朝的有用之才,但其客观效果与清政府的主观愿望相反,青年学生在新式学校接触到西方近代文化,思

---

① 《日俄战记》,日本1906年发行,第85页。

想上发生显著的变化，逐渐成为具有资产阶级民主思想的知识分子。

在国内纷纷成立新式学校的同时，出国留学盛行一时。除官派留学生外，还有部分青年为出国寻找真理而私费留学。那时，去日本留学的人最多。日本明治维新后，迅速成为资本主义强国，加上两国相邻，留学费用少，所以20世纪初期，大批中国有志青年前往日本留学。1901年，在日本的中国留学生不过100多人，1904年时已达3 000多人，1905年增加到8 000多人，1906年达到13 000多人。此外，还有少部分青年远赴英国、德国、美国、法国等国留学。当时出国留学最多的省份是"沿海苏浙粤东诸省，其次是两湖，连最偏远的四川省也风气打开，所辖一百余县，每县都派留学生"。① 这些留学生在民族危难、国家衰亡的关头，接触到了西方文化，后来大都成为西方资产阶级民主的追随者。他们寻找救国救民的真理，逐步走上了爱国、革命的道路。

20世纪初，一大批资产阶级和小资产阶级的革命知识分子，面对当时中外反动势力相互勾结、民族危机日益深重的社会现实，开始极力宣传民主革命。他们采用创办报刊、著书立说等多种形式，使民主革命思想得以广泛传播。在这个过程中，涌现出了一批著名的思想家和宣传家，陈天华就是其中的杰出代表。他反帝爱国、著书警世的事迹，在群众中广为流传。

二、故事简介

陈天华，原名显宿，字星台，亦字过庭，别号思黄，1875年（清光绪元年）出生于湖南新化县下乐村一个贫穷塾师家庭。他2岁时母亲去世，从小跟父亲读书识字。因家境贫寒，幼年时曾替人放羊，也曾提篮叫卖来维持生计。陈天华天资聪慧，好学不辍，常向人借阅史籍之类书籍，经常模仿写作一些民歌小调和短篇小说、故事，被乡邻称为"神童"。1896年，他以优异成绩考入提倡新学的新化县求实学堂。当时，维新运动在湖南迅速展开，启迪着他对祖

----

① 吴玉章：《辛亥革命》，北京：人民出版社，1974年版，第60页。

国的历史产生了浓厚的兴趣。他废寝忘食地通读《资治通鉴》,努力"研究历史兴衰之故,方舆夷险之道,与典章制度之原",往往多有所感,"下笔便数千万言"。① 陈天华深受维新思想影响,倡办不缠足会,在《湘报》发表了许多反对妇女裹足的文章。由于清政府腐败无能,资本－帝国主义疯狂侵略,国家被瓜分,他感到救亡图存的责任重大,于是愤然写下"莫谓草庐无俊杰,须知山泽起英雄"的诗句。② 在新化县求实学堂学习期间,他收集和阅读了大量提倡新学的书刊,如饥似渴地钻研西方自然科学和政治经济学,经常与同学们一起讨论西方资产阶级的民主思想,立志投身于挽救国家危亡的革新实践。

1903年春,陈天华由新化县求实学堂以官费资送到日本留学,入东京弘文学院师范科学习。这年4月,沙皇俄国违背《中俄交收东三省条约》,拒不撤走它在1900年入侵中国东北的军队,重新占领营口,企图永远霸占东三省。消息传到日本,日本的中国留学生掀起了轰轰烈烈的拒俄运动,陈天华立即投入到这场挽救国家危亡的斗争中。他积极参加集会、操练等活动,并满怀愤恨之情写作宣传品,他曾咬破指头写下数十封血书,寄回国内各学校。在《敬告湖南人》一文的血书中,他号召同胞"万众一心,舍死向前"。他还与黄兴等参加了留日爱国学生组织的拒俄义勇队(后改名为学生军),并自告奋勇表示愿回国开赴东北,与沙俄侵略军决一死战。5月,陈天华与黄兴、蔡锷等在日本东京以拒俄义勇队为基础,组织"国民教育会",以"养成尚武精神,实行爱国主义"为宗旨,开始了由拒俄御辱转为武力反清。

陈天华在留学日本期间,目睹清政府面对帝国主义列强的侵略,一再妥协投降和丧权辱国的现实,非常悲愤,他决心以笔作武器,

---

① 《近代史资料》,北京:中国社会科学出版社,1981年第一期,第199页。

② 《中国近代爱国者的故事》,上海:上海人民出版社,1982年版,第292页。

以写作来警世，进行革命宣传以唤起国人觉醒。从1903年初夏到仲秋之间，陈天华用通俗文艺说唱形式写成了震惊中外的反帝革命宣言——《猛回头》与《警世钟》。

1903年秋，陈天华挥笔写下《警世钟》，全书约23 000字，分为30个自然段。鉴于当时的形势，他并未签署真名。《警世钟》，在书中，他这样写道："长梦千年何日醒，睡乡谁遭警钟鸣？腥风血雨难为我，好个江山忍送人……""苦呀！苦呀！苦呀！我们同胞辛苦所积的银钱产业，一齐要被洋人夺去；我们同胞恩爱的妻儿老小，活活要被洋人拆散；男男女女们，父子兄弟们，夫妻儿女们，都要受那洋人的斩杀奸淫。我们同胞的生路，将从此停止；我们同胞的后代，将永远断绝。枪林炮雨，是我们同胞的送终场；黑牢暗狱，是我们同胞的安身所。大好江山，变做了犬羊的世界；神明贵种，沦落为最下的奴才。唉！好不伤心呀！"陈天华用大量历史事实阐明，中国这块肥肉正被一群豺狼围住撕扯着、吞咽着。他最先提出清政府已成为"洋人的朝廷"这一观点，在爱国人士中产生了巨大反响，并形成一种新的觉悟——反帝必须反封建。

《猛回头》是陈天华写成的又一篇醒世之作，他用通俗的文字、唱词的形式，号召人们起来推翻清朝封建君主专制统治。他阐述了鸦片战争以来中国一步步沦为半殖民地半封建社会的历史，提出既然国难当头，应该如何救亡图存，改造中国现实社会的问题。书中借鉴西方资产阶级革命的经验，提出了"除党见；讲公德，有条有纲；重武备，能战能守；务实业，可富可强；兴学堂，教育普及；讲演说，思想偏扬；兴女学，培植根本；禁缠足，敬俗矫匡；把洋烟，一点不吃；凡社会，概为改良"等资产阶级革命方案，并极力主张全体同胞"要用生命付诸实施"。因此写道："要学那法兰西，改革弊政。要学那美利坚，离英自立。要学那意大利，独自称王。"在尾声中，他这样说道：

猛睡狮，梦中醒，向天一吼；

百兽惊，龙蛇走，魑魅逃藏。

改条约，复政权，完全独立；

雪仇耻，驱外族，复我冠裳。
到那时，齐叫道，中华万岁；
才是我，大国民，气吐眉扬。
俺小子，无好言，无以奉劝；
这篇话，愿大家，细细思量。
瓜分豆剖逼人来，同种沉沦剧可哀，
太息神州今去矣，劝君猛省莫徘徊。

辛亥革命领袖黄兴在回国发动武装起义时，把《猛回头》作为革命宣传资料，在军界、学界广为散发。资产阶级革命团体日知会和科学补习所都用《猛回头》来教育民众，发展会员。熊成基等发动安庆起义前，也曾用《猛回头》教育新军，促成军中一些官兵响应革命。所以，清政府把该书视为洪水猛兽，列为"逆书"，下令严禁，没收焚毁，但此书早已深入人心，在社会上产生了巨大的影响。

1904年2月，黄兴、宋教仁、陈天华、刘揆一等在长沙创立了华兴会，积极谋划反清起义。陈天华、刘揆等受会长黄兴的委派，前往江西游说巡防营统领响应起义，并联络会党、哥老会等。随着革命力量的发展壮大，他们决定于1904年旧历十月十日在长沙、岳州、衡州、宝庆、常德同时起义。可惜起义计划泄漏，革命党人还未发动起义，就遭到镇压，黄兴和陈天华等华兴会骨干只好避居上海租界。接着，清政府又勾结帝国主义在租界内搜捕革命党人，黄兴等人只好避居日本。但陈天华坚决不肯离开，他说：起义失败，就要亡国灭种，我还有什么脸面再苟活！后经友人一再劝告，他才再次到日本去。但失败的痛苦，已经给陈天华造成了严重的精神创伤。

1905年8月20日，中国同盟会在日本东京召开成立大会，大会通过了陈天华起草的《同盟会总章》和《同盟会宣言》，陈天华被选为同盟会执行书记。此后，他在同盟会机关报《民报》上发表了大量宣传革命的文章，与保皇派的喉舌《新民丛报》展开了激烈论战。针对保皇派否定革命和恶毒攻击革命的言论，陈天华痛斥了康有为、梁启超的陈腐观点，有力地打击了保皇派的嚣张气焰。

1905年12月4日，陈天华在日本东京参加了抗议日本政府出台

《取缔清国留学生规则》和《朝日新闻》攻击中国人缺乏团结力、诬蔑中国留学生"放纵卑劣"的斗争,他反对空谈救国,决心以死来激励国人。12月8日,他在日本东京大森海湾投海自尽,以死报国,时年30岁。陈天华以死报国的举动引起了强烈的震动,在他爱国精神的感召下,留日学生组织了敢死队,向日本政府、清驻日公使提出强烈抗议,2 000多名中国留学生中断学业,愤然回国。同盟会的机关报《民报》全文刊登了陈天华的《绝命书》和悼念文章。

1906年,陈天华的灵柩被运回湖南长沙,各界民众不顾官方阻挠,决定将其公葬于岳麓山。长沙各校师生纷纷参加,送葬队伍达数万人,绵延十余里,凄凄哀歌,湘江为之悲鸣,麓山为之低垂,就连站立一旁的军警,亦为之感动,不加干涉。

三、"陈天华著书警世"故事讲评中的思想政治教育

1. 强烈的爱国主义思想和浓厚的民族情感

陈天华所处的时代正是《辛丑条约》签订、中国完全沦为半殖民地半封建社会的时代。陈天华决心以笔作武器,以写作来警世,进行革命宣传,以唤起国人觉醒。他与杨笃生发起、创办了《游学译编》和《新湖南》两种杂志,介绍欧美资产阶级民主思想和政治学说,宣传民主革命,号召民族独立。他在《猛回头》一书中揭露帝国主义侵略中国的狂妄野心和罪行,直陈列强瓜分中国的险恶局势,鲜明地表达了反对帝国主义侵略的思想,表现出大无畏的英雄气概。在书中,他一针见血地提出了清政府已"成为洋人的朝廷"的著名论断,表达了他强烈的爱国主义思想和浓厚的民族情感,成为当时人们站起来开展反帝反封建革命斗争的号角和旗帜。《猛回头》一经问世,就迎来了广大人民群众的一致喝彩声,很快便在广大的农村、工矿、军营、学堂传播开来,引起了强烈的反响。革命党人把《猛回头》视为极好的革命宣传品,借以传播革命火种。

2. 挽救国家和民族危亡的责任感

毛泽东同志也曾谈到过陈天华的这两本著作。1936年毛泽东在

与斯诺谈话中回忆少年时代读了《警世钟》对自己的影响时说"我现在还记得这本小册子的开头一句'呜呼，中国其将亡矣'"，并说"我读了以后对国家的前途感到沮丧，开始意识到'国家兴亡，匹夫有责'"。1905年12月8日，为了抗议日本政府《取缔清国留学生规则》和当时《朝日新闻》攻击中国人缺乏团结力；同时为了唤醒那些"求利禄不居责任"的中国留学生和甘当奴隶的麻木的中国人，使他们看到在这个世界上还有比生命更重要的东西，陈天华毅然在日本东京大森海湾投海自尽。陈天华死前留下《绝命书》，鼓励人们"去绝非行，共讲爱国"，表现了他在国家民族危亡之际强烈的责任感。直到今天，人们依旧为他那火一样的爱国热情所深深感动。

第三节 黄花英烈浩气长存

1911年4月27日，黄兴等人领导的同盟会为推翻清朝封建君主专制统治，发动广州起义。起义失败后，有72位烈士的遗骸收殓安葬于红花岗，后此地改名为黄花岗，史称"黄花岗七十二烈士"。

一、故事背景

甲午中日战争以后，帝国主义列强掀起了瓜分中国的狂潮，中华民族面临着亡国灭种的威胁。随着中国民族资本主义的发展和民族资产阶级的壮大，以康有为、梁启超为代表的资产阶级上层希望通过不流血的改良来挽救民族危亡，使中国富强起来，结果惨遭失败。作为中国民族资产阶级登上政治舞台的第一次表演，戊戌维新的失败不但暴露了民族资产阶级的软弱性，同时也说明在半殖民地半封建社会的旧中国，企图通过统治者走自上而下的改良主义道路是根本行不通的；要想争取国家的独立、民主、富强，必须用革命的手段，推翻帝国主义、封建主义联合统治的半殖民地半封建的社会制度。戊戌维新的失败再次暴露出清朝统治集团的腐朽与顽固，"戊戌六君子"血的教训促使一部分人放弃改良主张，开始走上革命的道路。此后，以孙中山等为代表的资产阶级革命派开始登上了中国的历史舞台。

1901年的《辛丑条约》是帝国主义列强强加给中国的又一不平等条约，清政府变成了"洋人的朝廷"，成为了帝国主义的走狗，中国半殖民地半封建社会的屈辱地位由此完全确立。因此在清政府统治的最后十年里，推翻清政府反动腐朽统治已经成为解决中国社会矛盾的焦点，中国资产阶级民族民主革命的主要任务就是反清革命。

《辛丑条约》签订后的20世纪初，由于帝国主义列强的侵略和封建主义的压迫剥削，中国农村经济一片残破，广大农民处于饥饿死亡的绝境。从1902年至1911年间，各地民变多达1 300余起，其中包括各阶层人民的反洋教斗争，农民、手工业者的抗捐、抗税、抗租斗争，工人的罢工斗争，少数民族与会党的起事等。同时，还发生了拒俄、拒法、抵制美货等爱国运动以及收回矿权运动和保路运动等。在这些运动中，资产阶级开始成为主要的角色。工农群众英勇的反抗斗争，有力地冲击着清朝的封建统治秩序，鼓舞了刚刚登上政治舞台的资产阶级革命派，推动了革命形势的发展。

20世纪初，中国民族资本主义得到了初步的发展。据统计，1895年至1911年间，新设立的民族资本厂矿达416家，资本额超过8 000万元。随着民族资本主义企业数量的增多和规模的扩大，民族资产阶级的社会力量也有了较大的发展。民族资产阶级为了冲破帝国主义、封建主义的桎梏，发展资本主义，需要自己政治利益的代言人和经济利益的维护者。这正是资产阶级革命派形成的阶级基础。

资产阶级革命派的骨干是一批资产阶级和小资产阶级知识分子。知识分子群的出现与戊戌维新运动及20世纪初清政府兴办学堂、派遣留学生有关。这些青年学生接触到近代西方资本主义的思想文化，其中不少人在民族危难加深、群众自发斗争高涨的形势的推动下，开始探索救国救民的新道路。当时出国留学成为一种潮流。中国留日学生最多时达万余人；有些人还远渡重洋，赴欧美留学。他们在国外更多地接触到了西方的政治思想，而且对世界大势及国内民族危机有了更敏锐的认识。这些青年知识分子后来成为了辛亥革命的中坚力量。

随着一批新兴知识分子的产生，资产阶级革命派的宣传与组织工作也迅猛地开展起来。各种宣传革命的书籍报刊纷纷涌现，资产阶级民主革命思想得到广泛传播。随着资产阶级民主革命思想的广泛传播，出现了章炳麟、邹容、陈天华、秋瑾等一批著名的资产阶级民主革命家、思想家和宣传家，资产阶级革命团体也在各地纷纷成立。从1894年孙中山在檀香山创立第一个资产阶级革命团体——兴中会开始，到1905年全国已经出现了10多个资产阶级革命团体，其中有华兴会、科学补习所、光复会等。这些革命团体的成立为革命思想的传播及革命运动的发展提供了不可缺少的组织力量。随着资产阶级民主革命思想的传播和革命团体的建立，到1905年建立资产阶级革命政党的条件已经成熟。

1905年8月20日，中国同盟会在日本东京成立。孙中山被推选为总理，黄兴被任命为执行部庶务，主持会内日常工作。同盟会以《民报》为机关报，确定了"驱除鞑虏，恢复中华，创立民国，平均地权"的革命纲领。中国同盟会是近代中国第一个领导资产阶级革命的全国性政党，它的成立标志着中国资产阶级民主革命进入了一个新的阶段。1905年11月，孙中山在《民报》发刊词中，将同盟会的纲领概括为"三大主义"，即民族主义、民权主义、民生主义，后被称为"三民主义"。"三民主义"虽然有一定的局限性，但它是近代中国历史上第一个比较详细、比较完整的资产阶级民主革命纲领，它表达了资产阶级在政治上和经济上的利益和要求，反映了中国人民要求民族独立、民主权利、民众富裕的共同愿望，是资产阶级革命派战斗的旗帜和动员广大群众推翻清朝建立资产阶级共和国的理论武器。"三民主义"的提出，对推动革命的发展产生了重大而积极的影响。

同盟会成立后，革命派积极开展各项革命活动。他们一方面创办报刊，大造革命舆论；另一方面联络会党和新军不断发动武装起义，从1906年到1911年间，革命派发动了绍兴大通学堂起义、安徽马炮营起义、广州新军起义等十几次旨在推翻满清朝的起义。其中1907年的绍兴大通学堂起义，其策划与发动者是光复会领导人徐锡麟与参加了同盟会的原光复会员秋瑾。他们以浙江绍兴大通学堂为据点，联络会党力量，同时也联络了一些新军官兵及军事学堂师生，准备在浙江和安徽同时发动起义，互相呼应。由于徐锡麟仓促举事，利用安徽巡抚恩铭到巡警学堂参加毕业典礼的机会进行刺杀，率领学生等进攻安庆军械所，结果失败，徐本人惨遭被杀害，大通学堂受到牵连，秋瑾也被捕遇害。

与此同时，四川、湖南、湖北等全国其他地方也都发生了革命党人领导的起义，但结果均遭失败。武装起义的连续受挫，使许多革命党人产生悲观失望情绪，对前途失去信心，转而走上暗杀道路。当时许多革命人士"举目前途，众有忧色，询及将来计划，莫不唏嘘叹息，相视无言"。①

1910年11月13日，孙中山从美国到达马来半岛，在槟榔屿召集黄兴、赵声、胡汉民、孙眉、黄金庆、吴世荣、邓泽如等人及南洋和国内东南各省的代表举行会议，孙中山在会上指出："吾曩之失败，几为举世所弃，比至今日，其困难实百倍。今日吾辈虽穷，而革命之风潮已盛，华侨之思想已开。"孙中山还激励大家"鼓其勇气，乘此良机，重谋大举"。②此次会议统一了思想，决定募集巨款，集中全党精英，在广州举行更大规模的武装起义。黄花英烈的故事由此发生。

二、故事简介

1910年（宣统二年）11月，在马来西亚槟榔屿主持秘密会议后，孙中山与黄兴吸取历次起义失败的教训，进行了认真细致的准

---

① 《孙中山选集》北京：人民出版社，1981年版，第206页。
② 《孙中山选集》北京：人民出版社，1981年版，第206页。

备，计划发动广州起义。孙中山前往海外筹款和购买军械；黄兴、赵声等人则回到香港成立领导机构统筹部，二人分别为正、副部长，下设调度处、储备课、交通课、秘书课、编辑课、出纳课、总务课、调查课，具体领导这次起义，并陆续在广州设立秘密据点，以作办事和储藏军械之用。同时，派人联络长江中下游各省，策动响应；联络新军、防营、巡警和附城一带会党、绿林、游勇，在广州设立秘密据点38处，并选拔800人组成敢死队。

1911年4月8日，各项起义准备已基本就绪，统筹部在黄兴主持下召开会议，决定26日起义，分10路进攻广州，赵声、黄兴为革命军正、副司令。黄兴由香港潜入广州，在两广总督衙门附近的小营街5号建立起义指挥部。因消息走漏，两广总督张鸣岐严加戒备，黄兴被迫推迟起义日期，并令各部即速解散。在起义人数锐减的情况下，黄兴将原定10路进军计划改为4路：一路由他本人率领攻总督衙门；一路由姚雨平率领攻小北门，占飞来庙，迎接新军和防营入城；一路由陈炯明带队攻巡警教练所；一路由胡毅生带队守南大门。胡毅生、陈炯明等认为清军已有防范，提议改期，但黄兴在喻培伦等人激励下，决定按期起义。

1911年4月27日，黄兴带领敢死队120余人，臂缠白巾，手执枪械炸弹，吹响海螺，进攻广州总督衙门。革命军枪弹齐发，击毙卫队管带，冲入总督衙门，两广总督张鸣岐逃往水师提督衙门。喻培伦胸前挂着满满一筐炸弹，左手执号筒，右手拿手枪，奋勇当先，冲向清军，敌人无不丧胆。敢死队员找不到张鸣岐，便放火焚烧督署衙门，又分别进攻督练公所等处，与水师提督李准部展开激烈的巷战。在激战中，林时爽等人阵亡；黄兴被打断右手中食两指，但仍继续射击指挥作战。朱执信胸腿受伤；仍坚持战斗。起义军经过浴血奋战，终因孤军无援，伤亡惨重而失败。黄兴、朱执信等负伤后化妆脱险；在战斗中林时爽、方声洞等57人英勇牺牲；喻培伦、林觉民等29人被捕后慷慨就义。

起义失败后，广州革命志士潘达微收殓牺牲的革命党人遗骸72具，并以自己的房屋作押，购得墓地，将其葬于红花岗，并改红花岗为黄花岗。72 名革命党人被称为"黄花岗七十二烈士",这次起义也因此得名"黄花岗起义"。

这 72 名烈士分别是:

喻培伦、林文、宋玉琳、方声洞、饶国梁、林觉民、李文甫、林尹民、陈文褒、李德山、陈与燊、罗仲霍、庞雄、陈可钧、饶辅廷、陈更新、冯超骧、李雁南、刘元栋、刘六符、李炳辉、李文楷、李晚、郭继枚、余东雄、黄鹤鸣、杜凤书、徐培添、徐进炤、徐广滔、徐临端、徐礼明、曾日全、江继复、徐熠成、徐日培、徐容九、徐满凌、徐茂燎、徐佩旒、徐廉辉、徐松根、徐保生、徐昭良、徐应安、韦统铃、韦统淮、韦树模、韦荣初、林盛初、秦炳、周华、陈春、马侣、劳培、游寿、石德宽、程良、林修明、周增、罗坤、陈潮、黄忠炳、王灿登、卓秋元、胡应升、魏金龙、陈清畴、陈发炎、罗乃琳、林西惠、张学龄。

黄花岗起义虽然失败,但资产阶级革命党人用生命和鲜血战斗的伟大精神却震动了全国,也震动了世界,起义给清政府以沉重的打击,从而促进了全国革命高潮的更快到来。

三、"黄花英烈浩气长存"故事讲评中的思想政治教育

"黄花岗七十二烈士"中,有满腔热血的留学青年;有愿为革命献出一切的爱国华侨;有多次参加起义的新军军人;还有从事革命宣传工作的记者等,他们为挽救民族危亡和争取国家独立富强,百折不挠,视死如归,表现出了大无畏的英雄气概和崇高的自我牺牲精神,谱写出了一首首悲壮的革命史诗。

1. 炸弹大王——喻培伦

喻培伦(1886—1911),字云纪,四川内江人。1905 年初,东渡日本留学。1908 年加入同盟会,从此走上了革命救国的道路。他深知非科学不能救国的道理,在留学期间他专攻化学,起早贪黑、刻苦学习。由于家中破产,接济中断,为了不停止试验,他典当衣物,抵押官费券,终于制造出一种威力强大而又安全的新型烈性炸

药，他发明的炸药制造法被称为"喻氏法"，其本人也被同志们尊为"炸弹大王"。

1910年底，喻培伦被委任为黄花岗起义的实行员，专为起义制造炸药、炸弹。他在香港、广州设立秘密机关，日夜制造，到起义前夕已赶制出300多枚各型炸弹。在起义被迫延期的情况下，他和林时爽坚决支持黄兴，黄兴大受感动，当即决定按原计划起义。在起义中，喻培伦胸前挂满一筐炸弹，身先士卒，用炸弹为敢死队队员们开路，使众人得以冲在最前面，连续甩出几颗炸弹，墙壁顿时炸出一条道路，敢死队员们蜂拥而上，与黄兴在总督府内会师。由于敌我力量悬殊，经过一天一夜的激战，起义军有的牺牲，有的被捕。喻培伦已身负重伤，终因弹尽力竭，寡不敌众被擒。敌人连夜对其审讯，他拒不吐露组织机密。面对敌人的屠刀，他慷慨激昂，大声宣称："头可以杀，学说是杀不了的，革命尤其杀不了。"① 表现出了英勇不屈的大无畏气概。

1912年，在南京召开的"追悼黄花岗七十二烈士纪念大会"上，喻培伦被追赠为"大将军"。新中国成立后，中国共产党和人民政府于1981年在烈士的家乡四川内江人民公园内为他修建汉白玉纪念碑一座，并建喻培伦将军纪念馆，以便后人追忆瞻仰。

2. 黄花碧血——方声洞

方声洞（1886—1911），字子明，福建闽侯人，出生于富商家庭。其父是一位见闻较广、思想开明的商人，但痛恨清政府的腐败无能，将自己的子女和媳妇都送进新式学堂读书，后又让他们去日本留学。方声洞自幼聪明机警，胆略过人，口才极好。受父亲的影响，他同样痛恨清政府的腐败无能，从青年时代起，就怀有挽救民族危亡、献身爱国事业的信念。1905年8月，方声洞加入同盟会，成为同盟会的第一批会员，他积极从事革命活动，是同盟会的早期

---

① 《中国近代爱国者的故事》上海：上海人民出版社，1982年版，第354页。

骨干之一。

1911年4月27日，方声洞参加广州起义。在起义前一天，他写下了两封绝命书，在给父母的书信中他说："夫男儿在世，若能建功立业以强祖国，使同胞享幸福，奋斗而死，亦大乐也；且为祖国而死，亦义所应尔也。儿刻已念有六岁矣，对于家庭本有应尽之责任，只以国家不能保，则身家亦不能保，即为身家计，亦不得不于死中求生也。儿今日竭力驱满，尽国家之责任者，亦即所谓保卫身家也。"① 在给妻子的信里他又说："为四万万同胞求幸福，以尽国民之责任……刻吾为大义而死，死得其所，亦可以无憾矣。"②

在广州起义的战斗中，方声洞奋勇当先，在黄兴的带领下冲进总督府，却不见总督张鸣岐，于是他转攻督练公所。在广州双门底他孤身被围，仍毫无畏惧，挥弹突击，杀死敌人20余名。在突击中，他身中数弹，血流遍体，但气不衰，最终因弹尽力竭牺牲。事后黄兴向党内报告起义经过时，特别赞扬方声洞"以如花之年，勇于赴战"。方声洞牺牲时年仅25岁。他的遗体安葬于黄花岗，成为黄花岗七十二烈士之一。

3．铁血男儿——林觉民

林觉民（1887—1911），字意洞，号抖飞，又号天外生，福建闽侯人。1900年，14岁的林觉民进入福建高等学堂，开始接受民主革命思想，他非常推崇西方的"自由平等"学说。由于性格刚直，敢于斗争，每当学校闹风潮，他总是被推为首领。课余论及时事，他也总是慷慨陈词："中国非革命无以自强。"③

1906年林觉民自费前往日本留学，专攻日语。第二年补为官费

---

① 方声洞：《禀父书》。
② 《中国近代爱国者的故事》上海：上海人民出版社，1982年版，第338页。
③ 《中国近代爱国者的故事》上海：上海人民出版社，1982年版，第341页。

生，进入日本庆应大学学习，攻读哲学，兼习英文、德文。此间他积极从事革命活动，并加入同盟会。1911年，林觉民从日本回国参加广州起义。临行前回家探望了父母和妻子陈意映。在离家去广州的路上，他于深夜里在手帕上写下了《与妻书》和另一封写给父亲的《禀父书》。

在《与妻书》中他写道："吾今以此书与汝永别矣！吾作此书时，尚是世中一人；汝看此书时，吾已成为阴间一鬼。……吾充吾爱汝之心，助天下人爱其所爱，所以敢先汝而死，不顾汝也。汝体吾此心，于啼泣之馀，亦以天下人为念，当亦乐牺牲吾身与汝身之福利，为天下人谋永福也。汝其勿悲！"在给父母的信中他写道："不孝儿觉民叩禀：父亲大人，儿死矣，惟累大人吃苦，弟妹缺衣食耳。然大有补于全国同胞也。大罪乞恕之。"令人动容。

从林觉民写给父母和妻子的信中，我们不难看出，他满怀悲壮，早已下定慷慨赴死之决心。他义无反顾，大义凛然，无所畏惧地积极投身到推翻清政府黑暗腐朽统治的武装起义中。林觉民的理想，代表了所有起义志士的理想。

在起义中，林觉民参加了敢死队，跟随黄兴勇猛地进攻总督衙门，纵火焚烧督署。他冲出督署后，转攻督练厅，途中与清巡防营大队人马相遇，展开激烈巷战，后受重伤被俘。面对两广总督张鸣岐、水师提督李准亲自审讯，他毫无惧色，在大堂上侃侃而谈，发表演说，综论世界大势和各国时事，宣传革命道理。当论及时局险恶之时，他捶胸顿足，愤激之情，不可扼抑。最后，他奉劝满清官吏们洗心革面，献身为国，革除暴政，建立共和。他在被关押的几天中，滴水不进，最后从容就义，死时年仅24岁。

黄花岗起义虽然失败了，但它震动了全国，给清政府以沉重的打击。孙中山也多次高度评价这次起义。1912年5月，孙中山发表《祭黄花岗七十二烈士文》。1914年他说："第一次革命，虽由武昌起义，而实广东三月廿九之役为之先。……是役也，集各省革命党之精英，与彼虏为最后之一搏。事虽不成，而黄花岗七十二烈士轰轰烈烈之概已震动全球,而国内革命之时势实以之造成矣。"① 1921年12月,在悼念黄花岗七十二烈士时他又说:"是役也,碧血横飞,浩气四塞,草木为之含悲,风云因而变色,全国久蛰之人心,乃大兴奋,怨愤所积,如怒涛排壑,不可遏抑,不半载而武昌之大革命以成。"② 与此同时,他还为黄花岗纪功坊题写了"浩气长存"四个大字。

孙中山一直念念不忘黄花岗起义和七十二烈士,就在他去世的头一年,还发表了《祭黄花岗烈士文》,并出席岭南大学举行的黄花岗七十二烈士纪念大会。在会上,孙中山发表演说,号召学习烈士的志气。黄花岗起义虽然已经过去了100多年,但黄花英烈们的英雄事迹至今仍然激励着我们奋发向上。

---

① 《黄花岗烈士事略序》,辑自《孙中山全集》第6卷,北京:中华书局,1981年版,第50页。
② 《孙中山选集》,北京:人民出版社,1981年版,第207页。

中 编

新民主主义革命时期历史故事讲评中的思想政治教育
（1919—1949）

自 1919 年五四运动至 1949 年中华人民共和国成立以前的 30 年，是中国新民主主义革命翻天覆地的 30 年。这 30 年间，中国的社会性质仍然是半殖民地半封建社会，社会的主要矛盾仍然是中国人民同外国帝国主义和本国封建主义以及官僚资本主义之间的矛盾。中国人民仍然面临着争取民族独立、人民解放的历史任务，仍然需要进行资产阶级性质的民主革命。不同之处在于，革命的领导力量已由资产阶级及其政党转归工人阶级及其政党，革命的指导思想由资产阶级的民主主义转为马克思主义。

　　在 1840 年至 1919 年中国旧民主主义革命的近 80 年间，中国人民就已经把争取民族独立、人民解放和实现国家富强、人民富裕这两个历史任务提了出来，而且这一时期的历史也表明，资产阶级改良主义道路在中国是走不通的，资产阶级及其政党没有能力领导中国人民完成反帝反封建的历史任务。中国人民必须作出新的历史性选择。由于当时中国所处的时代和国际环境以及中国国内的基本矛盾，中国人民最终选择了中国共产党，并在中国共产党领导下通过开展反帝反封建的新民主主义革命来完成这两大历史任务。

　　这 30 年间，中国工人阶级作为独立的政治力量登上了中国的历史舞台，从而使中国近代历史呈现出波澜壮阔的局面，直接影响到中国现代历史的走向。在马克思主义指导和中国共产党领导下，中国人民历经国民革命、土地革命、抗日战争、解放战争等阶段，终于推翻了压在头上的三座大山，建立了以工人阶级领导的、以工农联盟为基础的中华人民共和国，基本上完成了争取民族独立、人民解放的历史任务，从而为实现国家繁荣富强、人民共同富裕创造了前提，开辟了道路。

1. 新民主主义革命初期阶段（1919 年 5 月至 1927 年 7 月）

　　这一时期，中国社会发生了三件大事，即五四运动、中国共产党的成立、国民大革命。1919 年的五四爱国运动是中国新民主主义革命的伟大开端。五四运动杰出的历史意义，"在于它带着辛亥革命还不曾有的姿态，这就是彻底地不妥协地反对帝国主义和彻底地不妥协地反对封建主义"①。它沉重地打击了帝国主义和封建势力，显示了中国人民的强大力量。在五四运动中，中国工人阶级作为独立的政治力量登上了政治舞台。五四运动促进了马克思列宁主义与中国工人运动相结合，为中国共产党的成立作了思想上、干部上的准备。五四运动揭开了中国新民主主义革命的序幕。从此以后，中国革命已不再是旧民主主义革命而是新民主主义革命了。

五四运动后，新文化运动发展成为以传播马克思列宁主义为主流的思想运动。各地涌现出一批宣传马克思主义的进步刊物，宣传和研究马克思主义的团体在全国各地纷纷出现。大量马克思主义著作被翻译出版，同时还涌现出一批积极传播马列主义的先进知识分子，他们中的一部分人进而转变成为马克思主义者。李大钊最早成为中国的马克思主义者，继李大钊之后，陈独秀、毛泽东、周恩来、蔡和森、瞿秋白、恽代英、陈望道、邓中夏等人在1920至1921年间先后成为马克思主义者。马克思主义的广泛传播和一大批共产主义者的出现，为无产阶级政党的建立准备了思想条件和组织条件。各地共产党组织的建立及其活动表明，正式成立全国性统一的中国共产党的条件已经成熟。

1921年7月23日，中国共产党第一次全国代表大会在上海召开，中国共产党成立。从此，中国出现了完全新式的、以马克思列宁主义为指南的、以实现共产主义为奋斗目标的、统一的工人阶级政党。中国共产党的成立，使灾难深重的中国人民有了可以信赖的组织者和领导者，中国革命的面貌开始焕然一新了。

1922年7月，中国共产党在上海召开第二次全国代表大会，把马克思主义基本原理同中国革命实际进行初步结合，第一次明确提出了反帝反封建的民主革命纲领，为中国人民革命斗争指明了正确的方向，为中国共产党人继续深入探索中国革命道路奠定了基础。中共"二大"的召开，标志着建党工作已经完成。

中国共产党成立后，首先集中力量从事工人运动。1921年8月，

---

① 《毛泽东选集》第四卷，北京：人民出版社，1991年版，第836页。

成立了中国劳动组合书记部作为中国共产党领导工人运动的公开机关，并创办了机关刊物《劳动周刊》。"二大"后，中国共产党进一步加强了对工人运动的领导，工人运动很快在全国范围内开展起来。从1922年1月到1923年2月，中国工人运动出现了第一次高潮，显示了中国工人阶级的强大力量，提高了中国工人阶级和中国共产党在人民群众中的威望。但随着"二七"惨案的发生、工人运动被镇压，中国共产党人在血的教训中进一步认识到：工人阶级不能单枪匹马、孤军奋战，要战胜强大的敌人，必须要有同盟者。因此，工人阶级联合各革命阶级，建立反帝反封建的革命统一战线就迫在眉睫了。

辛亥革命失败后，为了在中国确立真正的民主共和制度，孙中山一直在奋斗，他先后发动了二次革命、护国运动和第一次护法运动。但无论是讨袁、反段斗争，还是第一次护法运动都遭到失败。特别是1922年的陈炯明叛变和第二次护法运动的失败，使孙中山陷入极大的苦闷之中，找不到一条能救国救民的道路。这次失败使孙中山深切认识到国民党党员构成的复杂性，决心改造国民党，渴望得到共产党的帮助，使国民党重新恢复活力。同时孙中山也得到了共产国际的真诚帮助，思想认识有了很大提高。1923年，中共"三大"通过了共产党员和社会主义青年团员可以个人身份加入国民党，同时要保持共产党员和共青团员在政治与组织上的独立性的决定，确定了国共合作建立革命统一战线的方针，促进了第一次国共合作的实现，从而大大加快了中国革命的步伐。

1924年1月20日，中国国民党第一次全国代表大会在广州召开。国民党"一大"的召开，标志着国民党联俄、联共、扶助农工三大政策的正式确立，标志着国共合作的革命统一战线的正式形成，成为国民革命高潮的起点。在国共合作基础上，自1924年到1927年，中国掀起了一场轰轰烈烈的大革命。工农运动、爱国反帝运动、反军阀争民主运动以及统一广东革命根据地的斗争，几股革命洪流相互推进，向前发展。

1926年6月4日，国民党中央通过了国民革命军出师北伐的提案,得到了中国共产党的支持。北伐战争是国共两党合作的,有工人、农民、城市小资产阶级和民族资产阶级参加的反帝反封建军阀的革命战争。1926年7月9日,蒋介石担任国民革命军总司令,在"打倒列强除军阀"等口号下,北伐军正式出师北伐。经过10个月的浴血征战,歼灭了吴佩孚、孙传芳主力,把国民革命从珠江流域推进到了长江流域,震撼和动摇了帝国主义、北洋军阀在中国的统治。

帝国主义列强为维护其在中国的利益,加紧对中国革命的干涉。在列强武力威胁和政治、经济利益引诱下,蒋介石开始同国内外反动势力勾结起来,其反革命面目也逐渐暴露。1927年4月12日,蒋介石在上海发动反革命政变,即"四一二"反革命政变,残酷屠杀中国共产党党员和革命群众,仅三天时间即有300多人被杀,500多人被捕,5 000多人失踪。"四一二"反革命政变后,国民革命局部失败。1927年7月15日,汪精卫不顾国民党左派宋庆龄、邓演达等人的坚决反对,在武汉召开分共会议,公开背叛革命,疯狂屠杀共产党员和革命群众。至此,第一次国共合作彻底破裂,国民革命全面失败。

大革命失败后,中国政局极为混乱。奉系军阀张作霖仍然把持着北京政府。1927年9月,蒋介石集团同汪精卫集团在反共基础上进行反革命合流,史称"宁汉合流"。1928年2月,南京国民政府改组,武汉国民政府不复存在。其后,南京国民党政府军队继续北伐。奉系军阀张作霖在退回关外途中被日本人预埋的炸药炸死,其子张学良集国恨家仇于一身,于同年12月29日通电全国,宣布"遵守三民主义,服从国民政府,改易旗帜"。从此,北洋军阀不再作为独立的政治力量继续存在。这样,国民党在全国范围内确立了统治地位。

2. 土地革命阶段(1927年8月至1937年7月)

这一时期,国民党在全国的统治地位确立;中国共产党把工作重点转移到农村,开展了土地革命;同时,日本帝国主义对中国的侵略逐渐深入。中国开始了由国内战争向抗日战争过渡。

大革命失败以后，国民党已经不再是工人、农民、城市小资产阶级和民族资产阶级的革命联盟，而是变成了一个由代表地主阶级、买办性大资产阶级利益的反动集团所控制的政党。国民党实行的是代表地主阶级、买办性大资产阶级利益的一党专政和军事独裁统治。因此，中国人民要争得民族独立和自身解放，就必须同这个反动统治做坚决的斗争。在国民党统治下，中国社会的半殖民地半封建性质没有改变，白色恐怖笼罩着全国城乡。国民党反动派到处捕杀共产党员和革命群众，许多共产党员被捕、被杀，党的活动被迫转入地下。在严峻的考验面前，中国共产党人表现出了坚定的革命立场和大无畏的英雄气概。他们并没有被吓倒、被征服、被杀绝。他们从地下爬起来，揩干净身上的血迹，掩埋好同伴的尸首，又继续投入战斗了。

1927年8月7日，中共中央在汉口秘密召开紧急会议，即"八七"会议。会上确定了开展土地革命和武装反抗国民党反动派的总方针，毛泽东提出了"政权是由枪杆子中取得的"的主张。"八七"会议及时纠正了右倾机会主义错误，明确了党在新时期的斗争方针，给处在思想混乱和组织涣散中的中国共产党人指明了前进的方向。中国革命从此进入到了以武装斗争为主要形式、以土地革命为中心内容的新阶段。

从1927年大革命失败到1928年初，中国共产党先后在海陆丰、琼崖、鄂豫边、赣西南、赣东北、湘南、湘鄂西、闽西、陕西等地区领导了近百次武装起义。南昌起义、秋收起义和广州起义使中国革命进入到了创造红军的新时期，进入到了革命发展的新阶段，即土地革命战争阶段，或称十年内战时期。

1928年春，以宁冈为中心的第一个农村革命根据地——井冈山革命根据地——建立起来。井冈山革命根据地的建立，点燃了"工农武装割据"的星星之火，为中国革命找到了一条符合中国国情的革命道路。在探索中国革命新道路实践中，许多杰出的共产党人开始把马列主义基本原理同中国革命具体实际相结合，逐步将党的工作重心向农村转移。毛泽东是成功地把党的工作重心由城市转入农村、在农村恢复和发展革命力量的主要代表。

"农村包围城市,武装夺取政权"的理论是对1927年大革命失败后中国共产党领导的红军和根据地斗争经验的科学概括,它是以毛泽东为主要代表的中国共产党人在同当时党内盛行的把马克思主义教条化、把共产国际决议和苏联经验神圣化的错误倾向做坚决斗争的基础上形成的。这一中国革命新道路理论的形成,标志着中国化的马克思主义即毛泽东思想的初步形成,是马克思主义在中国创造性的运用和发展。

中国革命的复兴和发展并不是一帆风顺的。大革命失败后,在纠正陈独秀右倾机会主义错误的同时,中国共产党因对中国革命复杂性、长期性缺乏认识,党内开始滋长一种"左"的急躁情绪。从1927年7月大革命失败到1935年1月遵义会议召开之前,"左"倾错误先后3次在党中央领导机关取得了统治地位,而且一次比一次严重。特别是王明"左"倾教条主义错误直接导致了红军第五次反"围剿"失败,党中央和红军被迫实行战略转移,开始了惊心动魄的二万五千里长征。1935年1月,长征途中召开的遵义会议结束了王明"左"倾错误在中央的统治,开始确立以毛泽东为代表的马克思主义正确路线在中共中央的领导地位。遵义会议在极其危急的情况下,挽救了党、挽救了红军、挽救了中国革命,成为中国共产党历史上一个生死攸关的转折点。长征结束后,中国工农红军从30万人减少到4万人左右。但是,这些保存下来的、经历了千锤百炼的骨干,是党和红军极为宝贵的精华,他们构成了以后领导抗日战争和人民解放战争的主干。长征一结束,中国革命的新局面就开始了。

从1931年"九一八"事变到1937年"七七事变",是日本帝国主义侵占中国东北、"分离"华北,最终发动全面侵华战争的时期,也是中国由国内战争向抗日战争过渡的时期。

1931年,日本发动了侵略中国东北的"九一八"事变,中日民族矛盾逐渐上升,日本正在成为中华民族的首要敌人。1935年,日本策动华北事变,中华民族危机进一步加深,国内阶级关系进一步发生新的变动。1935 年的"一二·九"运动，促进了中华民族的新觉醒，成为全国抗日救亡运动新高潮的起点。在全国抗日救亡运动高涨之际，中国共产党及时提出了建立抗日民族统一战线的新政策。早在 1935 年 8 月 1 日，在共产国际关于建立反法西斯统一战线的方针指导下，中共驻共产国际代表团就以中华苏维埃共和国临时中央政府和中共中央的名义发表了《为抗日救国告全国同胞书》（又称《八一宣言》），呼吁全国各党派、各界同胞、各军队捐弃前嫌，停止内战，集中一切国力，为抗日救国的神圣事业而奋斗。12 月，中共中央在陕北瓦窑堡召开政治局扩大会议，确定了建立抗日民族统一战线的策略方针。事后，中共及时地调整了各项政策，改变了对蒋的方针，从反蒋抗日到逼蒋抗日，最后是联蒋抗日。1936 年 12 月西安事变的和平解决，是中国共产党逼蒋抗日方针政策的重大胜利，成为时局转换的枢纽。至此，10 年内战基本结束，以第二次国共合作为基础的抗日民族统一战线初步形成。

3. 抗日战争时期（1937 年 7 月至 1945 年 8 月）

1937 年 7 月，卢沟桥事变爆发，中国守军奋起抵抗，全国性的抗日战争从此开始。1937 年 8 月，国共两党达成协议，国民政府承认红军的合法地位，将红军主力改编为国民革命军第八路军，简称八路军，由朱德任总指挥，彭德怀任副总指挥。1937 年 9 月中旬，国民党承认陕甘宁根据地的合法地位，改称陕甘宁根据地为陕甘宁边区。1937 年 9 月 22 日，国民党中央通讯社发表《中国共产党为公布国共合作宣言》。1937 年 9 月 23 日，蒋介石发表承认共产党合法地位的谈话。至此，以国共两党第二次合作为基础的抗日民族统一战线正式形成。

抗日战争是在以国共合作为基础的抗日民族统一战线旗帜下进行的全民族的战争。由于国共两党对于如何抗战的方针、政策不同，因此，在抗战中出现了两条不同的抗战路线，即国民党的片面抗战路线和中国共产党的全面抗战路线。

从 1937 年 7 月卢沟桥事变爆发到 1938 年 10 月广州、武汉失守，中国抗战处于战略防御阶段。在战略防御阶段，日本侵略者以国民党军队为主要作战对象，以国民党军队为主体的正面战场担负了抗击日军战略进攻的主要任务。国民党军队组织了淞沪、忻口、徐州、武汉等一系列大的会战及战役，国民党军队爱国将士表现出了空前的民族义愤和抗战热情，挫败了日军进攻的锋芒，粉碎了日军"三个月灭亡中国"的狂妄计划，极大地鼓舞了全国人民的抗战信心。抗战初期的国民党正面战场牵制了大量日军，客观上为八路军、新四军及其他抗日武装挺进敌后开辟敌后抗日根据地创造了条件。

1938年10月日军占领广州、武汉后，中国的抗日战争进入相持阶段。相持阶段开始后，日本对中国的侵略政策发生了变化，对国民党政府采取以政治诱降为主、军事打击为辅的方针，使国民党统治集团内部发生重大分裂，汪精卫集团公开叛变投敌。1939年1月，国民党五届五中全会决定成立"防共委员会"，确定了"防共、限共、溶共、反共"的方针。这一方针的确定，标志着国民党由片面抗战开始转变为消极抗战、积极反共。因此，抗战相持阶段到来后，中共领导的敌后战场被推向了抗战的主战场。

1937年8月，中国共产党在陕北洛川召开政治局扩大会议，制定了抗日救国十大纲领，强调要打倒日本帝国主义，关键在于进行全面的全民族的抗战；必须坚持统一战线中无产阶级的领导权，在敌人后方放手发动人民群众，实行独立自主的山地游击战。在全面抗战路线指引下，从1937年8月下旬至9月中旬，八路军先后开辟了晋察冀、晋西北、晋冀豫、山东和大青山等抗日根据地。新四军则挺进长江南北，开赴苏南、皖南、皖中地区，创建华中抗日根据地。中国抗日战争逐渐形成战略上互相配合的两个战场，一个是由国民党军队担负的正面战场，一个是由共产党领导的人民军队担负的敌后战场。

抗日战争时期，中国国内各派政治势力发生急剧变化。人民革命力量和抗日武装迅猛发展，中国共产党此时已成为一个成熟的全国性的大党。中间阶级也形成了新的政治联盟，并与中国共产党合作。这些为抗日战争胜利和中国革命的最后胜利奠定了坚实的基础。抗日战争是近代以来中华民族反抗外敌入侵第一次取得完全胜利的民族解放战争，是世界反法西斯战争的重要组成部分，为世界反法西斯战争的胜利作出了重要贡献。

4. 解放战争时期（1945年9月至1949年10月）

抗战胜利后，由于国际国内形势的错综复杂，国民党、共产党和中间派别在建国问题上提出了三种不同的建国方案。国民党坚持独裁内战，与中国人民要求和平民主背道而驰。重庆谈判是抗战胜利后国共两党政治斗争的第一个回合。1946年6月，国民党反动派在美国支持下进攻共产党领导的中原解放区，挑起了全面内战。

全面内战爆发后，人民解放军在敌我力量悬殊的情况下，经过一年战略防御，粉碎了国民党军队的全面进攻和重点进攻。在国民党军事进攻失利、政治欺骗破产、经济危机加深的情况下，国统区人民掀起了声势浩大的爱国民主运动，形成反美反蒋的第二条战线，国民党政府陷入全民的包围之中。

人民解放军经过一年的防御作战，歼灭了敌人大量有生力量，使敌我力量对比发生了重大变化。1947年6月底，人民解放军由战略防御转入战略进攻。之后，中共中央"十二月会议"制定了夺取全国胜利的政治、经济、军事纲领和各项政策。

在解放战争胜利发展的同时，解放区开展了轰轰烈烈的土地改革运动，基本上解决了农民的土地问题。广大农民分得土地并在政治上获得翻身，其政治觉悟空前提高，农村生产力得到解放，工农联盟进一步巩固和加强。人民解放战争获得了源源不断的人力、物力支援。土地改革运动为打败蒋介石、建立新中国奠定了深厚的群众基础。

抗日战争胜利后，中国的中间势力（即中国的资产阶级民主党派）希望在国共两党两种建国方案之外，寻找出第三条道路（中间路线），即在中国建立资产阶级共和国。但是，中国在抗战胜利后，面临的是两种命运、两个前途的尖锐斗争，客观形势决定了人民没有走第三条道路的可能。这样，在国民党的高压政策下，第三条道路破灭。随着解放战争的胜利发展，各民主党派公开表示承认中国共产党的领导地位，明确表示参加新民主主义革命的立场，国民党政权陷入众叛亲离、彻底孤立的境地。

1948年秋，人民解放战争进入夺取全国胜利的决定性阶段。此时，敌我双方力量对比发生了重大变化。在毛泽东主席和中共中央军委的领导和指挥下，在人民群众的热烈支援下，人民解放军先后发动了辽沈、淮海、平津三大战役，国民党赖以维持其反动统治的主要军事力量基本上被摧毁。

1949年3月，中国共产党在河北省平山县西柏坡村召开了具有伟大历史意义的七届二中全会。1949年4月，人民解放军发起渡江战役，解放南京，宣告了国民党统治在大陆的结束。1949年10月1日，中华人民共和国成立，新民主主义革命取得伟大胜利，中国人民完成了近代以来争取民族独立和人民解放的第一大历史任务，为接下来实现国家富强、人民富裕的第二大历史任务提供了前提条件。

新民主主义革命的30年间，中国人民的爱国主义运动波澜壮阔。无论是在国民革命、土地革命、抗日战争，还是解放战争的艰苦卓绝斗争中，都曾涌现出无数可歌可泣的民族英雄和英雄群体。共产主义先驱李大钊、工运领袖苏兆征，抗日英雄左权、杨靖宇、赵尚志、赵登禹、张自忠，"狼牙山五壮士""八女投江""八百壮士""刘老庄连"以及"生的伟大，死的光荣"的刘胡兰和爆破英雄董存瑞，等等。他们伟大的英雄气概和崇高的民族气节，谱写了一页页光辉的历史篇章。

第一章　新民主主义革命初期历史故事讲评中的思想政治教育

第一节　火烧赵家楼，痛打章宗祥

"火烧赵家楼，痛打章宗祥"是五四运动中的一次著名事件。1919年5月4日，北京各校爱国学生为抗议北洋军阀的卖国行径，游行示威，他们火烧了卖国贼曹汝霖住宅赵家楼，痛打了卖国贼章宗祥。此义举震动全国，使五四爱国运动迅速蔓延中华大地。

一、故事背景

辛亥革命推翻了统治中国268年的清朝，结束了中国两千多年的封建帝制，建立了中华民国，这是中国历史上的一次巨变，是中国社会的一大进步。但是，辛亥革命并没有完成反帝反封建的任务，中华民国政权被身为地主、官僚、军阀的袁世凯窃取，建立了北洋军阀的黑暗统治，中华民国徒有虚名。

北洋军阀是在清朝末年由袁世凯建立起来的封建的买办的反动政治武装集团。他们以地主阶级和买办资产阶级作为自己的主要社会支柱，以外国帝国主义作为自己的主要靠山。许多军阀本身就是大地主，并直接经营一些官僚资本企业。袁世凯建立起北洋军阀的专制统治后，破坏民主制度，镇压革命党人的反抗，为所欲为，复辟帝制。袁世凯的倒行逆施，激起了全国性的反袁风暴，袁世凯在人民的一片唾骂和声讨声中死去。

袁世凯死后，北洋军阀分裂成许多派系，其中主要的是以冯国璋为首的直系、以段祺瑞为首的皖系以及以张作霖为首的奉系。这些不同派系军阀之间，或者为了争夺对北京中央政府的控制权，或者为了保持与扩大自己占据的地盘，进行着连年不断的战争。军阀割据纷争混战给人民带来了深重的灾难。

辛亥革命前后，群众性的反帝爱国斗争不断发展，资产阶级大力提倡"实业救国"，大大刺激了国人投资近代企业的热情。1914年至1918年的第一次世界大战期间，由于欧洲列强忙于战争，暂时放松了对中国的侵略，中国民族资本主义获得了前所未有的发展，中国民族资本主义发展迎来了"短暂的春天"。中国民族资本主义经济的发展，为新的政治力量的增长和革命运动的发展提供了社会基础。新的政治力量主要是民族资产阶级、城市小资产阶级和工人阶级。这一时期中国民族资产阶级有了新的发展。据统计，1918年，全国商会会员有16.2万人，华侨商会会员有2.1万人，反映出了民族资产阶级的发展十分迅速。城市小资产阶级中知识分子、小商人、手工业者、自由职业者的人数也有了大幅增加。在新的政治力量增长中，工人阶级力量的增长最为显著。中国的产业工人，从1913年的60多万人，猛增到1919年的200多万人。由于中国工人阶级深受帝国主义、封建主义和官僚资本主义的三重压迫，因此，他们在革命斗争中最坚决、最彻底。这就决定了中国工人阶级必然成为中国新生政治力量中最为重要的力量，成为中国革命的领导阶级。

辛亥革命后，袁世凯为了复辟帝制，大力提倡尊孔读经，掀起了一股尊孔复古逆流。帝国主义和封建势力企图以此消除辛亥革命的影响，麻痹人民群众，使他们继续沉沦于封建愚昧之中。面对这股反动逆流，一部分资产阶级和小资产阶级激进民主主义知识分子从辛亥革命失败的教训中认识到，要防止君主复辟，建立真正的民主共和国，必须发动一场反封建的思想启蒙运动，唤醒大多数民众的思想觉悟，扫除人们思想中的封建愚昧。于是，掀起了一场猛烈的前所未有的反封建主义的新文化运动。

陈独秀、李大钊、鲁迅、胡适等是新文化运动的主要倡导者。1915年9月，陈独秀在上海创办《青年杂志》（后改为《新青年》），发表《敬告青年》一文，历数当时中国社会的黑暗，提出了"人权"和"科学"的口号，要求青年大胆解放思想，敢于怀疑那些从来被认为是天经地义的陈腐观念，以求实进取的精神奋起自救，新文化运动开始。1917年1月，爱国民主主义者、教育家蔡元培出任北京大学校长，他聘陈独秀为北大文科学长，《新青年》编辑部也随之迁至北京，李大钊、鲁迅、胡适等参加编辑部并成为主要撰稿人。《新青年》杂志和北京大学成了新文化运动的主要阵地。新文化运动的主要内容是提倡民主和科学。民主指的是资产阶级民主政治，科学主要是指自然科学、社会科学、科学观点和态度、科学方法。民主与科学的提出，反映了当时中国政治经济发展的要求和人民的迫切需要，因而成为五四时期文化思想战线上的两面光辉旗帜。

新文化运动以磅礴的气势给了统治中国长达两千多年之久，享有绝对权威的封建思想文化、封建专制主义、封建伦理道德、封建迷信和愚昧以前所未有的沉重打击，大力宣传了民主和科学，极大地破除了思想界特别是青年知识分子中封建主义的束缚，在社会上掀起了一股思想解放的潮流。这股潮流冲决了禁锢人们思想的闸门，从此，各种新思潮在社会上涌流且无法遏制。

其实，在当时的先进分子中，有的人在宣传西方资产阶级民主主义时，就已经开始对资产阶级民主有所怀疑和保留了。比如，陈独秀1915年在赞颂法国文明时，把创立社会主义（指空想社会主义）看作法国人对于近代文明所作的三大贡献之一，认为这是"反对近世文明之欧罗巴最近文明"。李大钊在1916年5月说过："代议政治虽今犹在试验之中，其良其否，难以确知，其存其易，亦未可测。"毛泽东在1917年8月也说过，东方思想固不切于实际生活，"西方思想亦未必尽是，几多之部分，亦应与东方思想同时改造"。当时的先进分子对资产阶级民主主义的怀疑，推动着他们去探索挽救危亡的新途径，为他们以后接受马克思主义准备了合宜的土壤。

1917年俄国爆发的十月社会主义革命，推动中国的先进分子把自己的目光从西方转向东方，从资产阶级民主主义转向社会主义。中国的先进分子走上马克思主义道路，是他们经过长期、艰苦的探索之后所做出的选择。十月革命昭示人们，资本主义制度并不是永恒的，无产阶级和其他劳动群众一旦觉醒起来、组织起来，完全可以依靠自身的力量创造出维护绝大多数人利益的崭新的社会制度。灾难深重的中国人民从十月革命这一人类历史上破天荒的无产阶级社会主义革命中，产生了对劳动人民当家作主的社会主义国家的向往，看到了中华民族获得独立、人民获得解放的新希望。李大钊说，十月革命所开始的"是世界革命的新纪元，是人类觉醒的新纪元。我们在这黑暗的中国，死寂的北京，也仿佛分得那曙光的一线，好比在沉沉深夜中得一小小的明星，照见新人生的道路"①。于是，在十月革命以后、五四运动之前的中国思想界产生了一批赞成俄国十月社会主义革命、具有初步共产主义思想的知识分子。社会主义开始在中国形成一股有相当影响力的思想潮流。

十月革命对中国最大最深刻的影响是给中国送来了马克思列宁主义，使中国的先进分子开始用无产阶级宇宙观作为观察国家命运的工具，重新考虑中国的问题。在中国大地上率先举起马克思主义旗帜的是李大钊，他在1918年发表了《法俄革命之比较观》《庶民的胜利》《布尔什维主义的胜利》等文章，指出十月革命"是二十世纪中世界革命的先声""试看将来的环球，必是赤旗的世界"②。1919年9月，他发表了《我的马克思主义观》一文，明确地把马克思主义称为"世界改造原动的学说"，并且对马克思的唯物史观、剩余价值学说和阶级斗争理论做了比较系统的介绍。此时，陈独秀、瞿秋白、毛泽东等也开始用马克思主义的观点去观察和思考中国问题。

总之，"十月革命帮助了全世界的也帮助了中国的先进分子，用

---

① 《中国近现代史纲要》，北京：高等教育出版社，2007年版，第78页。
② 《李大钊文集》第二卷，北京：人民出版社，1984年版，第217，246页。

无产阶级的宇宙观作为观察国家命运的工具,重新考虑自己的问题,走俄国人的路——这就是结论"①。在十月革命的影响下,在中国社会内部政治、经济发展的基础上,爆发了划时代的五四爱国运动。

五四运动的直接导火线是巴黎和会上中国外交的失败。在1919年上半年召开的巴黎和会上,中国政府代表提出的废除外国在华势力范围、撤退外国在华驻军等7项希望和取消日本强加给中国人民的"二十一条"等正义要求遭到拒绝。西方列强把持着巴黎和会,不顾中国也是战胜国,竟强行决定将战败的德国原在中国山东获得的一切特权转交给日本。会议给予中国的,只是归还八国联军侵入北京时被德国掠去的青铜天文仪器而已。而北洋政府居然准备在巴黎和约上签字。消息传到国内,激起了各阶层人民的强烈愤怒。"火烧赵家楼,痛打章宗祥"由此发生。

二、故事简介

巴黎和会上中国外交失败的消息引起了国人强烈的反响,久积在中国人民胸中的怒火像火山一样爆发出来。1919年5月4日下午,北京大学等13所大专学校3 000多人在天安门前集会,随后举行示威游行。他们高呼"还我青岛""收回山东主权""取消二十一条""外争国权,内惩国贼"等口号,要求北洋政府拒绝在和约上签字,惩办签订"二十一条"时的外交次长、亲日派官员曹汝霖和签订"二十一条"时的驻日公使陆宗舆以及五四运动时的驻日公使、亲日派章宗祥。游行队伍由天安门广场出发,出中华门,向东交民巷使馆区走去。在东交民巷西口,游行队伍受到外国巡捕阻拦,多次交涉毫无结果。中国的土地竟不让中国人通过!学生们被激怒了,再也压抑不住受帝国主义欺辱的愤怒了。这时,队伍里有人高喊"大家往外交部去,往曹汝霖家里去",于是愤怒的人群潮水般地涌向赵家楼曹汝霖家。游行队伍浩浩荡荡来到赵家楼,曹宅大门紧闭。曹汝霖和章宗祥刚参加了总统徐世昌为章宗祥回国设的午宴,宴会后,

---

① 《毛泽东选集》第四卷,北京:人民出版社,1991年版,第1471页。

曹汝霖邀请章宗祥一同回到曹宅。听到学生呼喊，曹、章二人分别藏了起来。当时，由于房屋围墙太高，学生无法冲进曹宅，只有高喊"打倒卖国贼曹汝霖"口号。此时，北京高等师范学校学生匡互生突然发现曹宅大门右侧有一个窗户，由于他少年时曾练就一身武功，于是便纵身跃上窗台，一拳击破窗户玻璃，两手用力把窗户上的小钢筋拉弯，一跃而入，接着又有几个准备牺牲的同学爬了进去。曹宅内几十名全副武装的警察被外面的呼声所震骇，看见匡互生等跳进曹宅，更是目瞪口呆，自动取下刺刀，退出枪弹。匡互生等迅速将曹宅笨重的大门打开，学生一拥而入。进入曹宅的学生到处搜寻卖国贼曹汝霖，但没有找到。于是，愤怒至极的匡互生取出预先携带的火柴，将屋内易燃的东西集中起来，放火烧了曹宅。章宗祥见势不妙，从锅炉房中跑出来时被学生发现，将其痛打一顿。这就是著名的"火烧赵家楼，痛打章宗祥"事件。曹宅起火后，学生陆续散去，这时大批军警赶到，逮捕了32名来不及散去的学生。

在"火烧赵家楼，痛打章宗祥"的义举中，第一个冲进赵家楼、打开曹汝霖住宅大门，第一个点燃赵家楼烈火、火烧曹宅的爱国学生是北京高等师范学校数理部的匡互生。匡互生（1891—1933），字人俊，号务逊，又号日休，湖南邵阳人，出身于农民家庭。他幼年在乡学读书时练就一身武术。1910年到长沙入驻省邵阳中学读书，写作文痛骂北洋军阀。1915年考入北京高等师范学校数理部。1920年任湖南第一师范教务主任，期间曾参加过毛泽东创办的"新民学会"。1933年4月在上海病逝。五四运动爆发时，匡互生是天安门大会和会后游行的三位主要组织者之一，是爱国学生运动领袖。五四游行之前，他写好遗书，将后事托嘱友人说："我死后，要家人知道我为救国而生，为抗敌而死，虽死无怨。"

"火烧赵家楼，痛打章宗祥"的义举，震动全国，五四运动迅速蔓延中华大地。为抗议反动政府的镇压和营救被捕学生，北京各大专学校的学生从5月5日起进行总罢课。社会各界也纷纷举行罢市、罢工以支持学生的爱国行动。在群众运动的强大压力下，5月7日，被捕的32名学生全部获释。由于总统徐世昌传讯被捕学生，逼迫北大校长蔡元培辞职出走，激起了各学校师生员工的极大愤慨，北京学生强烈要求政府挽留蔡元培，各校教职员也同学生一起参加斗争。19日，北京专科以上学校学生再次总罢课，罢课学生人数总计有2.5万多人。

学生爱国行动引起了帝国主义和军阀政府的极端恐慌，在日、美、英、法等国的压力下，北洋政府开始镇压学生运动。6月3日，学生被捕者达178人，4日，又有700多名学生被捕。北洋政府对学生爱国行动的野蛮镇压，在全国各地激起了强烈的反响，人们以各种方式支持北京学生的爱国行动。6月4日，上海学联通电全国，呼吁各界"主持公理，速起救援"。6月5日，上海工人自动举行罢工，支援北京学生。在工人阶级带动下，上海实现了学生罢课、工人罢工、商人罢市的斗争局面。日本内外棉第三、四、五纱厂的工人全体罢工，揭开了上海工人大罢工的序幕。接着，日华纱厂、上海纱厂的工人相继罢工。同日，码头工人、铁路工人、商务印书馆和中华书局的工人也举行了罢工。6月10日，罢工达到高潮，罢工人数约有六七万人。罢工使上海市内市外、陆上海上交通断绝。这时，五四运动的中心也由北京转向了上海。在工人阶级和学生的感召下，从6月5日开始，上海商人罢市，许多商店门前贴有"国家将亡，无心营业""不除国贼，誓不开市"① 等标语。罢市范围广泛，所有上海的娱乐场所都停止了售票，就连小理发店外也贴出了"国事如此，无心整容，请君不必光顾"② 的标语。

上海的三罢斗争迅速扩展到全国，济南、天津、南京、成都、长沙、武汉、开封、保定、沈阳、哈尔滨等城市的工人、市民先后举行了罢工、罢市。五四运动已突破了知识分子的范围，发展成为以工人阶级为主力、有小资产阶级和民族资产阶级参加的全国范围的群众爱国运动。运动的主力由学生转向了工人，运动的中心由北京转到了上海。

---

①② 张华腾等主编：《中国现代史》，北京：高等教育出版社，1999年版，第13页。

在全国人民强大压力下，北洋政府被迫于6月7日释放被捕学生。10日，罢免亲日派卖国贼曹汝霖、陆宗舆、章宗祥3人的职务，五四运动取得初步胜利。6月28日，中国代表团拒绝在巴黎和约上签字。至此，五四运动所提出的直接斗争目标基本得到实现。

　　五四运动是一次彻底的不妥协的伟大的反帝反封建的爱国运动，是中国旧民主主义革命到新民主主义革命的转折点。五四运动促进了马克思主义在中国的传播及其与工人运动的结合，从而在思想上和干部上为中国共产党的建立准备了条件。

三、"火烧赵家楼，痛打章宗祥"故事讲评中的思想政治教育

　　忧国忧民、救亡图存的五四精神。五四运动拉开了中国新民主主义革命的序幕，它由学生发起，很快演变成为以工人阶级为主力，包括小资产阶级和民族资产阶级在内的全国性群众爱国运动。五四运动充分体现了中国人民对帝国主义侵略和北洋军阀政府卖国行径的强烈抗议，是中国人民反帝爱国精神的总迸发。

　　爱国主义精神是五四精神的核心与灵魂。五四精神的核心为"爱国、进步、民主、科学"，就是"彻底地、不妥协地反帝反封建"的爱国精神。爱国主义是中华民族精神永恒不朽的主旋律，是中华民族自立于世界民族之林的强大精神动力。五四精神是青年学生们在当时历史环境中爱国主义精神的集中体现。1919年春，在巴黎和会上，中国代表团提出从战败的德国手中收回青岛主权的正义要求遭到拒绝，日本灭亡中国的"二十一条"不但没有取消，竟然还被要求将德国在山东的权利转让给日本。消息传来，激起了中国人民的无比愤怒，北京学生决定举行示威游行，表示誓死抗争。"火烧赵家楼，痛打章宗祥"故事中的爱国主义集中表现为忧国忧民、救亡图存，它是中华民族不畏强暴、世代相传的爱国主义的现实体现，并逐渐凝聚成一种神圣的五四精神。爱国学生在1919年5月4日的游行中喊出"外争主权，内除国贼""取消二十一条""还我青岛""严惩国贼"等斗争口号；学生们潮水般地涌向赵家楼胡同曹汝霖住宅时愤怒地高喊"卖国

贼曹汝霖快出来""打倒卖国贼曹汝霖"等口号。这些口号集中表达了学生的爱国主义心声，是五四精神的核心与灵魂。在"火烧赵家楼，痛打章宗祥"故事中，青年学生把国家的命运、民族的命运同自己的命运紧紧地联系在一起，把个人价值融入到国家与民族的生死存亡之中，融入到挽救中华民族的奔走呼号之中，表现出了强烈的忧国忧民、救亡图存的爱国主义精神。

总之，由"火烧赵家楼，痛打章宗祥"故事中体现出来的五四精神是爱国的、进步的、民主的。五四精神将激励中国青年为实现中华民族伟大复兴的"中国梦"而努力奋斗。

第二节 工运领袖苏兆征

1922年1月，香港海员工人由于不堪忍受英帝国主义的残酷剥削和压迫，掀起了声势浩大的大罢工，成为中国共产党成立后领导的中国工人运动第一次高潮的起点。此次香港海员工人大罢工的组织者和领导者就是苏兆征。

一、故事背景

五四运动后的中国仍然处于北洋军阀统治之下，皖系段祺瑞掌握北京政权，中国政局仍然动荡。1919年12月，冯国璋病逝，曹锟、吴佩孚继任直系军阀首领，直皖矛盾更加尖锐化。由于段祺瑞向日本大量借款，扩充皖系军队，坚持"武力统一中国"政策，操纵国会，排除异己，结果使皖系与直系、奉系等军阀矛盾进一步深化。1919年11月，吴佩孚与西南军阀唐继尧、陆荣廷等人结成反皖同盟。1920年4月，曹锟在直隶召开各省代表大会，组成直、奉两系的直隶、江苏、湖北、江西、奉天、吉林、黑龙江、河南八省反皖联盟，准备讨伐皖系。以曹锟、吴佩孚为首领的直系军阀取得英、美等国支持，与皖系军阀对抗。段祺瑞在日本支持下，集结兵力于北京附近迎战。1920年7月，直皖战争爆发。皖系以段祺瑞为总司令，以5个师和4个混成旅组成定国军。直系任命吴佩孚为前敌总司令，以1个师和9个混成旅组成讨逆军。双方在京津地区混战。张作霖令奉军一部入关，占领天津马厂、军粮城等地，直系乘机向皖军发起进攻。段祺瑞见大势已去，被迫宣布辞职。皖军被遣散或收编。直、奉两系军阀遂共同控制北京中央政权。直皖战争，是北洋军阀内部为争夺北京政权在京津地区进行的战争。直系军阀的胜利表明了英美等帝国主义在华势力的加强。然而，军阀混战更加重了百姓的疾苦。

五四运动后，研究和宣传社会主义逐渐成为进步思想界的主流，新文化运动发展成为马克思主义的思想运动，马克思主义在中国广泛传播开来。各地涌现出一批宣传马克思主义的进步刊物。五四运动后的一年中，全国出现了数百种新刊物，有许多刊物都介绍俄国的十月革命、社会主义和马克思主义。其中著名的有毛泽东在长沙主编的《湘江评论》，瞿秋白在北京主编的《新社会》，周恩来在天津主编的《觉悟》，董必武在武汉主编的《武汉星期评论》等。同时，宣传和研究马克思主义的团体在全国各地纷纷出现，大量马克思主义著作被翻译出版，为进步知识分子学习、研究马列主义创造了条件。具有初步共产主义思想的知识分子通过五四运动看到了工人阶级的伟大力量，他们认识到，要组织共产党，"离开工界不行""我们都是知识分子出身，与工人阶级的距离很大。因此，首先应当同他们加强内部联系"。为此，他们提出了"请钻进工场去罢"的口号，[①] 开始积极地投身到工人群众中去做宣传组织工作，使马克思主义与中国工人运动逐步结合起来。

为了能在工人群众中有效地开展工作，具有初步共产主义思想的知识分子们脱掉自己的长衫，穿起工人的服装，学习工人的语言，从事工人的劳动，力求与工人打成一片。他们创办了一批专门供工

---

① 《中国近现代史纲要》，北京：高等教育出版社，2007年版，第86页。

人阅读的进行马克思主义启蒙教育的刊物，如上海的《劳动界》、北京的《劳动音》和《工人月刊》、济南的《济南劳动月刊》等。同时，还创办了各种形式的工人学校，借此在工人中宣传马克思主义。经过宣传教育，觉悟的工人阶级开始组织起来。1920年11月，由具有初步共产主义思想知识的分子组织领导的第一个工会——上海机器工会——宣告成立。1921年，邓中夏在长辛店成立工人俱乐部。武汉、长沙、广州、济南等地的工人也相继成立工会。各地工会开始发动工人开展罢工斗争。工人阶级的觉悟程度和组织程度在斗争中得到了进一步的提高。

马克思主义在工人中的传播，对苏兆征的思想影响很大。长期的海员生活使苏兆征体会到中国海员工人的疾苦，他们不仅要遭受中外船主的残酷剥削和歧视，而且工资低，没有任何权利。随着各地工人组织的相继建立和工人阶级觉悟的不断提高，1921年3月，苏兆征和林伟民在香港成立了中华海员工业联合总会。苏兆征积极开展工人活动。1921年7月，中国共产党成立。中国共产党成立后，集中力量领导工人运动，于1921年8月在上海成立了中国劳动组合书记部，作为领导中国工人运动的总机关。1922年1月至1923年2月，掀起了中国工人运动的第一次高潮。在这13个月的时间里，全国发生了包括香港海员罢工、安源路矿工人罢工、开滦五矿工人罢工、京汉铁路工人罢工等在内的大小罢工100余次，参加者在30万人以上。苏兆征、林伟民领导的香港海员工人大罢工成为此次中国工人运动第一次高潮的起点，苏兆征也成了中国工人运动的著名领袖。

二、故事简介

苏兆征，1885年出生于广东省香山县（今属珠海市）淇澳村东溪坊的贫苦农民家庭。在亲友帮助下，入本村私塾勉强读了三年书，期间勤奋好学，成绩优异。苏兆征在7个兄弟姐妹中排行第二，童年时代即协助父母分担家庭困难。他时常下田务农，上山砍柴，出海捕鱼，替人放牧。艰苦的劳动与生活，使他养成了刻苦耐劳和朴素坚毅的品格。1903年，18岁的苏兆征在家乡无以为生，只好背井离乡到香港找工作,先后在轮船上当过"侍仔""扫地仔"。苏兆征与其他中国海员备受外国资本家的经济压榨与政治歧视,每天工作十六七个小时,每月所得的工银却只有十多元,还要遭受包工头的克扣与勒索。

苏兆征在早年的海员生涯中,以同乡关系结识了孙中山。1908年加入同盟会,积极组织海员从事反清活动,逐步成为香港海员工人的领袖。1917年俄国十月革命胜利的消息传到中国,很快在中国海员中传播开来。不久,苏兆征随船到海参崴等地,进一步了解了俄国十月革命的详细情况。五四运动后,由于宣传马克思主义的报刊和书籍大量出版,在学习马克思主义革命理论的过程中,苏兆征的思想有了急剧的转变,逐渐深信"只有社会主义革命,才能完成人类的彻底解放"。①

随着马克思主义与中国工人运动的结合,苏兆征的思想觉悟不断提高。在苏兆征、林伟民等人的组织发动下,1921年3月,中华海员工业联合总会在香港成立,这是中国海员工人第一个真正的工会组织,也是中国最早的现代化产业工会组织之一。中华海员工业联合总会一成立,就立刻投入到维护工人权益的斗争中去。由于当时物价飞涨,香港工人的生活更加艰难,工人要求增加工资的呼声日益强烈。加之香港中国海员长期遭受英帝国主义的殖民统治和资本家、包工头的残酷剥削及种族歧视,工作时间长,劳动强度大,工资微薄,还常被凌辱、打骂及克扣工资,随时还要受到被无故开除的威胁。香港海员工会为了维护工人的利益,曾在1921年9月、11月两次向轮船资本家提出提高工资、改善政治待遇的要求,但都遭到了拒绝。1922年1月12日,在第三次向轮船资本家提出增加工资、改善政治待遇的要求被无理拒绝后,香港中国海员工人忍无可忍,在海员工会联合总会的组织下,在苏兆征、林伟民的领导下,举行了声势浩大的香港海员工人大罢工。在短短的一个星期内,罢

---

① 《中国现代爱国者的故事》,上海:上海人民出版社,1984年版,第58页。

工规模迅速扩大，海员纷纷从香港返回广州。

中国共产党对香港海员罢工极为关注，在广州专门组织成立了香港罢工后援会。中共广东支部和社会主义青年团广东区委组织全体党团员积极参加接待返回广州的香港海员罢工工人和其他各项工作。中共广东支部还发表了《敬告罢工海员书》，及时对香港海员罢工运动予以支持和引导，号召海员工人团结一致，严守秩序，注重自治，坚持到底。此时，中国劳动组合书记部号召全国工人支援香港海员大罢工。上海、湖北、河南等地以及京奉、京汉、陇海、京绥等铁路工人纷纷成立香港海员罢工后援会。香港各行业的中国工人为支援海员斗争，于1922年2月底实行总同盟罢工。特别是香港运输工人举行同情罢工，罢工使5条太平洋航线和9条近海航线陷于瘫痪。各行各业罢工总人数达10万人。香港完全陷入瘫痪状态。

香港海员罢工遭到港英当局的干涉。港英当局采取离间、恫吓、威胁等各种手段对待罢工海员，宣布海员工会为"非法团体"，派出武装军警实行戒严，封闭海员工会，逮捕罢工领导人。这更加激起了海员和广大工人群众的义愤。罢工从要求增加工资的经济斗争，发展成为反抗帝国主义压迫的政治斗争。

3月4日，数千名罢工工人徒步经沙田返回广州，港英军警竟向手无寸铁的工人开枪扫射，当即打死6人，打伤大批工人，酿成震惊中外的"沙田惨案"。帝国主义的暴行，激怒了香港工人。罢工人数继续增加，各行各业全面停顿，香港成为"死港"。港英当局和轮船资本家迫于形势，不得不向工人屈服，答应海员工人的基本要求：海员工人的工资分别增加一成半或三成不等，实行新的雇用船员办法，以减少工头的中间盘剥；抚恤"沙田惨案"死者家属，赔偿伤者医药费，恢复被取缔的工会，释放被捕工人等。3月8日，香港海员工会恢复，罢工坚持了56天，获得完全胜利。香港海员罢工有力地打击了帝国主义者的嚣张气焰，大大增强了工人阶级的战斗勇气和信心，推动了全国第一次工人运动高潮的出现。

苏兆征在香港海员罢工中虽然不是海员工会的会长，但他和林伟民等人却是这次罢工的实际领导人。苏兆征始终坚持原则，和林伟民等人一起与轮船资方及香港当局进行谈判，展开面对面的斗争，处处维护海员的根本利益，不为港英当局的高压政策所动摇。面对罢工过程中的大量工作，他总是任劳任怨、废寝忘食地予以完成。他不为困难所吓倒，紧紧依靠全体海员，团结全港工人，争取国内外的广泛同情与支持，使港英当局和轮船资本家陷于困境。

中国共产党对香港海员罢工给予的积极支持和指导，使苏兆征认识到中国共产党是为工人阶级谋利益的政党，由此对中国共产党产生了敬仰之情。1924年国共合作建立后，周恩来、陈延年等相继到广东工作，苏兆征主动接近他们，积极支持和配合中国共产党的活动并争取共产党对自己的教育帮助，思想觉悟不断提高。1925年春，苏兆征代表香港工人到北京参加国民会议促成会，同李大钊等共产党人接触，党组织也派专人与苏兆征进行交谈，并对其进行教育。1925年3月，苏兆征在北京参加了中国共产党。从此，苏兆征在中国共产党的领导和培育下成为一名英勇的无产阶级革命战士。

1925年5月1日，苏兆征作为中共代表参加了在广州召开的第二次全国劳动代表大会。在会上，苏兆征与邓中夏、李启汉、王荷波等人组成中共党团委员会，还正式成立了全国统一的工会组织——中华全国总工会，选举林伟民为委员长，邓中夏为秘书长，苏兆征被推选为全国总工会执行委员。大会闭幕不久，全国规模的革命大风暴五卅运动就爆发了。

1925年2月起，上海日商纱厂近4万名工人为反对日本资本家无理开除工人，要求增加工资和改善待遇，举行罢工。1925年5月15日，上海日商内外棉七厂资本家故意关闭工厂，停发工人工资。工人顾正红带领群众冲进厂内与资本家理论，要求发放工资。日本资本家向工人开枪射击，打死工人代表共产党员顾正红，打伤工人10余人。第二天，中共中央连续发出通告，要求各地党组织号召工会等社会团体援助上海工人的罢工斗争，决定以"反对帝国主义屠杀中国工人"为口号在全国范围内开展一场反日运动，并发动群众于30日在上海租界举行反对帝国主义的游行示威。

5月30日上午，2 000多名学生、工人及群众代表在上海南京路公共租界散发传单，进行讲演，揭露帝国主义枪杀工人、抓捕学生的罪行。租界当局大肆拘捕爱国学生 100 多名。当天下午，愤怒的群众聚集在老闸捕房门口，高呼"上海是中国人的上海！""打倒帝国主义！""收回外国租界！"等口号，要求立即释放被捕学生。英国捕头公然开枪屠杀手无寸铁的群众，打死 13 人，重伤数十人，轻伤无数，逮捕 150 多人。这就是震惊中外的"五卅"惨案。

"五卅"惨案发生后，上海人民的反帝斗争得到了全国各地人民的积极响应和支持。1925 年 6 月，香港和广州沙面工人为了支援上海人民的五卅反帝爱国运动和争取自身的政治经济权利，在中国共产党领导下举行了规模宏大的省港大罢工。香港海员、电车、印刷、装卸、机器、船坞等 10 多万工人举行大罢工。23 日，广州罢工工人和各界群众共 10 万多人举行集会，追悼上海死难同胞，抗议帝国主义暴行。会后举行示威游行。当游行队伍途经沙基路时，突然遭到英法军警机关枪扫射，死亡 50 多人，重伤 170 多人，轻伤不计其数。这就是骇人听闻的"沙基惨案"。

"沙基惨案"的发生，进一步激起中国人民的民族义愤，更多的工人加入罢工行列，省港罢工人数达 25 万。中国共产党为了加强对罢工斗争的领导，组成了省港罢工委员会，苏兆征为委员长，聘请廖仲恺、邓中夏等人为顾问。组建了 2 000 多人的工人武装纠察队，团结沿海的农民群众，对香港实行封锁，使香港交通断绝，工厂停工，商店关门，物资供应困难，物价飞涨，垃圾粪便没人打扫，使香港成了"臭港""死港"，在政治、经济上给英帝国主义以沉重的打击。

省港大罢工从 1925 年 6 月始到 1926 年 10 月北伐战争开始止，历时 16 个月，是世界工人运动史上时间最长的一次罢工，再次显示了中国工人阶级的伟大力量。它沉重地打击了英帝国主义，促进了反帝爱国统一战线的发展，促进了广东革命根据地的统一和巩固，同时为北伐战争准备了一定的群众基础。

苏兆征在省港罢工的酝酿与发动过程中起到了重要的领导和组织作用。鉴于中国共产党在香港工人中的领导力量比较薄弱，中国共产党专门派邓中夏等人到香港与苏兆征一起组织发动罢工。他们深入工人群众进行宣传发动,工人们表示支持罢工,并一致推举苏兆征为罢工委员会委员长。而选举时,苏兆征并没有在场,可见罢工工人对苏兆征的信任拥戴以及他在工人群众中的威望。

1926年5月1日,在广州召开了第三次全国劳动大会,苏兆征与李立三、刘少奇等共同主持大会。大会对苏兆征在我国工人运动中所作出的卓越贡献给予了高度的赞扬,与会者一致选举苏兆征为全国总工会执委会委员长,苏兆征成为全国工人拥戴的领袖。

1927年蒋介石、汪精卫相继发动"四一二""七一五"反革命政变,国民大革命失败。在白色恐怖下,苏兆征参加了南昌起义准备工作以及"八七"会议一些文件的起草和修改工作,并在"八七"会议上被选为中央政治局常委,分管工委工作。当时,白色恐怖笼罩着广州,蒋介石集团实行极其残酷的屠杀政策,一批批共产党人和革命分子惨遭杀害。但苏兆征不顾个人安危,勇挑重担,机智沉着地在险恶环境中工作,表现出了共产党人不怕牺牲的大无畏的革命精神。1927年12月,苏兆征先是参加了研究和制定举行广州起义的计划,后奉党中央之命赶赴湖北工作,因此他未能直接参加指挥广州起义。但由于他在广大工农群众中享有崇高威望,因而他仍被推选为广州工农民主政府主席。

1928年6月至7月,苏兆征出席在莫斯科召开的中共六大,他与任弼时、周恩来、毛泽东、彭湃等23人当选为六届中央委员。六届一中全会上,苏兆征与周恩来等7人当选为中央政治局委员,并由苏兆征、向忠发、项英、周恩来等8人组成中央政治局常务委员会,苏兆征担任中央工委书记职务。

长期艰苦的斗争环境,忘我的紧张工作,苏兆征终于积劳成疾,患了阑尾炎。1929年2月上旬,苏兆征从莫斯科回到了上海。他不顾长途跋涉的劳累和病情,立即投入工作。由于拖延了医治时间,他的病情恶化。当周恩来、李立三、邓小平、邓颖超等闻讯赶到医院时,苏兆征已处于弥留状态,他用微弱的声音断断续续地说着:"大家共同努力奋斗。大家同心协力起来。一致合作,达到我们最后成功。"① 站在旁边的邓颖超从怀中取出笔,迅速地把苏兆征的遗言记录下来,然后送交给党中央。

1929年2月25日,因抢救无效,苏兆征去世,年仅44岁。他为中华民族的解放,战斗不息,毫无保留地献出了自己宝贵的生命。1929年2月,中共中央政治局向全党发出了悼念苏兆征不幸逝世的通告。通告指出:苏兆征同志在工作中充分表现了无产阶级的艰苦卓绝精神和坚决的政治意识,他的革命精神是全党的模范,全党要学习苏兆征的革命精神,向前奋斗。各地党组织纷纷通过各种方式举行悼念活动,纪念这位中国共产党的优秀党员和杰出的工人运动领导人。

如今,在珠海市香洲海滨海霞广场的草坪上,矗立着一座高达数米的铜像,他就是中国共产党早期领导人、杰出的工运领袖苏兆征。苏兆征故居在珠海市唐家镇淇澳村,为青砖土木构筑的平房。故居内现陈列苏兆征当年用过的灯盏、瓷碟、铁茶壶等生活用品及其从事革命活动的部分照片。2009年9月14日,苏兆征被评为"100位为新中国成立作出突出贡献的英雄模范"。

三、"工运领袖苏兆征"故事讲评中的思想政治教育

1. 不畏艰难、不顾疲劳、全力以赴的斗争精神

香港中国海员长期遭受英帝国主义殖民统治者和资本家、包工头的残酷剥削压迫及种族歧视,他们不但工作时间长、劳动强度大,而且工资微薄,与白人海员同工不同酬,还经常被打骂、凌辱及克扣工资,且随时有被无故开除的危险。1922年1月,香港的中国海员在苏兆征、林伟民等领导下举行了声势浩大的大罢工。罢工中,苏兆征与林伟民等坚持原则,同轮船资方及香港当局进行谈判,展开面对面的斗争,处处维护海员的根本利益,不被港英当局的高压政策所吓倒。苏兆征面对罢工斗争中的大量工作,总是废寝忘食、任劳任怨地予以完成。他不被困难所吓倒,紧紧依靠全体海员,团结全港工人,争取

---
① 《革命烈士书信》,北京:中国青年出版社,1980年版,第55页。

国内外各界群众的广泛同情与支持，使港英当局与轮船资本家陷于困境。香港政府与英国资产阶级为摆脱困境，悍然使用血腥镇压政策，制造了震惊中外的"沙田惨案"。惨案发生后，香港海员工人在苏兆征领导下愤怒声讨英帝国主义屠杀中国人民的罪行，并向国内外人民揭露"沙田惨案"的真相。香港海员工人同仇敌忾，坚持抗争，终于迫使港英当局不得不接受海员工人提出的各项条件。香港海员工人的正义斗争取得了伟大胜利，沉重地打击了英帝国主义的嚣张气焰，推动了中国工人运动的发展。苏兆征在震惊中外的香港海员大罢工中充分显示出了英勇顽强的革命斗争精神。

1925年6月，省港大罢工爆发后，中国共产党加强了对大罢工的领导。苏兆征、邓中夏在广州召开广州、香港、沙面各工会代表大会，成立了省港罢工委员会，以罢工、排斥英货、封锁香港3项措施与港英当局展开斗争，并组建了一支2 000多人的工人武装纠察队，严密封锁香港，使香港成了"臭港""死港"。省港大罢工是国共第一次合作下的一次成功的反帝罢工斗争，它前后坚持了16个月，是世界工人运动史上坚持时间最长的一次罢工。苏兆征在省港大罢工中表现出的不畏艰难、不顾疲劳、据理力争的革命斗争精神，赢得了广大罢工工人和人民群众的敬佩和拥戴。

2. 立场坚定、爱憎分明、大公无私的高尚品格

苏兆征对帝国主义侵略者无比憎恨，对广大工人群众充满无限热爱之情。在省港大罢工期间，苏兆征时刻关心着罢工工人的切身利益。他懂得要使广大罢工工人始终保持旺盛斗志，就必须充分做好群众的思想工作，同时要十分重视他们的切身利益和切实安排好他们的生活，及时妥善解决存在的实际问题，这样才能真正调动他们的积极性，同仇敌忾地坚持反帝罢工斗争。苏兆征经常嘱咐工作人员说："我们应该十分重视安排好工友们的生活问题。只有工友们生活上无后顾之忧，情绪饱满，才能够斗志旺盛地与帝国主义做斗争。要是这些事情办不好，反过来就会给帝国主义者以可乘之机，

使罢工斗争招致不必要的损失。"① 例如，苏兆征十分重视罢工工人的伙食问题，经常深入工人中了解具体情况，发现问题及时想办法解决，还专门制定了各区饭堂《用膳条例》，对如何处理好伙食问题做出明确规定。经过苏兆征等人的不断努力改进，伙食越办越好，除罢工工人本身外，其家属的食宿问题也由罢工委员会负责妥善安排，以使罢工工人无后顾无忧，一心一意地坚持反英罢工斗争。在罢工中，由于居留广州的罢工工人人数较多，苏兆征还为为罢工工人们筹措御寒被服而到处奔波。经过苏兆征等人的宣传发动，不少机构和企业热烈响应捐献，罢工工人及时领到了御寒衣物，感到十分温暖，激动地称呼这些棉衣为"万岁衣"，并深深感谢罢工工人的好当家人苏兆征。苏兆征对罢工工人的住宿、罢工工人及其家属的身体健康以及罢工工人子弟的读书和学习文化知识等问题都关怀备至，而对待自己和家属却十分严格。他妻子带着两个孩子，一家人住在一间屋子里。他们的生活待遇与其他罢工工人完全一样，并没有因为苏兆征是罢工领导人而享受特殊的生活待遇。他始终保持着大公无私、任劳任怨、艰苦朴素，与罢工工人同甘共苦的高尚品质和优良作风。工人们对此十分感动，称赞苏兆征立场坚定，爱憎分明，大公无私，是工人群众最信赖的当家人。

3. 与战友之间有着崇高而深厚的革命情谊

苏兆征与邓中夏在多次领导罢工斗争中，真诚合作，互敬互重，关系十分融洽。苏兆征对邓中夏的丰富斗争经验和高超的领导水平非常钦佩，而邓中夏也十分尊重苏兆征，有关罢工斗争的事情都主动与苏兆征商量解决。何潮在《回忆苏兆征同志几件事》中说："邓中夏能说会写，苏兆征在工人中有威信，两人一配合，力量就更大了。在领导罢工中，邓中夏与苏兆征两个人是分不开的。他们好像左右手一样，互相帮助。如果没有苏兆征在海员和香港各工会中的崇高威信，邓中夏很可能发动不起这次罢工；但如果没有邓中夏

---

① 对方世林、刘达潮等老海员工人访问中的记录，1959年。

的雄才大略,苏兆征一个人也难以应付如此复杂的局面。"①

苏兆征与林伟民之间的革命情谊也十分深厚。在香港海员大罢工中,两人同甘共苦,并肩战斗,紧密配合,带领海员坚持斗争,取得了罢工斗争的胜利。在省港罢工中,林伟民腿部患了骨结核,长期住在医院就医。苏兆征不仅对林伟民关心照顾,还关心林伟民孩子的学习和生活,使林伟民解除了后顾之忧。他们之间这种深厚诚挚的革命情谊,也为罢工工人所广泛传颂。曾任省港罢工委员会顾问的黄平后来回忆说:"苏兆征与林伟民都是香山人,都是最诚实可靠的人,都是深受帝国主义压迫和剥削的老海员。他们追求的不仅是为了改良生活,而是坚信孙中山所指出的民族革命道路。""兆征和伟民两同志以二人之力在党的领导下把我国第一个大工会即香港海员工会带到赤色工会方面来,成为中华全国总工会的有力支柱,并不顾帝国主义的迫害而加入了赤色职工国际;又以海员工会为先锋带动香港工人起来罢工抗议'五卅'惨案,举行了省港大罢工。这是苏兆征和林伟民两同志对党、对革命不朽的功绩,在历史上写下了光辉的一页。"另外,苏兆征与廖仲恺、宋夫龄、李森等在战斗中也结下了崇高而深厚的革命情谊。

第三节 北伐先锋,彪炳千秋

在中国革命史上,"叶挺独立团"是一个光荣的名称,是勇敢顽强精神的象征。该团成立于1925年11月,全称叫国民革命军第四军独立团,叶挺为团长,全团有2000多人。叶挺独立团是周恩来抽调黄埔军校毕业生中的革命青年,在国民革命军第四军中筹建的以共产党员为骨干的部队,是第一次国共合作时期由中国共产党直接

---

① 《苏兆征研究史料》,广州:广东人民出版社,1985年版,第72页。

领导的一支正规革命武装。北伐战争中,叶挺独立团作为北伐先锋,奇袭汀泗桥,大战贺胜桥,攻占武昌城,所向披靡,战绩辉煌,为国民革命军第四军赢得了"铁军"称号。叶挺独立团的丰功伟业,彪炳千秋。"铁军"的故事,至今传颂。

一、故事背景

1924年1月,中国国民党第一次全国代表大会在广州召开,大会确定了联俄、联共、扶助农工的三大政策,标志着国共合作正式建立。国共合作建立后,国民大革命运动迅速兴起。工农运动、爱国反帝运动、反军阀争民主运动以及统一广东革命根据地的斗争,几股革命洪流相互推动,向前发展,为北伐战争创造了有利条件。

十月革命胜利后,苏俄政府于1919年、1920年、1923年三次发表对华宣言,声明在尊重中国主权和放弃沙俄侵略中国所得的特权的基础上同中国进行谈判。1924年5月31日,北京政府外交总长顾维钧和苏联政府驻华全权代表加拉罕分别代表各自政府正式签订了《中俄解决悬案大纲协定》。协定规定:苏联政府废除帝俄政府同中国签订的一切不平等条约,放弃帝俄政府在中国境内所得的一切租界等特权,放弃庚子赔款,取消治外法权和领事裁判权,取消中东铁路方面除商务以外的一切特权。这是鸦片战争以来中国外交史上的第一个平等条约,它大大鼓舞了中国人民的反帝斗争热情。一场要求全面废除一切不平等条约的运动由此兴起。

自1924年7月开始,北京、上海、天津、武汉、济南、广州、杭州以及湖南、四川等地相继成立反帝大同盟,召开群众大会,开展废除不平等条约运动。9月,北京反帝大同盟发起全国性反帝运动周,激发民众的民族自尊心,进行反帝废约宣传。全国各地召开群众大会,反帝运动达到高潮。中国共产党人在废除不平等条约运动中起了积极的作用。1924年11月,孙中山北上后,废除不平等条约运动和召开国民会议运动结合起来,形成了更为浩大的群众运动。

国民会议运动是一次大规模反军阀争民主的运动。1923年7月,中国共产党在《第二次对时局的主张》中提出"召开国民会议,结束军阀统治"的主张,孙中山在《北上宣言》中积极支持并重申这一主张。提出:召开国民会议,以谋祖国的和平统一和建设。这一主张得到全国民众的拥护。从12月中旬上海首先组织国民会议促成会起,全国各地纷纷成立国民会议促成会,通电表示坚决拥护国民会议,反对段祺瑞提出的善后会议。

国共合作后,一度处于低潮的工人运动以五卅运动为起点迅猛发展起来。特别是省港大罢工历时16个月,是世界工人运动史上时间最长的一次罢工,沉重地打击了英帝国主义,促进了反帝爱国统一战线的发展,促进了广东革命根据地的统一和巩固,为北伐战争准备了群众基础。

在中国共产党领导下,以湖南为中心的急风暴雨般的农民运动在全国各地迅猛发展起来。农民阶级夺取乡村政权,实行减租减息,没收土豪劣绅的土地财产,建立农民自卫武装,否定封建宗法思想和制度,改良陋习,使沉睡数千年的农村发生了翻天覆地的变化,严重动摇了封建统治的社会基础。农民运动有力地推动了北伐战争的胜利开展。

1924年10月,广东革命政府依靠黄埔学生军、一部分革命军和工农力量,平定了反革命的商团叛乱,使广东革命根据地得到初步巩固。1925年初,广东革命政府以黄埔学生军和粤军许崇智部为主力第一次东征军阀陈炯明,革命军在东江农民支持下占领了东江的潮州和梅县。但由于滇军杨希闵和桂军刘震寰叛乱,革命军回师平叛。

1925年7月1日,广东革命政府由大元帅府改组为国民政府,汪精卫任主席。国民政府成立后,取消地方军番号,组建统一的国民革命军。10月,国民政府第二次东征陈炯明,以蒋介石为国民革命军总指挥,在省港大罢工工人和东江农民的配合下,很快收复了东江地区,全歼陈炯明军。第二次东征的同时,国民革命军还南讨邓本殷,于1926年2月在海南岛全歼邓本殷残部。至此,广东革命根据地获得统一。同时,李宗仁等统一广西,两广实现统一。广东革命根据地的巩固和统一,为出师北伐准备了条件。

此时,革命统一战线内部共产党、国民党左派与国民党右派的斗争越来越激烈。尽管如此，由于打倒军阀是全国各阶层民众的共同呼声，加之两广境内旧军阀势力已被清除，国民政府有了稳固的后方根据地，实现了军政、民政、财政的统一，国民革命军不断壮大，约有10万兵力，北伐时机已经成熟。这样，在国共双方共同推动和苏联支持下，1926年7月，北伐战争正式开始。北伐战争中涌现出了许多动人的英雄故事，但其中最为突出的是"铁军"，即北伐先锋叶挺独立团。

二、故事简介

1924年11月，周恩来和中共广东区委在取得孙中山同意之后，从黄埔军校第一期毕业生中抽调部分党团员作为骨干，组成陆海军大元帅府铁甲车队，后改名为国民政府铁甲车队。1925年，中共广东区委在中共中央和苏联顾问的指导和帮助下开始对旧军队进行改造，将大批共产党员、共青团员以及在工农运动中涌现出来的积极分子输送到军队中。在此期间，中共广东区委决定建立一支由共产党人直接领导的正规军队作为国民革命军的中坚力量。

1925年3月，孙中山逝世，国民党内部分化加剧。国民党右派与国民党左派、共产党之间关于统一战线中领导权问题的斗争越来越激烈。国民党右派制造各种事端打击、削弱国民党左派和共产党在统一战线中的力量。国民党左派领袖廖仲恺一再强调："中国共产党党员之加入中国国民党系为接受本党之主义政纲，而负实行国民革命之责任者。本党为使国民革命迅速成功，不能拒绝任何派别之革命主义者加入。"① 因此，国民党左派积极支持共产党领导工农革命，建立革命武装。加之苏联顾问鲍罗廷在国民党中威信很高，在他的积极支持下，1925年秋，中共广东区委周恩来、陈延年等同志经过与国民党中央委员会、国民政府商议，决定在国民革命军第四军中建立一支独立团。当时，周恩来同志对到中共广东区委汇报工

---

① 中共广东省委党史研究委员会1984年12月编：广东党史资料丛刊《第一次国共合作研究资料》,，第246页。

作的铁甲车队党代表廖乾吾及随行的党员魏鉴贤说:"我们要建立一支党直接领导的正规军队,现在准备一批干部组建独立团。你们铁甲车队大部分同志都要到独立团去,还要从黄埔军校抽一部分同志去,但主要还是你们铁甲车队。"①这样,1925年11月21日,国民革命军第四军独立团在广东肇庆成立,团部设在肇庆阅江楼,全团有2 100多人,由叶挺任团长,故称"叶挺独立团"。叶挺独立团的干部主要来自于铁甲车队,其余是由黄埔军校政治部主任周恩来从黄埔军校调来的一批军事干部,他们都是共产党员和共青团员。连以上干部都由周恩来挑选优秀共产党员担任。士兵主要由在湖南、广东、广西招收的农民及由工厂、矿山党组织介绍来的工人组成。该团第一营营长为周士第(原任陆海军大元帅府铁甲车队队长),第二营营长为贺声洋,第三营营长为杨林等。"独立团内没有国民党的组织,只有共产党的组织。"②。军队中设立共产党的组织,这不仅是国民革命军中所没有的,也是中共军队中最早的。

  1926年5月1日,独立团从广东肇庆出发,途经广州时,周恩来在叶家祠召开了独立团连以上党员干部会议。周恩来在分析了北伐的有利条件后,宣布了党决定由独立团担任北伐先遣队的任务。接着又指示独立团在战斗中要起先锋、模范作用,要坚决地完成战斗任务,要注意发动群众。1926年7月9日,北伐军分三路从广东出师北伐。叶挺独立团作为北伐先锋于1926年5月底进入北伐主战场——两湖战场,打击直系军阀吴佩孚势力。

  攸县战役,首战告捷。1926年5月底,叶挺独立团作为北伐先锋率先由广东进入湖南。到达湖南汝城附近时,在共产党组织的侦探队和向导队、狙击队的协助下,经过一夜激战,将敌人击溃,旗开得胜,占领汝城。接着,叶挺率独立团主力增援右翼黄茅铺,并

---

  ① 魏鉴贤:《回忆周恩来同志关心独立团建设片断》,载《肇庆市党史资料》,第3期,第14-15页。

  ② 饶卫华:《我所了解的叶挺独立团》,载《肇庆市党史资料》,第3期,第11-13页。

得到当地共产党组织和农民的积极协助。6月4日拂晓，向敌人发起全线出击，敌人纷纷向北溃退，独立团乘胜追击。6月5日，攻克攸县。叶挺独立团以一团之众战胜四倍之敌，首战告捷，鼓舞了士气和民心，挽救了湖南战局，增强了北伐各军的胜利信心，为北伐各军进入湖南创造了有利的条件。

醴陵战役。叶挺独立团攻克攸县后作了短暂的休整。根据醴陵作战计划，独立团在左翼，经泗汾桥向醴陵推进。7月10日拂晓，战斗打响。叶挺独立团在当地共产党组织和农民侦探队、向导队引路下，一部分从泗汾桥左侧徒步渡河到北岸，侧击敌人，而主力沿攸县向醴陵大道前进，在泗汾桥与敌军谢文炳部2 000余人相遇，展开反复争夺战，最后，独立团击溃敌军。叶挺独立团攻占泗汾桥后乘胜追击，经过一天激战，攻克醴陵城。醴陵战役胜利后，北伐军在当地农民的帮助下，于7月12日攻克长沙，敌军被迫向平江、岳州方向退却。

平江战役。叶挺独立团攻克长沙后新组建了一个特别大队和一个补充营，对部队进行了整顿与扩编。8月19日，开始攻打平江。吴佩孚以重兵一万多人防守平江，还在平江、汨罗江南岸高地构筑坚固工事，在主要道路上布有地雷，并以野炮、山炮控制主要道路和地段。由于工农群众积极帮助侦察，北伐军掌握了敌情和地形，于是独立团从小路迅速渡过汨罗江到达北岸，绕到敌人后侧，协同兄弟部队突然出击攻下平江城，又迅速渡回汨罗江南岸，向敌人天岳山、鲁肃山、审思岭、童子岭等四个主要阵地侧后攻击，使敌军全线崩溃。这次战斗，北伐军在工农群众大力支援下，以很小的牺牲取得很大的战果，歼灭大部守敌，占领了平江。

汀泗桥战役。北伐军攻克湖南后，为了打开通往武汉的道路，肃清湖北境内的军阀，北伐军兵分几路向武汉挺进。汀泗桥镇是当时粤汉铁路线上的一个小镇，是咸宁的南大门，也是通往武汉的必经要隘。叶挺独立团所在的北伐军第四军从湖南进入湖北后，一直追敌至咸宁汀泗桥，与敌展开激战，史称汀泗桥战役。镇东有一片比较陡峭和起伏连绵的山冈，敌军的阵地就设在这片山冈之上。汀泗河蜿转曲折自西南向北斜穿汀泗桥镇。为阻止北伐军向北挺进，敌军在汀泗桥一带集中了两万兵力。8月25日，北伐军从正面进攻汀泗桥，从清晨激战至黄昏，没有进展。叶挺在当地农民帮助下，得知东面大山有一条小路可绕过汀泗桥，于是便派独立团一部分将士从东面小路绕到敌人背后，出其不意进行攻击，夺取了汀泗桥最高峰上的敌人阵地，并用猛烈火力向汀泗桥附近敌人的阵地射击。经过日夜战斗，8月27日下午，占领汀泗桥。汀泗桥战役中北伐军共俘敌方军官157人，士兵2 296人，缴获了大量枪支弹药。汀泗桥战役的胜利，挫败了吴佩孚的气焰，动摇了孙传芳的军心，振奋了北伐军的士气，为贺胜桥战役、武昌战役的胜利打下了基础。

贺胜桥战役。8月27日，叶挺独立团攻克咸宁后，向贺胜桥乘胜追击。贺胜桥地势险要，是湖北南部第二门户要冲。吴佩孚在此集中两万多兵力，布下三道防线，构筑纵深5公里的防御体系，并在每个山头构筑环形工事进行顽抗。8月30日拂晓，北伐军向贺胜桥发起进攻，叶挺独立团担任正面沿铁路攻击的任务。叶挺指挥独立团战士迅猛地突破敌人的前沿阵地，向纵深展开。第二营营长共产党员许继慎身负重伤，但他仍坚持指挥，顶住敌人的反攻，一直等到友军赶来，粉碎了敌人的进攻。北伐军连续攻破吴佩孚苦心经营的三道防线，占领了贺胜桥。贺胜桥战役打败了吴佩孚亲自指挥的敌军主力，打开了武汉的最后一道大门，为北伐战争奠定了胜利的基础。

武昌战役。武昌位于长江南岸，为武汉三镇之一，是华中地区的交通枢纽、湖北省的政治中心。武昌地势险要，易守难攻，为军事上必争之地。贺胜桥战役后，吴佩孚逃回武汉，调集全部有生力量，加筑防御工事，企图依赖长江天险和武昌的高墙深沟，负隅顽抗。1926年9月1日，北伐军进抵武昌城下，独立团担任东南面的攻击和围困任务。3日和5日，北伐军发起两次攻城战斗，均未奏效。但独立团官兵轮番强攻，虽死伤惨重，但仍前仆后继。"城虽未下，而此和大无畏之精神，已足以吓破敌胆矣。"[①] 北伐军于6日、7

---

① 《叶挺独立团史料》，广州：广东人民出版社，1991年版，第230页。

日相继占领汉阳、汉口，武昌成为一座孤城，处于北伐军四面包围之中。敌人多次突围，均未得逞。10月10日，北伐军第四军在城内投诚部队的内应配合下，再度攻城。独立团投入全部兵力猛攻，由通湘门附近爬墙入城，与顽敌展开巷战。经过40天的激战，叶挺独立团终于登上了武昌城，创造了北伐战争史上最为辉煌的战绩。由于中共武汉地方委员会董必武同志和陈潭秋同志在城内领导对敌斗争，对瓦解、争取敌军做了大量工作，使城内部分敌军为北伐军做内应，为攻城创造了有利条件。北伐军占领武昌后，彻底打败了北洋军阀吴佩孚，革命形势有了很大的发展。

北伐军第四军自1926年5月出师北伐至同年11月，在半年时间里，转战湘、鄂、赣三省，奔驰数千里，经历7个战役。特别是叶挺独立团为北伐先锋队，首先攻克攸县地区，掩护北伐军主力集中，在各个战役中力克强敌，勇拔坚城，战无不胜，攻无不克，起了先锋和骨干作用，对各军的影响和激励很大，对北伐战争的胜利作出了重大贡献。叶挺独立团在战争中形成了坚决、果敢、迅速、勇猛的战斗作风，军纪严明，保护群众利益。叶挺独立团战斗力最强，牺牲最巨，建功最大，为其所在的北伐军第四军赢得了"铁军"称号，为国民革命作出了重大贡献。在整个北伐过程中，叶挺独立团伤亡有1 000多人，牺牲的有600多人。叶挺独立团是中国共产党领导的第一支正规军队，为党的军队的政治、军事和组织建设积累了宝贵的经验，是人民军队的前驱。它的光辉伟绩，彪炳千秋。

三、"北伐先锋，彪炳千秋"故事讲评中的思想政治教育

1. 勇猛顽强、英勇善战、不怕牺牲、敢于胜利的意志和作风

1926年8月30日的贺胜桥战役中，叶挺独立团在杨林塘猛攻突入敌人主阵地，双方展开肉搏战，战斗十分激烈。独立团很快突破敌人防线，向纵深推进，但遭到吴佩孚部队三面炮火袭击，伤亡惨

重。第二营营长共产党员许继慎身负重伤,但他仍坚持指挥,顶住敌人的反攻,一直等到友军赶来,粉碎了敌人的进攻。由于独立团战士不怕牺牲,顽强善战,敌军全线动摇,独立团从正面攻克了吴佩孚的指挥阵地,吴佩孚仓皇逃往武昌,北伐军占领贺胜桥。在攻打武昌城时,第四军三十六团和叶挺独立团都组建了奋勇队,奋勇队的战士冒着敌军猛烈的炮火,架梯登城,与敌人展开肉搏,战况极为惨烈,奋勇队三分之二的战士牺牲。独立团第一营奋勇队官兵十几人全部阵亡,第二营奋勇队继续增援,奋勇登梯攻打武昌城,死伤也过大半。独立团虽死伤惨重,但仍前仆后继。战士们不怕牺牲、敢于胜利的意志和作风,足以吓破敌胆。经过40天的激烈战斗,叶挺独立团终于登上了武昌城,创造了北伐战争史上最为辉煌的战绩。

由于武昌是华中地区交通枢纽,地势险要,易守难攻,而吴佩孚又调集了全部力量,加筑防御工事,企图依顽长江天险和武昌的高墙深沟,负隅顽抗,因此,在攻打武昌城时,叶挺独立团一营的全体战士都做好了牺牲的准备。有一位班长拿着一包衣服、几元钱和一封信到第一营营部对曹渊营长说:明天攻城了……如果我牺牲,希望营长把这封信、衣服和钱寄给我的母亲。营长曹渊觉得很为难,说:我跟你一样明天也要攻城,我也不怕死,如果我牺牲了,你的家信和东西也就无法转交给你的母亲,把它交给周廷恩书记保管吧。当班长找到周廷恩书记时,周廷恩书记也很为难,说:我也要同你们一起去攻城!如果我牺牲了,你的家信和东西也仍然无法转交给你的母亲。其实,叶挺独立团第一营的战士们都和这个班长一样,做好了牺牲的准备,自动给家里写信,留下自己的物品。第一营战士们在攻城时个个奋勇杀敌,多数壮烈牺牲。因此,不怕牺牲、敢于胜利、百折不挠的铁的意志,勇猛顽强、英勇善战、所向无敌的铁的作风是叶挺独立团战胜强敌的保证。

2. 秋毫无犯、军民一心的铁的纪律

北伐战争中,由于叶挺独立团秋毫无犯,保护人民群众的利益,获得人民群众的大力支持，因而军民能一心对敌。在攻打平江的战役中，由于平江城是湖南境内通往湖北的一个军事重镇，也是北伐军北伐的一个重要关口，所以吴佩孚以重兵防守平江，还在平江、汨罗江南岸高地构筑坚固工事，在主要道路上布有地雷，攻城难度很大。但第四军和叶挺独立团得到了当地百姓的积极帮助和支持，他们侦察敌情和地形，使北伐军对敌情和地形了如指掌。叶挺独立团听从当地老百姓的建议，在村民带领下隐蔽地从小路进入距平江城约10公里的止马铺附近淌水过江，经过1个多小时，独立团的2 000多名战士全部渡过汨罗江到达北岸，绕到敌人后侧，向敌人发起猛烈进攻，使敌军全线崩溃。在工农群众大力支援下，这次战斗以很小的牺牲取得重大战果，守敌大部被歼，北伐军占领了平江。汀泗桥战役中，叶挺在当地农民的帮助下，得知东面大山有一条小路可以绕过汀泗桥，于是便派独立团一部分将士从东面小路绕到敌人背后，出其不意地发动进攻，夺取了汀泗桥最高峰上的敌人阵地，为获得汀泗桥战役的胜利打下了坚实的基础。叶挺独立团秋毫无犯，纪律严明，保护了群众的利益，军民一心，是叶挺独立团战胜强敌的又一保证。

　　铁军精神就是听党指挥、忠于人民、坚贞不渝的铁的信念，不怕牺牲、敢于胜利、百折不挠的铁的意志，军民一致、官兵一致、牢不可破的铁的团结，令行禁止、执纪严明、秋毫无犯的铁的纪律，勇猛顽强、英勇善战、所向无敌的铁的作风。铁军精神是在长期的革命和建设实践中逐步培育形成的，是指引青年人攻坚克难、团结奋斗的传家宝。铁军精神是与艰苦、牺牲、奉献相伴，是以爱国主义为基础，以共产主义理想为动力，以挽救民族危亡为职责的。虽然我国现在已进入了全面建设小康社会和中国特色的社会主义新时代，但铁军精神依然是不可多得的精神财富。在新的历史时期，传承铁军精神，对全面推进我国社会主义现代化建设有着十分重要的意义。在当代，由铁的信念、铁的纪律、铁的意志等方面构成的铁军精神仍然具有强大的生命力。

第二章 土地革命战争时期历史故事讲评中的思想政治教育

第一节 红色特工钱壮飞

1931年4月24日,中央特科总负责人、主管中国共产党地下情报工作的中央重要领导人顾顺章,在途经武汉返回上海时被捕叛变。在这极其危急的关键时刻,有人及时将"顾顺章已经叛变"这一绝密消息传递出来,及时报告给周恩来,使党中央避免了一场毁灭性的大灾难。此人就是被称为"龙潭三杰"之一的红色特工——钱壮飞。

一、故事背景

1927年4月12日,蒋介石在上海发动了"四一二"反革命政变,残酷屠杀中国共产党党员和革命群众。仅3天时间即有300多人被杀,500多人被捕,5 000多人失踪。"四一二"反革命政变后,国民大革命局部失败。1927年7月15日,汪精卫不顾国民党左派宋庆龄、邓演达等人的坚决反对,在武汉召开分共会议,公开背叛革命,疯狂屠杀共产党员和革命群众。至此,第一次国共合作彻底破裂,国民大革命全面失败。白色恐怖笼罩着全国城乡,中国革命转入低潮,中国共产党遇到了前所未有的困难。

大革命失败后,中国共产党及其领导的革命运动遭到严厉镇压。

共产党被宣布为"非法",加入共产党成为最大的"犯罪",共产党的组织遭到严重的破坏,中共的活动不得不转入地下。为了彻底消灭共产党,1928年2月召开的国民党二届四中全会通过的《制止共党阴谋案》称:"凡经审察确为属于共党之理论方法机关运动者,均应积极铲除,或预为防范。"2月29日,国民党中央政治会议第130次会议通过《暂行反革命治罪法》,规定对"意图颠覆中国国民党及国民政府,或破坏三民主义而起暴动者",分别处以死刑、无期徒刑或有期徒刑。大批共产党员、共青团员、进步人士和革命群众惨遭逮捕、监禁和杀害。许多优秀的党的领导干部和活动家英勇牺牲。"从1927年3月到1928年上半年,被杀害的共产党员和革命群众达31万多人,其中共产党员26 000多人。"① 汪寿华、萧楚女、熊雄、陈延年、赵世炎、夏明翰、郭亮、罗亦农、向警予、陈乔年、周文雍等党的重要活动家先后牺牲。"全党党员人数由1927年5月中共五大时的57 900多人锐减到10 000多人"。②

在严峻的考验面前,中国共产党人表现出了坚定的革命立场和大无畏的英雄气概,许多共产党人以自己的鲜血和生命捍卫了共产主义的信念。全国农民协会秘书长夏明翰在就义前的绝命诗中写道:"砍头不要紧,只要主义真。杀了夏明翰,还有后来人。"广州起义领导人之一的周文雍在狱中写道:"头可断,肢可折,革命精神不可灭。壮士头颅为党落,好汉身躯为群裂。"并与一同遇害的女共产党员陈铁军举行了刑场上的婚礼。从他们身上,我们看到了中国共产党人在白色恐怖下并没有被吓倒、征服和杀绝。正如毛泽东主席所说:"他们从地下爬起来,揩干净身上的血迹,掩埋好同伴的尸首,又继续投入战斗了。"在革命危急时刻,追求进步、坚持真理的人士毫不犹豫地加入中国共产党。如年逾半百的教育家徐特立,文学家郭沫若,在国民革命军中担任过领导职务的贺龙、彭德怀等。

大革命失败后,各地的工会、农民协会等革命群众组织被查禁,

---

① 《中国近现代史纲要》北京:高等教育出版社,2007年版,第97页。
② 《中国近现代史纲要》北京:高等教育出版社,2007年版,第97页。

活动被禁止和镇压。工会会员从大革命高潮时期的 300 万人锐减到 7 万人左右，1 000 多万人的农会会员基本上被解散。从阶级关系上，民族资产阶级中一部分人在大革命失败后倒向大地主、大资产阶级一边，附和大资产阶级，成为国民党的帮凶；一部分上层小资产阶级动摇，离开了革命。因此，革命的力量只剩下了无产阶级、农民阶级和其他小资产阶级。反革命的力量大大超过了有组织的革命力量。革命形势处于低潮。

大革命失败以后，国民党已经不再是工人阶级、农民阶级、城市小资产阶级和民族资产阶级的革命联盟，而是变成了一个由代表地主阶级、买办性的大资产阶级利益的反动集团所控制的政党。国民党所实行的是代表地主阶级、买办性的大资产阶级利益的一党专政和军事独裁统治，维护帝国主义、封建主义、官僚资本主义的利益。因此，中国人民要争得民族独立和自身解放，就必须同这个反动统治作坚决的斗争。

1927 年 8 月 7 日，中共中央在汉口秘密召开紧急会议，即"八七"会议。会议彻底清算了陈独秀右倾机会主义的错误，确定了开展土地革命和武装反抗国民党反动统治的总方针。选出了以瞿秋白为书记的临时中央政治局。毛泽东在会上提出"政权是由枪杆子中取得的"的主张。"八七"会议及时纠正了右倾机会主义错误，重建了中央领导机关，明确了党在新时期的斗争方针，给处在思想混乱和组织涣散中的中国共产党人指明了前进方向。中国革命从此进入到土地革命战争时期。

从 1927 年大革命失败到 1928 年初，中国共产党先后在海陆丰、琼崖、鄂豫边、赣西南、赣东北、湘南、湘鄂西、闽西、陕西等地区领导了近百次武装起义。其中具有代表性的有：1927 年 8 月 1 日，以周恩来为书记的前敌委员会及贺龙、叶挺、朱德、刘伯承等人领导的南昌起义，打响了武装反抗国民党反动统治的第一枪。这是中国共产党独立领导革命战争、创建人民军队和武装夺取政权的开端。9 月 9 日，毛泽东、卢德铭等领导的湘赣边界秋收起义，公开打出了"工农革命军"的旗帜，并向敌人力量比较薄弱的农村进军，创建了第一块农村革命根据地——井冈山革命根据地,开始了对中国革命新道路的探索。中共中央继续留在上海,党的工作重心仍然放在中心城市。但是,中国共产党发动的所有以占领中心城市为目标的起义很快都失败了。

随着以农村包围城市的革命新道路的开辟,中国革命开始走向复兴,中国共产党领导的红军和根据地逐步发展起来。到1930年初,共产党领导人民群众建立了大小十几块农村根据地,红军发展到7万人,连同地方武装共约10万人。重要的根据地有赣南、闽西、湘鄂西、鄂豫皖、闽浙赣、湘鄂赣、湘赣、广西的左右江、广东的东江和琼崖等。

红军和根据地的存在和发展,使国民党统治当局感到震惊和恐慌。蒋介石集中重兵对红军和根据地不断地进行"围剿",同时更残酷地屠杀共产党人和革命群众。钱壮飞的故事就发生在此时国民党反动派的白色恐怖下,他坚持共产主义信仰,巧妙地战斗在敌人的心脏,为保卫中共中央机关的安全和根据地作出了重大贡献。

二、故事简介

钱壮飞,男,1895年生于浙江省湖州一个商人家庭。原名钱壮秋,亦名钱潮。6岁进洋学堂读书,学业优异,每次考试都名列前茅。12岁进入浙江省立第三中学(今湖州中学),1915年考入北京医科专门学校,1919年毕业后在医院工作,且在一所美术学校兼授人体解剖学,还在京绥铁路附设医院和一家小报馆工作过,曾与人办过"光华电影公司",擅长书法、绘画和无线电技术。1925年加入中国共产党。1934年10月参加长征。1935年遵义会议后被任命为红军总政治部副秘书长。同年4月牺牲于贵州息烽一带,时年39岁。

钱壮飞于1925年加入中国共产党后以医生职业为掩护,从事党的宣传工作。1927年大革命失败,蒋介石、汪精卫在南方大肆屠杀共产党人和革命群众,张作霖在北方与之相呼应,将李大钊等优秀共产党员逮捕杀害,中华大地一片白色恐怖。1927年冬,钱壮飞身份暴露,遭到北洋政府通缉追捕。钱壮飞撤离北平,只身来到上海。

"四一二"反革命政变后,迫于形势的需要,1927年5月,时任军事委员会书记的周恩来在武汉主持成立特务工作处,以情报工作为主,下设特务、情报、保卫等部门。1927年9月,党中央机关由武汉迁往上海。此时,周恩来开始筹建中共中央特别行动科,简称"中央特科"。

1928年,钱壮飞在报上看到上海国际无线电训练班招考广告,他以第一名的考试成绩被上海国际无线电训练班录取。钱壮飞无意中进入的这个训练班,属于国民党中统新建的特务组织。钱壮飞在训练班学习期间,国际无线电管理局局长、国民党中统最大的特务头子徐恩曾得知钱壮飞既是同乡,也是校友,且才华出众,便提出调钱壮飞为他的机要秘书。钱壮飞感到关系重大,马上向党中央请示。周恩来认为机会难得,提出要将国民党的特务组织拿过来为我党服务。于是,钱壮飞进入国民党中央组织部调查科,担任徐恩曾的机要秘书。

钱壮飞因奉公守法、勤勤恳恳的工作态度,越来越受到徐恩曾的器重,同时钱壮飞还写得一手好字和懂美术,更得徐恩曾的赏识。所以后来有人开玩笑说:蒋介石给徐恩曾的秘密指令都得先让共产党过目。周恩来还通过钱壮飞把李克农也介绍进入国民党中央调查科,被派驻上海无线电管理局,而胡底也进入调查科天津机关电台工作。中共隐蔽战线赫赫有名的"龙潭三杰"铁三角雏形渐现。李克农、钱壮飞、胡底三人成立了一个特别党小组,李克农任组长,中央特科情报科长陈赓负责联系。他们三人战斗在敌人心脏,互相配合,获取了国民党大量重要情报,为保卫党的机关做了大量工作。

特务头子徐恩曾虽欣赏钱壮飞的才华,但依然对其有所防范。密码本徐恩曾一直随身携带,机要电报由他本人亲自电译。钱壮飞与李克农商议后,决定从徐恩曾身上盗出密码本。有一次,钱壮飞陪徐恩曾到上海,由于徐恩曾好女色,因此,在他进入歌舞厅换衣服时,钱壮飞便把密码本拿出来,由守在外面的同志迅速拍照后,再送回徐恩曾的兜内,徐恩曾对此毫无察觉。从此,在上报给徐恩曾绝密文件的同时，周恩来的办公桌上也会有同样的一份。1930年冬到1931年2月，钱壮飞将国民党蒋介石对革命根据地发动的第一、二次军事"围剿"的命令以及相关的兵力部署等重要情报，经李克农、陈赓等报告党中央，对红军正确决策，打破国民党军队的军事"围剿"，起了重要作用。

1931年4月24日，长期负责中共中央机关保卫工作的顾顺章在武汉被捕后叛变，他要求把他送到南京，他要将在上海的中共中央机密全部供出，并保证3天内将中共中央一网打尽，他还嘱咐不要让徐恩曾身边的人知道。国民党武汉绥靖公署行营连续发了6封加急的绝密电报给国民党中央组织部调查科，这6封"徐恩曾亲译"的绝密电报交到了徐恩曾的机要秘书钱壮飞手上。好色的徐恩曾此时正在外面花天酒地。钱壮飞心想武汉那边肯定出了什么大事，于是便开始破译这6封绝密电报：第一封，黎明被捕。第二封，黎明已归顺，要面见蒋先生。第三封，请求调军舰到汉口，押解黎明赴宁。第四封，虑事十万火急，已征招商局客轮一艘，即刻押解赴宁。第五封，调查科特派员蔡孟坚飞抵南京，向钧座禀报。第六封，不要把黎明被捕自首的消息让身边的人知道，否则将中共上海地下机关一网打尽的计划就要落空。

钱壮飞知道，"黎明"是中央特科负责人顾顺章的化名，更清楚顾顺章被捕叛变的严重性。钱壮飞明白，如果不能以最快的速度把情报送给上海中央特科，党中央驻上海的秘密机关就会遭到破坏，包括周恩来在内的许多中央领导人将面临极大危险。他抬头看了一眼墙上的挂钟，已是22时，23时有一趟南京到上海的特别快车，还有1个小时。于是钱壮飞小心翼翼地将6封电报按原样一一封好，走出办公室，赶到火车站，跳上了南京开往上海的末班车。在千钧一发之际，他不顾个人安危，及时将情况报告给党中央，冷静地通知中央机关有关同志尽快撤离。26日早晨，钱壮飞若无其事地把这些密电当面交给徐恩曾后，从容不迫地离开敌营。接到钱壮飞的情报，周恩来指挥在上海的中共中央各机关立刻采取行动。在此后的两天两夜里，中共中央、江苏省委和共产国际远东局的机关立即全部转移，中央几十个秘密机关和几百名工作人员紧急搬迁……28日清晨，国民党大搜捕开始。只有时任中共中央总书记的向忠发被逮捕。当时在上海的中共中央领导人周恩来、瞿秋白、王明、博古、邓颖超、邓小平、陈云、陈赓、聂荣臻等安全从上海撤离，党中央转移到中央苏区。钱壮飞为保卫中共中央机关的安全作出了重大贡献，国民党企图3天内将中共中央机关一网打尽的如意算盘落了空。周恩来在战争期间和新中国成立后多次满怀深情地提起钱壮飞，说：如果没有钱壮飞同志，我们这些在上海工作的同志早就不在人世了。

顾顺章事件后，李克农、钱壮飞、胡北风（胡底）3同志奉命从白区转移到了中央革命根据地——江西瑞金。钱壮飞进入中央苏区后历任红一方面军保卫局长、中央革命军事委员会总参谋部第二局副局长等，仍负责情报侦察工作。他1934年10月参加长征，1935年遵义会议后被任命为红军总政治部副秘书长。1935年3月，他在红军四渡赤水、南渡乌江时牺牲在金沙、息烽一带，时年39岁。

三、"红色特工钱壮飞"故事讲评中的思想政治教育

1. 对党的无限忠诚

1931年4月24日，长期负责中共中央机关保卫工作的顾顺章在武汉被捕叛变，他要求把他送到南京，要将在上海的中共中央机密全盘供出，保证3天内将中共中央一网打尽。钱壮飞清楚顾顺章叛变的严重性，他明白如果不能以最快的速度把情报送给上海中央特科，党中央驻上海的秘密机关就会遭到破坏，周恩来、瞿秋白、王明、博古、邓颖超、邓小平等许多中央领导人将面临极大危险。于是钱壮飞立刻把情报通知给李克农，李克农立即通过陈赓通知周恩来。于是，周恩来指挥上海的几十个中共中央秘密机关和几百名工作人员紧急搬迁，中共江苏省委和共产国际远东局的机关也全部转移。钱壮飞不顾个人安危，冷静从容地为保卫中共中央机关的安全作出了重大贡献。钱壮飞的贡献，除了个人素质和献身精神外，主要取决于他对党的无限忠

诚。红色特工钱壮飞为了党的事业，深入龙潭虎穴，机智地战斗在敌人的心脏，驰骋在没有硝烟的战场，用对党的无限忠诚谱写了灿烂的人生赞歌，他的功绩将永远铭刻于史册。

2. 坚定的革命意志

1925年，钱壮飞和夫人张振华在北京加入中国共产党，以医生职业为掩护从事党的宣传工作。1927年，蒋介石、汪精卫相继背叛革命，国民大革命最终失败。在白色恐怖下，党的队伍中的一些人在政治上、思想上陷入混乱状态，党内存在着相当严重的消极情绪。一些不坚定分子动摇、悲观，登报声明脱离共产党和共青团。有的人甚至公开向敌人忏悔，攻击共产主义和共产党，出卖党的组织和同志，成了可耻的叛徒。在严峻的考验面前，钱壮飞表现出了坚定的革命立场和大无畏的英雄气概。孤身来到上海的钱壮飞虽然与党组织失去了联系，但他努力考入了国民党中央训练班，并得到了国民党中统特务头子徐恩曾的重用，为其担当机要秘书。周恩来还通过钱壮飞把李克农介绍进入国民党中央调查科，被派驻上海无线电管理局，胡底也进入调查科天津机关电台工作。李克农、钱壮飞与胡底组成特别党小组，直接归中央特科单线领导，在国民党情报系统中打进了一个"铁三角"。从这里我们不难看到，在大批共产党员、共青团员、进步人士和革命群众惨遭逮捕、监禁和杀害，中国革命转入低潮的情况下，钱壮飞表现出了英勇顽强、坚韧不屈的革命意志。他正是靠着这种坚定的革命意志及对革命的赤胆忠心，才敢在大革命失败后白色恐怖下打入国民党要害部门获取重要情报，为党工作。

第二节　彝海结盟传佳话

在大型音乐舞蹈史诗《东方红》中，有一首美妙动人的彝族歌曲："五彩云霞空中飘，天上飞来金丝鸟。……红军是咱们的亲兄弟，长征不怕路途遥。索玛花儿一朵朵，红军从咱家乡过，红军走的是革命的路，革命的花儿开在咱心窝。"一曲充满民族风情的《情深谊长》，展现了长征时红军和彝族群众结下的深厚友谊。彝海结盟，筑起了民族团结的丰碑。

一、故事背景

中国革命的复兴和发展并不是一帆风顺的。大革命失败后，在纠正陈独秀右倾机会主义错误的同时，由于对中国情况的复杂性和中国革命的长期性缺乏认识，中国共产党内开始滋长一种"左"的急躁情绪。从1927年7月大革命失败到1935年1月遵义会议召开之前，"左"倾错误先后三次在党中央的领导机关取得了统治地位。

第一次是1927年11月至1928年4月以瞿秋白为代表的"左"倾盲动主义错误，认为革命形势在不断高涨，盲目要求"创造总暴动的局面"。

第二次是1930年6月至9月以李立三为代表的"左"倾冒险主义，错误地认为中国革命乃至世界革命进入高潮，盲目要求举行全国暴动和集中红军力量攻打武汉等中心城市。

第三次是1931年1月至1935年1月以王明为代表的"左"倾教条主义。其主要错误有：其一，在中国革命性质和统一战线问题上，混淆了民主革命与社会主义革命的界限，将反帝反封建与反资产阶级并列，将民族资产阶级视为中国革命最危险的敌人，排斥和打击中间势力；其二，在革命道路问题上，坚持城市中心论；其三，在土地革命问题上，提出坚决打击富农和"地主不分田，富农分坏田"的主张；其四，在军事斗争问题上，实行进攻中的冒险主义、防御中的保守主义、退却中的逃跑主义；其五，在党内斗争和组织问题上，推行宗派主义和"残酷斗争，无情打击"的方针。

这三次"左"倾错误，尤其是以王明为代表的"左"倾教条主义错误，使中国革命受到严重挫折，使党在国统区的工作陷入一片混乱，刚刚恢复不久的白区党组织和革命力量又一次遭到惨重损失；

农村革命根据地受到严重干扰;直接导致了中央红军第五次反"围剿"作战的失败。

1933年9月,蒋介石调集了100万军队,200架飞机,自任总司令,采取"稳扎稳打,步步为营"、以碉堡推进、逐步缩小包围圈的新战略,向各根据地发动了规模空前的第五次军事"围剿",其中以50万兵力,兵分4路重点进攻中央革命根据地。第五次反"围剿"开始时,由于毛泽东被排挤,博古、李德推行王明的"左"倾冒险主义,主张"御敌于国门之外",命令红军全线出击,攻打敌人的坚固阵地,使红军遭到很大的损失。进攻受挫后,博古、李德又采取防御中的保守主义,强令红军在敌人堡垒面前构筑工事,分兵把守,处处设防,全线抵御。在敌强我弱的情况下,同敌人拼消耗,致使红军遭受重大伤亡陷入被动。红军苦战了一年,未能跳出敌人的包围圈。红军打破第五次军事"围剿"的希望完全破灭,被迫退出南方根据地实行战略转移,开始了中国历史上惊心动魄的二万五千里长征。

1934年10月10日夜间,中共中央和红军总部悄然从瑞金出发,率领红一、三、五、八、九军团连同后方机关共8.6万余人进行战略转移,向湘西进发,开始了悲壮的、前途未卜的漫漫征程。长征开始时,中央红军准备到湘西与红二、六军团会合,开辟新的根据地。长征初期,由于博古、李德犯了退却中的逃跑主义错误,使红军一直处于被动挨打的不利局面。红军虽然连续突破了敌人的三道封锁线,但损失惨重。蒋介石又在湘江一线布下了第四道封锁线,企图将中央红军消灭于湘江以东。红军经过苦战,虽然突破了第四道封锁线,渡过了湘江,但却也付出了惨痛的代价,红军和中央机关已由出发时的8.6万人锐减到3万多人。12月中旬,红军抵达湘黔边地区。此时,蒋介石已在去往湘西路上埋伏下重兵。博古、李德仍然坚持去湘西与贺龙、任弼时领导的红二、六军团会合,红军面临着全军覆没的危险。在这紧要关头,毛泽东建议放弃会师湘西的计划,改向敌人力量薄弱的贵州前进。严酷的事实教育了广大共产党员和红军指战员,他们开始对错误领导产生怀疑、不满。一些支持过"左"倾错误的中央领导人如张闻天、王稼祥等，也改变态度，转而支持毛泽东的正确主张。这样，中央红军根据毛泽东的提议，改向敌人力量薄弱的贵州前进，并于1935年1月7日占领了黔北重镇遵义。

1935年1月15日至17日，中共中央在遵义召开了政治局扩大会议。会议集中全力纠正了博古、李德等人在军事上和组织上的"左"倾错误，肯定了毛泽东的正确军事主张，取消了博古、李德的军事最高指挥权，成立了由周恩来、毛泽东、王稼祥组成的三人军事指挥小组，作为最高统帅部，负责指挥全军行动。遵义会议结束了王明"左"倾错误在中央的统治，确立了以毛泽东为代表的马克思主义的正确路线在中共中央的领导地位，挽救了党，挽救了红军，挽救了中国革命，成为中国共产党历史上一个生死攸关的转折点。

遵义会议后，鉴于敌人布防严密，中央红军决定撤离遵义，在川黔滇边和贵州省内迂回穿插。四渡赤水，中央红军灵活机动地创造战机，运动作战，各个歼敌，以少胜多，从而变被动为主动。随后，出敌不意，主力南渡乌江，直逼贵阳，然后迅速西进。5月初，抢渡金沙江，摆脱了几十万国民党军队的围追堵截，取得了战略转移中具有决定意义的胜利。由于执行了正确的民族政策，红军顺利通过大凉山彝族区，并成功抢渡大渡河。刘伯承与小叶丹歃血结盟的故事，就发生在这彝海子边。

二、故事简介

1935年5月初，中央红军抢渡金沙江成功，虽然暂时摆脱了几十万国民党军队的围追堵截，但要北渡长江，进入四川，实现与红四方面军会师进而北上抗日，还需要战胜许许多多的困难，其中首要困难就是必须迅速抢渡天险——大渡河。

5月中旬，蒋介石飞抵昆明，制定了一套企图将中央红军彻底消灭于大渡河以南的作战计划，调集中央军和川军10多万人对中央红军继续围追堵截，同时沿大渡河北岸和雅砻江西岸修筑碉堡，严防红军北进、西进以及南返。他告诫各军称：大渡河是太平天国石达开全军覆灭之地，今红军已进入给养困难的绝地，必步石达开之覆辙，命令各部努力作战，建立殊勋，让毛泽东成为第二个石达开。

中央红军当时从泸沽到大渡河有两条路可走。一条是大路，从泸沽东面翻越小相岭，经越西县城到达大树堡，在此渡过大渡河，可直逼雅安，威胁敌人四川的心脏——成都。另一条是崎岖难走的山间羊肠小路，从泸沽北面到冕宁县城，通过拖乌彝族聚居区到达大渡河边的安顺场。① 当时，人们把经过彝族地区的小路视为畏途，汉人，尤其是汉人军队要通过这一地区的可能性几乎为零。

大凉山地区聚居着一个少数民族——彝族。彝族是我国具有悠久历史和古老文化的民族，主要分布在四川、云南两省交界处的大小凉山。四川西昌等地区称大凉山，云南与四川交界处谓小凉山。冕宁县的彝族属于大凉山地区，新中国成立之前一直保持着落后的奴隶制度。当时，大凉山的彝族地区没有统一的政权，由近百个互不隶属的家支分割统治。一个家支就是一个父系血缘集团。因此，红军要通过这一地区困难重重。

为了通过彝民居住地区，抢渡大渡河，粉碎蒋介石围歼红军于大渡河以南的企图，中央军委决定组织一支先遣队。考虑到刘伯承、聂荣臻身经百战，又善于做思想政治工作，两人又都是四川人，对凉山地区的历史和彝族与汉族之间的隔阂有一定的了解，于是5月19日，中央军委任命红军总参谋长刘伯承为先遣队司令员，红一军团政委聂荣臻担任先遣队政治委员，任命红一军团政治部组织部部长肖华为群众工作队队长。红军先遣队的任务就是想尽各种办法，排除一切困难，迅速通过彝民居住地区，抢渡大渡河天险。由于历代统治阶级推行民族压迫政策，对彝族军事上"征剿"，政治上歧视，经济上掠夺，使彝族人民遭受了深重的苦难。狡黠的汉族商人经常利用彝族人民的朴实诚恳，对其进行欺诈和剥削。国民党军阀的部队又经常进行"剿讨"和抢掠。这一切，都引起了彝族人民对

---

① 杨国宇：《刘伯承军事生涯》，北京：中国青年出版社，1982年版，第92页。

汉人的敌视。在这种情况下，要顺利地通过彝族地区，不是一件容易的事情。红军先遣队领导人刘伯承、聂荣臻的压力有多大，可想而知。

先遣队临行前，毛泽东嘱咐刘伯承和聂荣臻：先遣队的任务不是去与彝族群众打仗，而是去宣传党的民族政策，用政策的感召力与彝民达到友好，争取说服他们，用和平的办法借道彝民区。只要我们模范地执行纪律和党的民族政策，取得彝族人民的信任和同情，彝民不会打我们，还会帮助我们通过彝族区。1935年5月12日，中央红军巧渡金沙江后，中央军委发出了《中国工农红军布告》："中国工农红军，解放弱小民族；一切彝汉平等，都是兄弟骨肉。可恨四川军阀，压迫彝族太毒；苛捐杂税重重，又复妄加杀戮。红军万里长征，所向势如破竹；今已来到川西，尊重彝人风俗。军纪十分严明，切莫怀疑畏缩；赶快团结起来，共把军阀驱逐。设立彝人政府，彝族管理彝族；真正平等自由，再不受人欺辱。希望努力宣传，将此广播西蜀。"①这个布告鲜明生动地宣传了中国共产党的民族政策。

5月20日，红军先遣队到达泸沽地区。5月21日，刘伯承、聂荣臻率领先遣队到达大桥镇，找好了向导和通司（即翻译）。5月22日，先遣队开始进入大凉山彝族聚居区。这里的彝族主要有三支：罗洪、倮伍、沽鸡（果基），他们遇到汉人会马上联合起来，一致对外。先遣队走到彝海子时，突然从后面额瓦方向传来枪声，涌出成百上千的彝人，他们手舞大刀、长矛和棍棒，高声吼叫着向红军扑来。工兵连所带的工具、器材被彝人抢光。此时的先遣队面临着前有包围、后有袭击的严峻局面，于是，部队停止前进，被迫退回到大桥镇，原地待命。

先遣队通过通司说明红军是为受压迫的人打天下的，此来并不打扰彝人同胞，红军刘司令统率大队人马路过此地，只是借路北上。

---

① 李勇、殷子贤编著：《中国红军编年纪实》，北京：中共中央党校出版社，1996年版，第74页。

彝族头领小叶丹此时也派他的四叔果基约达和精通汉语的河玛尔各到喇嘛房探听情况，看到红军纪律严明，态度和蔼，不像地方军阀的军队那样恶狠狠地烧杀抢掠，便消除了怀疑。小叶丹与红军群众工作队队长肖华进行了接触，对红军产生了好感和信任，愿与红军刘伯承司令结拜。

小叶丹全名为果基小叶丹，生于公元1894年（清光绪二十年）。果基家系凉山彝族传说中的两个始祖之一——曲涅之后裔，为凉山地区最大的家支之一。果基小叶丹兄弟共6人，他排行第四，自幼性情倔强、豪爽，善交际、讲义气、能言善辩，是当地彝族的政治代表、重大事件的裁决者之一。他不仅在本家族内颇有声望和号召力，而且在冕宁一带也是有影响的头人，被视为"善于辞令的尊者"。

5月22日，肖华向刘伯承、聂荣臻报告说小叶丹愿意结盟，刘伯承、聂荣臻立刻骑马来到彝海子边。下午，小叶丹带领当家娃子（即从奴隶中选拔的管家）也来到了彝海子边。果基小叶丹见刘伯承早已在此等候，便要摘牛黑帕子行磕头礼。刘伯承急忙上前扶住小叶丹，不让他叩头。两人在彝海边坐定，开始了亲切的交谈。刘伯承告诉果基小叶丹说，红军是共产党领导的军队，是为受压迫的人打天下的。共产党实行汉彝平等，同彝族是一家人，自己人不打自己人，要团结起来去打国民党军阀。刘伯承表示："我们不结盟是兄弟，结盟更是兄弟。共产党领导的红军不搞民族歧视，讲民族平等。我们这些人扛枪杆子就是为了打出一个人人平等的新世界……"① 这样，经过通司（即翻译）与精通汉语的河玛尔各做翻译，很顺利地达成了协议。于是，刘伯承与果基小叶丹欣然决定，在彝海子边打鸡吃血酒结拜兄弟。

彝海，原名"鱼海子"，彝语叫"乌勒苏泊"，意即海子，海拔2 000多米，是个高山淡水湖，面积约20万平方米，呈元宝形，四

---

① 武警政治部宣传部编：《红军长征故事选》，解放军文艺出版社，1996年版，第133页。

周山峦环抱，林木葱葱。果基小叶丹叫人找来一只鸡，刘伯承叫警卫员舀来彝海的水代酒，将鸡血滴入两个瓷盅后，出现了历史上动人的一幕。刘伯承高高地端起瓷盅，大声地发出誓言："上有天，下有地，今天我同果基小叶丹在彝海子边结为兄弟，如有反复，天诛地灭。"说完一口喝下血酒。果基小叶丹也端起瓷盅来大声说："我小叶丹同刘司令结为兄弟，愿同生死，如不守约，同这鸡一样地死去。"也一口喝干血酒。① 当天晚上，刘伯承邀请果基小叶丹叔侄一同到大桥镇，红军把街上所有的酒都买来，按价付钱收下群众送来的猪羊肉，设宴祝贺结盟。小叶丹表示，由果基家护送红军通过彝族区。刘伯承代表红军赠送武器弹药，授予小叶丹一面书写着"中国彝民红军沽鸡支队"的队旗，任命小叶丹为队长、其弟果基尔拉为副队长的委任状。

5月23日，红军先遣队由小叶丹的四叔果基约达带路护送，顺利通过100多里的彝族区，到达安顺场。随后，在小叶丹安排下，7天之内将中央红军大部队护送出彝族区。红军和平通过大凉山，为抢渡大渡河、粉碎蒋介石的战略企图赢得了宝贵时间。此后，红军的后续部队便沿着"彝海结盟"这条友谊之路，顺利地通过了敌人估计无法通过的彝区。"彝海结盟"体现了党的民族政策的胜利，体现了少数民族对红军的爱戴和军民的团结。"彝海结盟"给奇迹般的万里长征增添了光彩的一笔。

三、彝海结盟故事讲评中的思想政治教育

遵义会议后，红军在毛泽东等人领导下，为避开蒋介石重兵布防，1935年5月来到凉山，踏上了通过彝族聚居区的小道。当时凉山地区的彝族还保存着落后野蛮的奴隶制度。凉山地区彝族没有统一的政权，部落之间时常因奴隶主互相争夺土地、奴隶、牲畜而引起械斗。国民党统治时期，由于对彝族地区实行血腥的法西斯统治，极力剥削、压迫彝族同胞，所以形成了汉彝之间严重的民族隔阂、

---

① 刘伯承：《刘伯承回忆录》，上海文艺出版社，1981年版，第132页。

民族矛盾。虽然1935年5月12日中央红军司令部发出了《中国工农红军布告》说"中国工农红军，解放弱小民族；一切彝汉平等，都是兄弟骨肉"等。但国民党对彝族人民的残酷统治，使他们对汉人充满了敌意，对红军是个什么样的队伍也全不了解。1935年5月21日，刘伯承、聂荣臻率领的先遣队经过额瓦垭口时，受到彝族武装的袭击、缴械，被迫撤退回到大桥镇，原地待命，对彝族任何形式的侵袭都不予理睬和还击，严格执行民族政策。让懂彝语的向导向彝族同胞作解释宣传，说明红军是为受压迫的各族人民打天下的，此次只是借路北上，决不会与彝族人民为敌。红军战士的一言一行使小叶丹看到了共产党与国民党的本质区别，对红军产生了信任和好感，愿与红军刘伯承司令结拜，于是出现了历史上动人的彝海结盟的故事。

对"彝海结盟"，聂荣臻同志是这样回忆的："先遣队的任务，通俗点说，就是逢敌开路，遇河搭桥，特别是前面将要通过彝族区，一定要将彝民的工作做好，保证中央红军安全顺利通过……先遣队于5月21日占领了冕宁，这是一座县城，守敌已经逃跑，监狱里关了不少彝族首领。原来这是国民党统治少数民族的一种手段，彝族人民如果不听他们的话，就杀这些头头，平时就当作人质。我们放了他们，还请这些头头们喝了酒，气氛就缓和得多了。有的彝族头头懂得点汉语，我们问他们，也告诉了我们一些情况，有的还表示愿意给我们带路。但国民党对少数民族残酷统治，使他们对汉人充满了敌对情绪，民族隔阂很深，对红军是个什么样的队伍，执行的是什么政策，全不了解，所以并没有真心对待我们，仍然使先遣队碰到了许多困难；只是由于我们坚持了党的民族政策，处理得当，才比较顺利地完成了通过彝族区的任务。"①

毛泽东就彝海结盟顺利通过彝族区问刘伯承："当年诸葛亮七擒七纵，才把孟获说服了，你怎么这么短的时间就把约达说服了呢？"

---

① 聂荣臻：《聂荣臻回忆录》，北京：解放军出版社，2007年版，第232页。

刘伯承回答说:"我们靠的是正确地执行党的民族政策,是重视民族平等和民族团结的结果。"①

彝海结盟是汉彝军民结下深长情谊的历史佳话,是中国共产党执行民族平等、民族团结进步政策的典范,也是彝族人民对中国革命作出的历史贡献,它为当年红军强渡大渡河、飞夺泸定桥赢得了时间,粉碎了蒋介石迫使红军重走石达开老路的战略企图。今天,彝族同胞还在彝海边建立了彝海纪念碑。碑文道:"中国工农红军路过凉山,红军总参谋长、先遣队司令员刘伯承同志与彝族果基家支首领小叶丹于1935年5月22日,在冕宁县彝海乡彝海边,歃血为誓,结为兄弟,为红军顺利通过彝区,加快前进速度铺平了道路,在中国革命和彝汉民族团结史上写下了光辉的一页。今立此碑以志纪念,永远激励凉山各族人民发扬革命传统,世代团结,为凉山的繁荣富强而努力奋斗。"碑文表达了彝族人民珍惜民族团结、发扬红军传统的真实情感。

我国是个多民族的国家,要构建和谐社会,实现中华民族伟大复兴的"中国梦",就必须要加强各民族之间的团结,促进少数民族和民族地区的发展。因此,我们要高举彝海结盟的旗帜,大力弘扬彝海结盟精神,增强各民族之间的团结,实现各民族的共同富裕和共同繁荣。

第三节 "一二·九"吹响全民族抗日号角

1935年冬,在古都北平,6 000多名爱国学生走上街头,举行了声势浩大的示威游行,掀起了一场伟大的抗日救亡运动,吹响了

---

① 伍精华:《我们是这样走过来的》,北京:民族出版社,2002年版,第39页。

全民族抗战的号角，它就是"一二·九"运动，是中国共产党领导的一次大规模的学生爱国运动。

一、故事背景

1868年明治维新开始后，为了解决生产资料和商品市场的问题，日本积极向外扩张，逐步走上军国主义道路，制定了以侵略中国为中心的在亚洲大陆侵略扩张的政策，即大陆政策。该政策第一步是侵占中国的台湾；第二步是征服朝鲜；第三步是侵占中国东北和蒙古；第四步是征服全中国；第五步是侵占亚洲，称霸世界。第一次世界大战爆发前，日本已侵占了台湾，征服了朝鲜。为了实现大陆政策的第三步，即侵占中国东北和蒙古，日本军国主义者阴险地制造了"九一八"事变。

1931年9月18日深夜，日本关东军炸毁南满铁路沈阳北郊柳条湖附近的一小段路轨，反诬是中国军队有意"破坏"，当即炮轰东北军驻地北大营和沈阳城。接着，驻扎在南满铁路沿线的日本军队分别向沈阳城内和长春、四平街、公主岭等地发起进攻，"九一八"事变爆发。

面对日本大举入侵，蒋介石坚持对内"剿共"、对外"不抵抗"的所谓"攘外必先安内"的方针。"九一八"事变第二天，蒋介石密电张学良："沈阳日军行动，可作为地方事件，望力避冲突，以免事态扩大。"① 23日，国民政府在《告全国军民书》中继续要求避免与日军发生冲突。于是，20万东北军不战自退，一夜之间沈阳城落入敌手。到1932年2月，仅4个月零18天，东北全境沦陷。日本一气吞下了从山海关到黑龙江之间相当于日本本土面积3倍的110万平方公里的中国领土，3 000万同胞落入日寇铁蹄下长达14年之久。

面对日本的野蛮侵略，中国人民毅然奋起，英勇抵抗。"九一八"事变后，中国人民开始了局部抗战。

---

① 张华腾等主编：《中国现代史》，北京：高等教育出版社，1999年版，第112页。

面对日本帝国主义的武装侵略和国民政府的不抵抗政策,全国各阶层无不义愤填膺,全国掀起了空前规模的反日浪潮。中国共产党、苏维埃政府和工农红军多次发表宣言,号召"以民族革命战争,驱逐日本帝国主义出中国";① 青年学生和工人进行游行、请愿、罢工;爱国工商业者实行对日经济绝交,抵制日货;民族资产阶级纷纷发表言论,要求抗日,抨击国民政府的不抵抗主义和对内政策。与此同时,国民党和国民政府内部在对内、对外政策上也开始发生了分化、分裂。

日军占领东北后,为了在上海建立桥头堡,威胁南京,为日后侵占中国内地作准备,于1932年1月28日向上海发动突然袭击,"一·二八"事变爆发。驻守淞沪的国民党第十九路军在爱国将领蔡廷锴、蒋光鼐率领下奋起抗击日军,血战30多天,迫使日军三换指挥官。上海各界、全国人民和海外侨胞展开轰轰烈烈的支前运动,给予第十九路军大力支援。淞沪抗战沉重打击了日本帝国主义的侵华气焰,弘扬了中华民族的爱国主义传统,鼓舞了全国人民的抗日斗志,为以后全面抗战提供了宝贵的经验教训。由于蒋介石仍然坚持"攘外必先安内"的方针,1932年5月,国民政府与日本签订了《淞沪停战协定》,承认日本军队可以长期留驻吴淞、闸北、江湾港等地,而中国军队却不能在上海周围驻扎设防,为日本进攻中国腹地提供了新的战略基地。

1933年初,日军铁蹄又踏上了热河和长城要塞。1933年1月1日,日军进攻山海关,国民党第二十九军何柱国旅安德馨营300名官兵奋起抵抗,由于孤军无援,在强敌进攻下,山海关失守。2月,日伪军10万人分三路向热河进攻,国民党守将以及20万国民党守军闻风而逃,热河被日军占领。3月,日军向长城一线的冷口、喜峰口、古北口发起了猛烈进攻,中国守军进行了英勇的长城抗战。长城抗战历时80多天,给日军以沉重的打击,表现了中国军人抵御外来侵略的英勇气概。1933年5月,中日双方在塘沽谈判,签订

---

① 中国共产党《对日战争宣言》,1932年4月15日发表。

《塘沽协定》。《塘沽协定》为日军进一步向华北扩张，发动全面侵华战争打开了方便之门。

1933年5月，日军占领长城一线后，纠集日伪军进攻察哈尔。原西北军爱国将领冯玉祥在张家口成立察哈尔民众抗日同盟军。冯玉祥自任总司令，吉鸿昌任前敌总指挥，方振武任前敌总司令，举起抗日反蒋大旗，收复多伦等地。但蒋介石却诬蔑同盟军"妨碍统一政令"，调集军队勾结日伪军夹击同盟军，同盟军弹尽粮绝，最后失败。方振武被迫流亡国外，吉鸿昌于1934年11月被国民党逮捕，在北平英勇就义。察哈尔抗战是冯玉祥等爱国官兵响应中国共产党团结抗日号召、开展联合抗日的一次伟大尝试，得到了全国主张抗日的各派政治势力及广大民众的支持和称赞，对揭露南京政府对日妥协政策，对全国抗日救亡运动起到了鼓舞和推动作用。

随着《塘沽协定》的签署，日本的侵华重点开始由东北、内蒙古转向华北，侵华政策也由"九一八"以来的武力解决转向非武力的"华北分治"，即发动"华北事变"。"华北事变"是1935年日本在我国华北五省（即河北、山东、山西、察哈尔、绥远）制造事端、加紧策划把华北从中国分离出去的一系列侵略活动的总称。

首先，日本通过《何梅协定》和《秦土协定》的签订，迫使国民党中央势力退出北平、天津和河北，削弱国民党中央对这一地区地方实力派的控制。其次，阴谋策划华北五省脱离中国，实行"自治"。1935年10月，河北香河县汉奸武宜亭、安厚斋等人在日军支持下成立"县政临时维持会"，发表《自治宣言》，脱离国民政府。接着，汉奸殷汝耕在冀东成立"冀东防共自治委员会"，发表《自治宣言》，冀东20多个州县脱离了中国政府的统辖。1935年11月，日本策划在北平设置"冀察政务委员会"，对华北实行特殊化管理。冀察政务委员会名义上虽然隶属于南京国民政府，但实际上具有相当大的独立性，由日本人掌控。

在民族危机加深、国内阶级关系发生新变动的情况下，在共产国际"七大"关于建立反法西斯统一战线的方针指导下，中国共产党驻共产国际代表团于1935年8月1日集体起草了《为抗日救国告全体同胞书》（又称《八一宣言》），号召全国各党派、各界同胞、各军队捐弃前嫌，"停止内战，集中一切国力（人力、物力、财力、武力等），去为抗日救国的神圣事业而奋斗"，并提出建立"统一的国防政府""统一的抗日联军""组成统一的抗日联军总司令部"，"有钱出钱、有枪出枪、有粮出粮、有力出力、有专门技能贡献专门技能"。中共中央到达陕北后，号召"全中国的民众们！全体动员起来，武装起来，组织起来，拥护与参加中国共产党所领导的抗日反蒋的战争，只有全国民众的总动员与坚决的武装斗争，我们才能取得抗日反蒋的最后胜利"①。

11月28日，中国共产党提出"不论任何政治派别，任何武装队伍，任何社会团体，任何个人，只要他们愿意抗日反蒋，我们不但愿意同他们订立抗日反蒋协定，而且愿意更进一步同他们组织抗日联军和国防政府"。② 中国共产党建立抗日民族统一战线的主张通过宣言传播到北平、上海等地，在社会各阶层中引起了巨大反响，有力地推动了全国抗日救国运动的兴起。在严重的民族危机面前，广大的爱国青年学生痛切感到"华北之大，已经安放不得一张平静的书桌了"③，于是掀起了伟大的"一二·九"抗日救亡运动。

二、故事简介

地处抗日前线的华北人民，痛感华北的沦亡已迫在眉睫。北平、天津的广大青年，对于时局的演变尤其敏感和关心。早在1935年春夏之交，中国共产党便在北平建立了由谷峰、王学明、彭涛等人组成的"中共北平临时工作委员会"。在中共北平临时工作委员会领导下，1935年11月18日，北平各大中学校学生代表召开联席会议，

---

① 中国共产党：《为日本帝国主义并吞华北及蒋介石出卖华北出卖中国宣言》，1935年12月13日发表。
② 中国共产党：《抗日救国宣言》，1935年11月28日发表。
③ 张华腾等主编：《中国现代史》，北京：高等教育出版社，1999年版，第141页。

秘密成立"北平大中学校抗日救国学生联合会",选举北平市立女子第一中学学生共产党员郭明秋为执行主席,清华大学学生共产党员姚依林为秘书长,镜湖中学学生孙敬文为总交通,东北大学学生邹鲁风为总纠察使,燕京大学学生黄华为总交际。实际领导人为中共河北省委巡视员林枫、中共北平临委学联党团书记辅仁大学学生彭涛和北京大学学生黄敬。随后,学联决定以请愿的方式发动一次抗日救国行动。12月6日,北平15所大中学校发表宣言,反对华北"防共自治",要求国民党政府讨伐殷汝耕,动员全国对敌抵抗,提出"停止内战,共赴国难,团结全国各界民众,武装反抗日本侵略者,为中华民族的独立解放而斗争"的主张,切实开放人民言论、结社、集会等自由。这时,传来冀察政务委员会将于12月9日成立的消息。于是,北平大中学校抗日救国学生联合会决定于12月9日开展大规模请愿活动。

12月9日,在黄敬、姚依林、郭明秋等共产党员组织和指挥下,爱国学生走上街头,参加抗日救国请愿游行。清华大学、燕京大学等城外学生被军警阻拦,在西直门同军警发生冲突。城内2 000名学生冲破军警阻拦汇集到新华门前,高呼"停止内战,一致对外!""打倒日本帝国主义!""反对华北五省自治!""收复东北失地!""打倒汉奸卖国贼!""武装保卫华北!"等口号,并临时推举董毓华、宋黎、于刚等12人为代表,向国民党政府军事委员会北平分会代委员长何应钦请愿,向国民政府提出6项要求:

(1) 反对华北自治及其类似组织。

(2) 反对一切中日间的秘密交涉,立即公布应付目前危机的外交政策。

(3) 保障人民言论、集会、出版自由。

(4) 停止内战,立刻准备对外的自卫战争。

(5) 不得任意逮捕人民。

(6) 立即释放被捕学生。

何应钦避而不见,拒绝了学生打开西直门让清华、燕京学生进城的要求。各校代表当即决定改为大规模示威游行。队伍由新华门出发，经西单、西四、沙滩、东单，再到天安门举行学生大会。队伍经过各学校时，不断有学生冲破封锁加入队伍。如法商学院、北平大学医学院、中法大学、北京大学等大中学校的学生加入游行行列，队伍逐渐扩大到五六千人。学生们向沿街的群众宣讲抗日救国的道理，散发传单，得到了群众的鼓掌和支持。当游行队伍到达西单和东长安街时，手无寸铁的爱国学生遭到军警木棍、鞭子、水龙头、大刀的攻击。警察打开水龙头，冰冷的水柱喷射在学生们身上，接着又挥舞皮鞭、枪柄、木棍对学生们进行殴打。学生们与军警展开英勇的搏斗，有100多人受伤，30多人被捕，游行队伍被打散。被阻挡在西直门外的清华大学、燕京大学的学生，因所有城门关闭未能入城，便向围观市民控诉日军在东北的暴行，指责国民党的卖国不抵抗政策。

12月10日，北平各大中学校发表联合宣言，宣布自即日起举行总罢课，呼吁全国各界立即响应，一致行动；要求当局立即释放被捕学生，撤回封锁各校的军警，反对成立冀察政务委员会。北平学生的爱国活动得到全国人民的支持和响应。从12月11日开始，天津、保定、太原、上海、杭州、武汉、广州、成都、重庆等大中城市先后爆发爱国学生的请愿集会和示威游行，声援北平学生的行动。许多学校及工会等组织发函电，支持北平学生的爱国行动。12月14日，国民党当局不顾爱国学生的坚决反对，定于12月16日成立冀察政务委员会。消息传出，北平大中学校抗日救国学生联合会决定在12月16日再次举行示威游行。

12月16日，北平各校学生分别由东北大学、中国大学、北京大学和清华大学率领，举行声势浩大的示威游行，参加游行的学生有1万多人。学生们高举"反对华北特殊化！""反对成立冀察政务委员会！"等横幅，向天桥进发。沿途发表慷慨激昂的演讲，要求停止内战，一致对外，收复东北失地等。游行队伍走到宣武门时遭到上千名军警的血腥镇压，有二三十人被捕，近400人受伤。北平学生的抗日救亡运动沉重地打击了国民党政府的卖国行径，迫使"冀察政务委员会"不得不延期成立。

北平学生的抗日救亡斗争得到了工人阶级的广泛响应和支持。12月18日，中华全国总工会发表《为援助北平学生救国运动告工友书》，号召全国工友组织起来，抗议汉奸卖国贼出卖华北与逮捕、屠杀爱国学生，开展抗日救亡工作，声援北平学生的救国运动。各地工人纷纷举行罢工抗议。广州铁路工人，上海邮务、铁路工人举行集会，发通电，要求对日宣战。各地爱国人士和爱国团体也纷纷发表宣言和通电，成立抗日救国会，出版抗日救国刊物，鲁迅、宋庆龄等爱国知名人士撰写文章，赞扬爱国学生的英勇斗争精神。海外华侨也以各种方式支援爱国学生的抗日救亡运动。后来，北平学生组织了"平津学生南下扩大宣传团"，到广大农村、工厂宣传抗日救国思想，抗日救亡的呼声响遍了全国，标志着中国人民抗日救亡运动新高潮的到来。

"一二·九"运动打乱了日本帝国主义侵略中国、吞并华北的计划，打击了国民政府的对日妥协政策，大大促进了中国人民的觉醒，有力地宣传了中国共产党"停止内战，一致对外"的抗日主张，吹响了全民族抗日救亡的号角，推动了全国抗日救亡运动的蓬勃开展。"一二·九"运动中的先进青年，后来沿着中国共产党所指引的道路，深入到农村、工厂和革命部队中去，走上了与工农兵相结合的道路，其中有许多人成为中国革命事业中的骨干。正如毛泽东主席所说："一二·九"运动"是抗战动员的运动，是准备思想和干部的运动，是动员全民族的运动，有着重大的历史意义"。①

三、"'一二·九'吹响全民族抗日号角"故事讲评中的思想政治教育

1. 以国家兴亡为己任的爱国主义精神

1935年12月9日，北平发生的"一二·九"运动是中国共产党领导的一次大规模的学生爱国运动。"九一八"事变后，日本帝国

---

① 毛泽东在延安各界纪念"一二·九"运动四周年大会上的讲话。

主义占领了东北,接着又向华北发动了新的侵略。1935 年下半年,日本帝国主义制造"华北事变",进一步控制察哈尔,并指使汉奸殷汝耕在冀东成立冀东政务委员会傀儡政权。国民政府继续坚持不抵抗政策,竟准备成立冀察政务委员会,以适应日本提出的华北政权特殊化的要求。当中华民族到了最危险的时候,祖国濒临危亡之际,学生们发出悲愤的呼喊:"华北之大,已安放不下一张平静的书桌了!"他们奔走呼号,救亡图存,站在了抗日救亡运动的前列。在中共北平临时工作委员会领导下,北平爱国学生 6 000 余人高呼"停止内战,一致对外!""打倒日本帝国主义!""反对华北五省自治!""收复东北失地!""打倒汉奸卖国贼!""武装保卫华北!"等口号,举行了声势浩大的抗日救国游行示威。学生们向沿街的群众宣讲抗日救国的道理,散发传单,得到了群众的鼓掌和支持。当游行队伍到达西单和东长安街时,手无寸铁的爱国学生遭到国民党军警木棍、鞭子、水龙头、大刀的攻击。学生们与军警展开英勇的搏斗,有 100 多人受伤,30 多人被捕。学生们的英勇斗争,迫使冀察政务委员会延期成立。学生的爱国行动得到全国各界人士的响应,很快发展成全国范围的如火如荼的抗日救亡运动,打击了国民党政府的妥协投降政策,大大促进了中国人民的觉醒,推动了抗日民族统一战线的建立和发展。

2. 青年学生只有在中国共产党领导下才能发挥巨大的革命动力

"一二·九"运动是在中国共产党领导下开展起来的,是党在思想上、政治上和组织上长期工作的结果。"九一八"事变后,中共北平临时工委在极端困难的条件下,建立了一系列党的秘密外围组织,团结进步青年,宣传党的抗日主张。例如,中共中央北方局创办的《民族战线》《实话报》《华北烽火》《火线》等革命刊物像燎原的星火在进步学生中秘密传阅,无时无刻不在传递着革命的信息,播撒着革命的种子。1935 年,在党的《八一宣言》和红军长征胜利消息的鼓舞下,在彭涛、周小舟、谷景生、姚依林等人领导下,北平大中学校学生成立了"北平市学生联合会",女一中学生郭明秋为主席,姚依林为秘书长。中共北平市工作委员会在学联建立了党团,彭涛为书记。姚依林、黄敬、周小舟等共产党员在学生中做了大量的发动、组织工作,使抗日救国成为广大学生的强烈愿望。1935年,中共河北省委多次发出通知、宣言,要求华北地区各级党组织在群众中广泛宣传,开展抗日救亡斗争。1935年12月6日,北平学联召开代表大会,通过并发表了《北平市学生联合会成立宣言》。随即,平津15所大中学校联合发出通电,反对"防共自治",要求政府讨伐汉奸殷汝耕,动员全国人民抵抗日本的侵略。中共北方局适时地发动了这一声势浩大的爱国主义运动,推动了全民族团结抗战的到来。

在"一二·九"运动中,中国共产党还适时地为进步青年学生指明革命的方向,将爱国学生运动引向与工农相结合的正确轨道,使学生运动得以稳步推进。平津学生还组织了"平津学生南下扩大宣传团",深入华北农村,宣传抗日救亡,唤起民众,组织工农。1936年,平津学生南下扩大宣传团在北平召开团员代表大会,正式成立"民族解放先锋队",后更名为"中华民族解放先锋队"。它是中国共产党领导下的先进青年组织,它的成立推动了"一二·九"运动的深入发展。许多青年学生在工厂、农村宣传抗日救亡过程中,在与工人、贫苦农民接触中,受到深刻教育和锻炼,纷纷投笔从戎,成为抗战爆发后中国共产党领导敌后抗日斗争的发动者、组织者和领导者,为抗日战争的胜利立下了丰功伟绩。

通过对"一二·九"运动故事的讲评,我们清醒地认识到:青年学生只有爱国热情是远远不够的,青年学生只有在中国共产党领导下才能发挥巨大的革命动力;学生运动只有在中国共产党领导下才能把握好正确的方向,才能把炽热的爱国主义热情转化为推动历史进步的巨大动力。

第三章 抗日战争时期历史故事讲评中的思想政治教育

第一节 八女英魂，永垂不朽

在黑龙江省林口县乌斯浑河岸边，建有一座英雄纪念碑，纪念的是以冷云为首的东北抗日联军的八名女战士。她们在与日军作战至弹尽的情况下，面对日伪军的逼降，誓死不屈，集体沉江，壮烈殉国。"八女投江"的英雄故事至今在人民群众中仍广为传颂。

一、故事背景

"九一八"事变后，面对日本的大举入侵，蒋介石坚持"攘外必先安内"的方针，他密电张学良采取不抵抗政策，20万东北军不战自退，一夜之间沈阳城落入敌手。到1932年2月，日军仅用了4个多月的时间，一口气吞下了从山海关到黑龙江之间相当于日本本土面积3倍的110万平方公里的中国领土，东北全境沦陷。东北3 000万同胞在日寇铁蹄下屈辱生活了14年之久。

在中华民族处于生死存亡的危急关头，中国共产党率先举起了武装抗日的旗帜。这与国民党当局采取不抵抗主义形成鲜明的对照。"九一八"事变后，中共中央多次发表宣言，号召全国工农武装起来，进行民族的自卫战争，"以民族革命战争，驱逐日本帝国主义出中国"。1931年9月22日，中共中央要求"在满洲更应该加紧地组织群众的反帝运动，发动群众斗争来反抗日本帝国主义的侵略"，组织"兵变与游击战争，直接给日本帝国主义以严重的打击"。① 1931年10月12日，中共中央向中共满洲省委发出"抓住有利时机，建立游击队和开辟游击区"。② 周恩来撰写文章指出"救国义勇军的组织已成为工农劳苦群众的普遍要求，我们要领导工农及一切被压迫民众自己组织武装的救国义勇军"。③ 随即，中共满洲省委作出在各地创建反日游击队和开展游击战争的决定。

面对日本的野蛮侵略，中国人民奋起抵抗。"九一八"事变后，中国人民的局部抗战开始。东北沦陷初期，东北人民和未撤走的东北军自动组织起来抗击日军的侵略。他们同仇敌忾，浴血奋战在白山黑水之间，到处打击日寇。如东北军爱国将领马占山在1931年11月所进行的嫩江江桥抗战，1932年初李杜指挥的哈尔滨保卫战等，都曾给日寇以沉重打击。但由于敌强我弱，国民党政府不给任何援助，这些武装分散活动缺乏统一领导，成分复杂，在日寇军事进攻和诱降、挑拨下，到1933年初，大部分都溃散失败。

"九一八"事变后，中共中央先后选派罗登贤、杨靖宇、赵尚志、周保中、李兆麟、赵一曼等优秀共产党员到东北，加强中共满洲省委及各级地方党组织的领导力量。中共满洲省委也派出大批党员、干部到抗日义勇军中工作。从1932年开始，在中共满洲省委领导下，先后建立了磐石、东满、珠河、密山、宁安、汤原等多支抗日游击队，并于1934年先后改编成东北人民革命军。1936年2月以后，东北各抗日武装统编为东北抗日联军，杨靖宇为总司令，赵尚志为副总司令。从1936年7月至1939年5月，东北抗日联军相

---

① 中国共产党：《关于日本帝国主义强占满洲事变的决议》，1931年9月22日发表。

② 中国共产党：《关于满洲士兵工作的指示》，1931年10月12日中共中央向满洲省委发出。

③ 周恩来：《日本帝国主义占领满洲与我们党当前任务》，载《红旗周报》，第20期。

继合编为第一、二、三路军，分别由杨靖宇、周保中、赵尚志（后为李兆麟）任总指挥。全面抗战爆发后，从1938年起，东北抗日联军的抗战进入极其艰苦的阶段。抗日联军战斗在冰天雪地和深山密林中，过着"森林是家乡，野菜野果是食粮"和"火烤胸前暖，风吹背后寒"的艰苦战斗生活。

东北抗日联军是在中国共产党领导下的由东北各族人民组成的一支英雄部队，是中国人民抵抗日本帝国主义侵略的伟大民族解放战争的重要组成部分，是一支用爱国主义和国际主义精神武装起来的人民军队，它强有力地打击了日本侵略者，动摇了侵略者的大后方。东北抗日联军在长达14年之久的极其艰难困苦的岁月里，以不屈不挠的浴血奋战，为东北和全国抗日战争的胜利作出了重要贡献。

东北抗日联军第二路军于1937年1月成立，由东北抗日联军第四、五、七、八、十路军编成。周保中任总指挥，赵尚志任副总指挥，崔石泉任参谋长。

1937年11月，日军出动第四师团、第八师团一部，伪军混成第十六旅、混成第二十三旅、混成第二十七旅、混成第二十八旅，伪靖安军4个团，伪兴安军支队，并动员大批日本宪兵、特务、伪警察、伪自卫团等兵力共5万多人，对乌苏里江、松花江、黑龙江下游的三江地区进行空前规模的大"讨伐"，企图将集中在这一地区活动的东北抗日联军第二路军聚而歼之。第二路军在反"讨伐"中，因兵力悬殊太大，处境越来越困难。为粉碎敌人阴谋，迅速跳出敌人的合围圈，中共吉林省委决定以第二路军中第四军和第五军各一部分西征，到吉林省五常、舒兰等老游击区扩展游击战争，这样既可以避敌锋芒，又可同南满东北抗日联军第一路军和关外八路军打通联系。

1938年4月，东北抗日联军第二路军中第四军和第五军各一部分开始西征，部队共计680余人。5月中旬，第四军第一师、第二师、第五军第一师、第二师分别由宝清、富锦等地向刁翎集中，途中同日伪军战斗多次。7月1日，在第四军军长李延平、副军长王光宇的率领下向西进发。7月2日，首先袭击牡丹江左岸三道通，夺取部分给养，突破日军防线。再经四道河子、三道河子，穿行老爷岭300里荒无人烟的原始森林。12日，攻占苇河东北部的楼山镇，毙、伤、俘日伪军140余人，缴获机枪两挺、步枪百余支、子弹万余发和大批给养，及时补充了部队。

楼山镇战斗后，日伪军得知抗日联军西进，立即在中东铁路东线，即今滨绥线一线加强兵力，准备对抗日联军进行围追堵截。西征部队随即调整军事部署，决定第五军第一师第二团、教导团等部返回牡丹江后方基地，第四军主力和第五军一部分部队则分路继续向五常方向西征。沿途与日伪军连续战斗，伤亡惨重。此时，西征部队在日伪军追击下处境极为困难，加之第五军政治部主任宋一夫携款叛逃，严重影响了部队情绪。8月下旬，第四军、第五军西征部队在五常县再次分散活动。仅剩百余人的第四军被日军包围，激战中部队被打散，军长李延平、副军长王光宇先后牺牲。第五军在强敌围追下，举步艰难，决定东返。在东返的途中，涌现出了"八女投江"的英雄故事。

二、故事简介

1938年8月下旬，东北抗日联军第二路军第五军在强敌围追下，决定东返。10月上旬，第五军第一师撤退到林口县乌斯浑河柞木岗山下时，部队只剩下100多人，被滚滚的乌斯浑河挡住了去路。随第五军行动的有第四军、第五军军部妇女团，仅有八名女战士。她们分别是：冷云、胡秀芝、杨贵珍、郭桂琴、黄桂清、王惠民、安顺福、李凤善，冷云为妇女团指导员。10月9日晚，日军趁着黑夜包围了第五军第一师和妇女团宿营地。由于日军一时还摸不清抗联的底细，未敢夜间攻击。10月10日拂晓，第五军第一师以及妇女团遭到突然袭击。指导员冷云冷静地命令七名女战士卧倒，敌人没有发现她们，向大部队逼近。在此生死关头，冷云果断决定，把八名女战士分成三个战斗组，从背后袭击敌人，吸引日军火力，掩护大部队突围。冷云对战友们说："同志们，快！向敌人开火，把敌人引过来,让大部队突围。"① 遭到袭击的日军以为中了埋伏,慌忙抽出一部分兵力向冷云等人进行还击,大部队乘机突围,冲出了日军的包围圈。

当日军得知袭击他们的只有八名女兵时,变得更加猖狂,边打边叫:"乖乖投降吧!皇军不会亏待妇女!"在背水作战至弹尽的情况下,八名女战士面对日伪军的逼降,誓死不屈。指导员冷云坚定地对战友们说:"同志们,我们是共产党员、抗联战士,宁死也不做俘虏!为祖国的解放事业而战死,是我们最大的光荣!"② 她们投出了最后一颗手榴弹,趁敌人卧倒的机会,手挽着手,毅然跳下滚滚的乌斯浑河。八名女战士高唱着《国际歌》,"……满腔的热血已经沸腾,要为真理而斗争"③,集体沉江,壮烈殉国。牺牲时,她们中年龄最大的冷云23岁,最小的王惠民才13岁。八名女战士为中华民族的解放事业献出了她们年轻的生命,谱写了"八女投江"的悲壮诗篇。这八名女战士的简历分别是:

冷云,原名郑志民,生于1915年,黑龙江省桦川县人。1931年入桦川县立女子师范学校读书。"九一八"事变后,冷云积极参加抗日救国活动。1934年加入中国共产党,在佳木斯从事秘密抗日活动。1936年,与东北抗日联军第五军的周维仁结为革命伴侣,共同进行抗日斗争。冷云先在第五军军部秘书处做文化教育工作,她运用在师范学校所学的知识,编写识字课本,教抗联战士们读书;还利用自己在文艺方面的特长,经常给抗联战士们唱歌跳舞,深受抗联战士的欢迎。后调到第五军妇女团工作,任小队长和政治指导员。1938年夏,冷云强忍丈夫英

---

①② 《抗日战争故事选》,成都:成都出版社,1997年年版,第90页,第92页。

③ 《国际歌》,由欧仁·鲍狄埃于1871年作词,皮埃尔·狄盖特于1888年为其谱曲,是国际共产主义运动中最著名的一首歌。这首歌被翻译成世界上的许多种语言。它曾是第一国际和第二国际的会歌,苏联曾在一段时间内以《国际歌》为国歌。1920年,瞿秋白首次将《国际歌》译成中文,《国际歌》开始在中国传唱。

勇牺牲的巨大悲痛，告别刚刚出生两个月的孩子，随第五军第一师西征。她是"八女投江"中年龄最大的战士，当时年仅23岁。

胡秀芝，生于1918年，汉族，黑龙江林口县人，中共党员。牺牲前任东北抗日联军第五军妇女团班长。在掩护大部队突围中，与日寇战斗到弹尽粮绝，与冷云等七位女英雄一道投江殉国，年仅20岁。

杨贵珍，生于1920年，汉族，黑龙江林口县人，中共党员。历任东北抗日联军第五军管理员、被服员、班长、副小队长等职。在掩护大部队突围中，与日寇激战到弹尽粮绝，和冷云等七位女英雄一道投江殉国，年仅18岁。

郭桂琴，生于1921年，汉族，黑龙江林口县刁翎镇河西村人。东北抗日联军第五军妇女团战士。在掩护大部队突围中，与日寇激战到弹尽粮绝，和冷云等七位女英雄一道投江殉国，年仅17岁。

黄桂清，生于1918年，黑龙江林口县刁翎镇南园子人。东北抗日联军第二路军第五军妇女团战士。投江殉国时年仅20岁。

王惠民，1925年生，黑龙江人。东北抗日联军第二路军第五军妇女团战士，是"八女投江"中年龄最小的战士，投江殉国时年仅13岁。

安顺福，朝鲜族，中共党员。抗日联军第二路军第四军被服厂厂长。1915年生于黑龙江省穆棱县新安屯一个贫苦的农民家庭，从小受到革命思想的熏陶，13岁跟随父兄参加抗日救国运动。1933年1月，由于叛徒告密，日军对新安屯进行疯狂的大搜捕和屠杀，安顺福的父亲和弟弟等7人惨遭杀害。家仇国恨使安顺福离开故乡，参加了抗日联军。1938年夏，安顺福和第四军的女同志一起加入第五军妇女团，进行西征。在掩护大部队突围中，与日寇战斗到弹尽粮绝，和冷云等七位女英雄一道投江殉国，年仅22岁。

李凤善，生于1918年，朝鲜族，黑龙江省林口县龙爪乡人。东北抗日联军第二路军第五军妇女团战士。投江殉国时年仅20岁。

新中国成立后，人民政府在八女投江的黑龙江省林口县乌斯浑河岸边，建立了一座高80米的"八女投江"纪念碑。抗联老战士陈雷题词"八女英魂，光照千秋"。为弘扬八女先烈精神，缅怀革命先烈，教育后人，1984年，牡丹江市委市政府决定在牡丹江市江滨公园建立一座"八女投江"英烈群雕，1988年8月1日正式落成，当时任全国政协主席的邓颖超同志亲笔题写了"八女投江"四个大字。

三、"八女英魂，永垂不朽"故事讲评中的思想政治教育

为祖国独立和民族解放而视死如归、英勇献身，是中华民族革命传统精神中的一个主要内容。这种精神在东北抗联的"八女投江"故事中得到了最充分、最生动、最集中的体现。"九一八"事变后，日军占领了东北全境，烧杀奸掠，无恶不作，东北3 000万同胞沦于日本侵略者的铁蹄之下。富有抗敌御侮传统的东北各族人民在中国共产党的号召和推动下组建东北抗日联军，坚持抗战，不屈不挠，掀起了波澜壮阔的抗日斗争，表现出崇高的爱国主义精神。1938年是抗联斗争十分艰苦的一年，东北抗日联军第二路军中第四军和第五军680余人开始西征，遭到日军围追堵截，连续战斗，伤亡惨重。西征部队在日伪军追击下处境极为困难，决定东返。撤退到林口县乌斯浑河柞木岗山下时，被滚滚的乌斯浑河挡住了去路。后面，大批日伪军扑来，如果不把敌人吸引过来，北撤的主力部队将十分危险。在这紧急关头，妇女团仅剩下的冷云、胡秀芝、杨贵珍、郭桂琴、黄桂清、王惠民、安顺福、李凤善八名女战士忘记了多日行军作战的疲劳和伤痛，猛烈向敌人射击，掩护主力撤退。子弹打光了，依然坚贞不屈，八姐妹互相搀扶着，毅然走进滔滔大江。当时，年纪最大的冷云只有23岁，小战士王惠民年仅13岁。八名女战士在滚滚波涛中一往无前，日军被惊得目瞪口呆。冷云等八名抗联女战士大义凛然投江殉国的壮烈场面，令敌人震撼，日军指挥官连声哀叹："中国的女人的这样的顽固，死了的不怕，中国的灭亡不了……"① 八名抗联女战士面对死亡大义凛然、视死如归，甘愿抛头

---

① 《抗日战争故事选》，成都：成都出版社，1997年版，第94页。

颅、洒热血，体现了把忠于祖国、捍卫主权看得重于个人生命、为国捐躯而在所不惜的高尚品格，体现了坚贞不屈、勇于献身、不畏牺牲的抗联精神。

2009年9月10日，在中共中央宣传部、中央组织部、中央统战部等11个部门联合组织的"100位为新中国成立作出突出贡献的英雄模范人物"评选活动中，八位英勇投江的女战士被选入其中。

第二节　五壮士血染狼牙

抗日战争时期，八路军晋察冀军区第一军分区第一团第七连第六班五位战士，即班长共产党员马宝玉，副班长共产党员葛振林，战士宋学义、胡德林和胡福才，在河北省易县狼牙山战斗中，为了掩护群众和主力撤退，在子弹打光的情况下，宁死不屈，纵身跳入万丈悬崖，用年轻的生命和鲜血谱写出一首气吞山河的壮丽凯歌。五位战士的壮举，表现了崇高的爱国主义、革命英雄主义精神和宁死不屈的民族气节，被人民群众誉为"狼牙山五壮士"。

一、故事背景

1937年7月，卢沟桥事变爆发后，日本对中国发动了全面的侵华战争，中国全民族的抗日战争从此开始。

卢沟桥事变发生后的第二天，中国共产党号召全中国同胞团结起来，筑成民族统一战线的坚固长城，抵抗日本的侵略。明确提出："国共两党亲密合作抵抗日寇新的进攻！""驱除日寇出中国！"① 1937年9月23日，蒋介石发表承认共产党合法地位的谈话。以国共两党第二次合作为基础的抗日民族统一战线正式形成。

---

① 《中国共产党对全国通电》，1937年7月8日。

按照国共合作协议，1937年8月下旬至9月中旬，八路军三师健儿东渡黄河，进入山西战场对日作战，主要是直接在战役上配合国民党军队，参加会战。9月25日，林彪率领一一五师主力在山西东北平型关公路两侧山地，凭借天险伏击日军，歼灭日军板垣征四郎第五师团第二十一旅团一部1000多人，击毁汽车100余辆，缴获大量武器和物资，取得平型关大捷。这是抗战以来中国军队，也是出征以来八路军的第一次大捷，粉碎了日军"不可战胜"的神话，极大地鼓舞了全国军民抗战胜利的信心，提高了共产党和八路军的威望。贺龙的一二〇师于10月18日在雁门关以南地区伏击日军汽车、装甲车约500辆，歼敌500余人，切断了日军由大同至忻口的补给线。10月19日，刘伯承一二九师的一个营在营长陈锡联率领下夜袭代县阳明堡日军飞机场，烧毁敌机24架，歼敌百余人，使敌人空运一度停止，遏制了日军对忻口的空袭，有力地打击和钳制了敌军，配合了华北正面战场。

1937年8月，中国共产党在陕北洛川召开政治局扩大会议，制定了"抗日救国十大纲领"，强调要打倒日本帝国主义，关键在于使已经发动的抗战成为全面的全民族的抗战。会议强调，必须坚持统一战线中无产阶级的领导权，在敌人后方放手发动群众进行独立自主的山地游击战争；进行人民战争，首先和主要的就是要发动和组织广大的农民深入敌后，开展游击战争和群众工作，创建抗日民主政权，逐步把落后的农村建设成为先进的革命阵地。

1937年11月太原失陷后，根据洛川会议精神，按照中共中央的部署，聂荣臻率一一五师独立团、骑兵营、教导队等3000多人分兵挺进敌后进行游击战争，开辟敌后抗日根据地。与此同时，中共北方局派王平、李葆华、刘秀峰组成晋察冀临时省委，配合八路军一一五师部队在晋察冀三省边界地区发动群众。1937年11月，建立了以五台山为中心的晋察冀军区，创建了第一个敌后抗日根据地——晋察冀抗日根据地。

1938年10月，日军相继攻占广州、武汉，抗日战争进入相持阶段。由于战线延长、兵力不足以及财政危机等因素，日本政府改变侵华政策，开始对国民党政府采取以政治诱降为主、军事打击为辅，对中国共产党领导的八路军则采取军事打击为主的方针。当时，日本把侵华日军的60%～70%用于对八路军和新四军作战，从而使国民政府的对内、对外政策发生重大变化。国民党在坚持持久抗战的同时，1939年1月，确定了"防共、限共、溶共、反共"的方针。这一方针的确定，标志着国民党由片面抗战开始转变为消极抗战、积极反共。

1940年8月至1941年1月，为了粉碎日军的"囚笼政策"，争取华北战局更有利的发展，并鼓舞全国军民的抗战士气以及驳斥国民党顽固派的谣言，以促进全国抗战，在八路军总部的统一指挥下，八路军104个团与广大民兵相配合，在华北2 500多公里的战线上对日寇发起了空前规模的进攻，史称"百团大战"。百团大战是抗日战争相持阶段八路军在华北地区发动的一次规模最大、持续时间最长的战役。晋察冀抗日根据地的军民参加了百团大战，对深入根据地的铁路、公路进行破袭，并炸毁敌人的碉堡和桥梁，给日本华北方面军以有力打击，巩固了晋察冀抗日根据地。到1940年底，晋察冀根据地发展壮大为晋察冀、冀中、冀热察三个战略区，成为拥有1 500多万人口的华北最大的抗日根据地。

日军为了将华北地区变成其发动太平洋战争的军事基地，加紧对各抗日根据地进行"扫荡""蚕食"和"清乡"。1941年8月，日军调集8个师团、4个独立混成旅团和伪军共7万多人，在华北方面军司令官冈村宁次指挥下，采取铁壁合围、分区扫荡、梳篦清剿、辗转抉剔等战术和烧光、杀光、抢光的"三光"政策，对晋察冀抗日根据地的北岳地区、平西地区实行毁灭性大扫荡，企图以优势兵力摧毁晋察冀抗日根据地的中心区域，歼灭八路军晋察冀军区部队主力，以示对八路军发动百团大战的报复。

在两个多月的反"扫荡"作战中，晋察冀军民共作战800多次，消灭日伪军5 500多人，涌现出了许多抗日英雄故事，其中就有广为传颂的"狼牙山五壮士"的英雄故事。

二、故事简介

狼牙山坐落在河北易县西部的太行山东麓，距县城45公里，其主峰海拔1 100米，群峰耸出，状如狼牙，故而得名。

1941年9月23日，日军分三路对易县进行扫荡，妄图一举消灭杨成武司令员指挥的晋察冀军区一分区的八路军主力。24日，3 500名日伪军突然包围了狼牙山地区，分数路进攻狼牙山。晋察冀军区一分区第一团被围在狼牙山，同时被围的还有易县、定兴、徐水、满城四个县的县委、政府以及部分游击支队队员。大批牵着毛驴、驮着粮食锅灶进山避难的人民群众共2万多人，形势十分严峻。从早上到中午，一团和游击支队在邱蔚团长的统一指挥下打退了日军9次进攻。

日军进攻越来越猛烈，形势更加严峻，一团团长邱蔚迅速将此情况报告给杨成武司令员。当时驻扎在水泉山南面张家庄的杨成武制定了"围魏救赵"的作战方案。他命令晋察冀军区一分区三团、二十四团佯攻狼牙山西南面的管头、松山、甘河一带日军，促使日军从狼牙山东北方向调兵增援，以便于被围的游击队员与人民群众从狼牙山东北方向突围。日军对这突如其来的攻击毫无防备，十分惊恐，急忙把进攻狼牙山的一部分日军调过来增援，这就为狼牙山上我军部队和人民群众的转移创造了条件。

一团团长邱蔚根据杨成武司令员制定的作战方案，将掩护部队和人民群众转移的任务交给二营七连。当天午夜，邱蔚团长指挥部队及当地群众从盘陀路沿着山腰我军修建的隐蔽的环形山路安全地转移到了田岗、牛岗、松岗一带。25日拂晓前，三团和二十四团停止对狼牙山西南面的管头、松山、甘河一带日军的佯攻，并在夜幕掩护下悄然撤离。清晨，日伪军误以为邱蔚团已经被包围，于是在飞机、大炮掩护下，凶猛地继续围攻狼牙山。

激战中，七连战士大部分牺牲，连长刘福山身负重伤，生命垂危。为了让大部队及七连受伤的战士能安全地转移，指导员蔡展鹏命令七连六班留守，继续掩护撤离。六班当时只剩下5人，他们分别是班长共产党员马宝玉，副班长共产党员葛振林，战士宋学义、胡德林和胡福才。在班长马宝玉指挥下，全班沉着应战，机动灵活，凭借有利地形，把冲上来的敌人一次又一次地打了下去。

五位战士胜利地完成了掩护任务，准备转移。面前有两条路，一条是通往主力转移的方向，走这条路很快就能追上连队，可是敌人紧跟在身后；另一条路是通向狼牙山的顶峰棋盘陀，那儿三面都是悬崖绝壁。为了不让敌人发现群众和主力部队转移的方向，班长马宝玉带领葛振林、宋学义、胡德林和胡福才向狼牙山山顶棋盘陀边打边撤退，把日伪军引向悬崖绝路。当他们退到棋盘陀顶峰时子弹已经全部打光，他们就举起石块向日伪军砸去，为了不让日伪军活捉，马宝玉、葛振林、宋学义、胡德林、胡福才五人砸碎枪后，高呼"打倒日本帝国主义""中国共产党万岁""中华民族万岁"①等口号纵身跳入悬崖。马宝玉、胡德林、胡福才三人壮烈牺牲，葛振林、宋学义被山崖上的树枝挂住，幸免于难。

1942年5月，晋察冀军区举行了以"狼牙山五壮士"命名的反扫荡胜利庆祝大会，晋察冀军区授予马宝玉、胡德林、胡福才三名烈士"模范荣誉战士"称号，追认胡德林、胡福才为中国共产党党员，通令嘉奖葛振林、宋学义，并给他们授予"勇敢顽强"奖章。

新中国成立后，为纪念和表彰五位抗日英雄，当地政府在狼牙山棋盘陀主峰建起了纪念塔，"狼牙山五壮士"的英勇事迹也被收录进小学课本。1978年，宋学义因病逝世。2005年3月，葛振林病逝。2009年9月，"狼牙山五壮士"被评为"100位为新中国成立作出突出贡献的英雄模范人物"。

三、"狼牙山五壮士"故事讲评中的思想政治教育

凛凛大义、不屈斗志、视死如归的革命英雄主义精神。按照《辞海》的解释，英雄主义就是"主动为完成具有重大意义的任务而表现出来的英勇、顽强和自我牺牲气概和行为"。狼牙山五壮士的故事，体现了在民族危亡之际中国人民抗击外来侵略的英雄主义精

---

① 《抗日战争故事选》，成都：成都出版社，1997年版，第96页。

神。其实这五位勇士当年在狼牙山附近战斗了好几年，摸、爬、滚、打在这座山里，这里的沟沟坎坎、峰峰坨坨他们不知爬过多少遍，对各种地形了如指掌。就凭这一点，他们在完成掩护任务后完全可以迅速地甩掉敌人，迅速地胜利归队。但他们还是故意将自己暴露在敌人面前，拖延时间，牵着敌人的鼻子越走越远。他们的这种行为代表的是一种精神，一种不屈不挠抵抗外侮的精神，一种为挽救民族危亡而英勇奉献的人类最崇高的精神，这样的精神，不论任何时代都不会过时，都是永恒的！

千千万万的烈士用鲜血和生命捍卫了民族的独立。忘记过去，就意味着背叛。目前，美国对我国的遏制战略短期内不会改变，它要继续称霸世界的最大障碍就是中国，所以现在美国正在进一步地对中国进行战略合围，明目张胆地不断挑唆日本、菲律宾、印度、越南等国在东海、南海和中印边境问题上挑衅中国的底线。为了维护国家的主权独立与领土完整，我们需要"狼牙山五壮士"的这种无私奉献的革命英雄主义精神。"狼牙山五壮士"身上所体现出来的为了民族利益、人民利益而不惜牺牲生命的革命英雄主义、爱国主义精神，是中华民族之魂。这种精神将世世代代传承下去。

第三节　为国捐躯刘老庄连

刘老庄本是苏北平原淮阴县刘皮镇一个普通的村落。抗日战争时期，新四军第三师第七旅第十九团第四连82名官兵，在这里抗击比自己多20倍的日伪军，最后全部壮烈牺牲。战后，第七旅重新组建第四连，并命名该连为"刘老庄连"。

一、故事背景

1937年8月13日，日军进攻上海。12月，日军占领南京。随后分兵北上进攻苏北地区。整个江苏落入敌手，惨遭日寇铁蹄蹂躏。

抗战进入相持阶段后，苏北地区的抗战战略地位十分突出。它是联结华北八路军和南方新四军的重要枢纽，是华中敌后抗战最有利、最能发展的地区，具有重要的战略地位。此外，苏北地区物产丰富，人口众多。中国共产党十分重视对这一战略地区的开辟与建设。中共中央于1938年9月至11月召开的扩大的六届六中全会上确定了"巩固华北、发展华中"的战略方针。1940年春，中共中央做出八路军一部分主力南下，新四军一部分主力北上，控制陇海路以南、津浦路以东、长江以北、大海以西地区，向华中进军，控制全苏北，共同完成发展华中、开辟苏北的战略任务的决策。

日军侵占苏北后，逐步扩大日伪占领区。徐州、扬州沿运河一线，陇海路东段各城乡及连云港等地均被日军占领。尚未被日军占领的地区即是国民党统治区，由江苏省主席兼苏皖战区副总司令韩德勤指挥。韩德勤是国民党顽固派，属蒋介石嫡系顾祝同部，他拥兵苏北，不思抗日，积极反共，企图消灭华中地区新四军。1941年1月，国民党制造皖南事变，围攻北上抗日的新四军军部及所属部队。中国共产党在盐城重建新四军军部，陈毅为代军长，刘少奇为政委。经过重建，华中敌后的新四军整编为7个师和1个独立旅。新四军第三师是在皖南事变后以八路军第五纵队为主，加上新四军一部合编起来的，共2万余人。

新四军第三师组建后，在苏北地区放手发动群众，减租减息，建立各级抗日民主政权，扩大抗日武装，清剿土匪，消灭反动地主的武装叛乱，粉碎日寇"扫荡"和国民党顽固派的军事进攻。同时，组织人民群众生产自救，千方百计保障人民群众的生命财产安全，初步解决了老百姓吃饭的问题。新四军在苏北逐步站稳了脚跟，保证了苏北根据地的各项建设。

华中抗日根据地的建立和发展以及新四军的不断壮大引起了日军极大的惊恐和仇视，日伪军不断向新四军和华中抗日根据地进行"扫荡"和"清乡"。日军在华中方面的总兵力共26万余人，经常与新四军作战的有11万，此外还有伪军15万。1941年春，新四军粉碎了日军对苏南、苏中和皖东等地区的大"扫荡"。1941年7月，日军出动17 000余人、装甲汽艇百余艘，在飞机大炮掩护下合击新四军军部及中共华中局驻地盐城。新四军第三师利用河网港汊的复杂地形打击、牵制敌人，在新四军第一师配合下，乘机在盐阜地区进行反击。到8月底，共歼日伪军3 800余人，击沉敌装甲汽艇30余艘，粉碎了日伪军对苏中、苏北的大规模"扫荡"。

1942年和1943年，日军加紧了对江苏各抗日根据地的"扫荡"和"清剿"。在苏中地区，平均每周就有一次四五百人的小"扫荡"，每半月就有一次千人以上的大"扫荡"。1942年11月，日本华北方面军调动了日军第十七师团一个旅团及伪军第三十六师等部8 000多日伪军，对淮海区发动了分进合击式的空前规模的大"扫荡"。新四军主力及地方武装、民兵采取"避敌锋芒、分散游击"的战术，消耗、疲惫、迷惑敌人，机关和大部分主力则从敌合围间隙"跳"到边区，在其侧背和途中不断阻击、消耗敌人。人民群众踊跃投入到破路挖沟的斗争中，挫败了日伪大"扫荡"计划。1943年，日伪军又转用蚕食的方式侵扰华中抗日根据地。各抗日根据地军民在中国共产党领导下，实行新四军主力部队、地方部队和民兵自卫军三结合，在敌人据点周围开展群众性游击战争，使日伪军陷于人民战争汪洋大海之中；对窜扰根据地的日伪军则集中优势兵力予以打击，俾其进攻举步维艰。

二、故事简介

1943年春，驻守徐州日军第六十五师团一部3 000多人在师团长川岛亲自指挥下，对新四军苏北抗日根据地进行大规模"扫荡"，企图切断山东根据地与华中根据地的联系。由于遭到新四军第三师的打击，敌在1943年3月进行反扑，将矛头指向淮海根据地领导机关所在地——淮阴六塘河一带，日伪军兵分十一路合围驻六塘河北岸的淮海区党政领导机关。由于此次日军行动迅速，淮海根据地领导机关尚未转移，形势十分危急。为了给党政军领导机关和人民群众的安全撤离创造条件，新四军第三师第七旅第十九团奋勇阻击各路敌人。1943 年 3 月 17 日晨，日伪军进行第二次合围。十九团与日军在老张集、朱杜庄一带激战，黄昏后突围至老张集西北的刘老庄。刘老庄是淮阴县刘皮镇的一个普通村庄，是日军北犯的必经之地。为粉碎敌人的合围企图，旅首长决定让十九团派一个连在刘老庄担负阻击任务，其余部队迅速北撤。

十九团团长胡炳云在连干部动员大会上说："同志们，上级党委要求我们团派一个连在刘老庄组织防御，负责阻击、迟滞川岛主力北犯，掩护人民群众和主力部队安全转移……"① 不等团长把话说完，四连连长白思才、指导员李云鹏站起来，对团长说："把任务交给我们四连吧！我们保证完成任务。"②

刘老庄连是由游击队升格为正规军的。连长白思才，江西人，16 岁参加红军，参加了长征，并于 1937 年参加了一一五师平型关战役，是一位英勇善战、沉着机智的指挥员。指导员李云鹏是知识分子，江苏沛县人，在"一二·九"抗日救亡运动中参加了中华民族解放先锋队，曾在延安抗日军政大学学习，是一位久经战火考验的优秀政工干部。四连排、班长和战士大多数是抗日战争爆发后参军的贫苦农民，政治素质好，在长期对敌斗争中培养了顽强的战斗作风、坚定的战斗意志和纯熟的战斗技巧。连长白思才、指导员李云鹏接受战斗任务后，率领全连 82 名战士迅速进入纵横交错的交通沟。连长白思才在最前沿观察敌人的动向，李云鹏抓紧时间向全连战士做动员。战士们个个热血沸腾。1943 年 3 月 18 日上午 8 点钟左右，在火炮、机枪的掩护下，日伪军进行第三次合围，向四连阵地发起第一次进攻。四连以猛烈火力扫射，击退了鬼子的进攻。在敌人面前，英雄的连队没有一个人胆怯，连续打退了日伪军 5 次冲锋。战斗中，白思才被炮弹炸掉了左手。苏醒后，他只简单包扎了一下，就摇摇晃晃地上了前沿，鼓舞士气，继续指挥战斗。指导员李云鹏也负了伤，但他仍利用战斗间隙号召全连英勇杀敌。当敌人第六次

---

①② 人民政协网·文化·文史：《血战刘老庄　苏北抗战中最悲壮的一幕》。

进攻被打下去时，子弹打完了，于是连长命令战士们把机关枪和多余的步枪全部毁坏，决心同日军肉搏。四连战士们手端刺刀一跃而上，与日军展开白刃格斗。刀枪撞击之处，发出日军的惨叫声。战士们的刺刀捐弯了，就用枪托砸；枪托砸碎了，就用铁锹砍、牙齿咬。一场悲壮的白刃战，终因寡不敌众，82位勇士全部壮烈牺牲。当川岛挂着指挥刀站在这片鲜血浸染的阵地上时，怎么也不敢相信，阻击他精锐之师长达12小时之久的竟然是新四军不足百人的小分队。日军没能俘虏到一人，也没能获得一件完整的武器，唯一的收获就是运走了近200具尸体和300多名头破血流、断臂残腿的伤兵。

反"扫荡"结束后，新四军第三师第七旅重新组建第四连，命名为"刘老庄连"。淮阴人民在刘老庄修建了烈士陵园、纪念碑和壮志亭，烈士们的英名和事迹将在中华民族抗日斗争的史册上永放光彩。

三、"为国捐躯刘老庄连"故事讲评中的思想政治教育

浴血奋战，临危不惧，英勇牺牲的崇高民族气节。 四连82名指战员在中华民族面临危亡的时刻，浴血奋战，临难不苟，英勇牺牲。这种崇高的民族气节和与日寇血战到底的气概，是中华民族源远流长的爱国主义在抗日战争中的锤炼和升华。这种抗战精神，来自于中华儿女内心深处对祖国的无比热爱和对侵略者的无比愤恨。在日本侵略者的杀戮面前，成千上万的优秀中华儿女无所畏惧，挺身而出，以自己的血肉之躯抵御日军的枪炮，保卫神圣的家园。

刘老庄82名壮士的英雄事迹受到了八路军总部和新四军军部领导的高度赞扬。朱德总司令指出："我们部队仍然创造了许多史无前例的英雄业绩，涌现出许多出类拔萃的新的英雄们……如著名的平型关大捷，阳明堡火烧敌机，使敌人胆寒的百团大战，狼牙山五勇士的壮烈跳崖，全排壮烈牺牲的马城村坚守战，黄烟洞保卫战，全连八十二人全部壮烈殉国的淮北刘老庄战斗，南北岱崮坚守战，韩略村伏击战，甄家庄歼灭战，无一不是我军指战员的英雄主义的最

高表现。"① 新四军代军长陈毅称赞浴血刘老庄的82位烈士事迹是"惊天地而泣鬼神的壮举",指出:"烈士们殉国牺牲之忠勇精神,固可以垂式范而励来兹。"② 新四军第三师师长黄克诚题词,"英勇战斗,壮烈牺牲,军人模范,民族光荣";副师长张爱萍题词,"八二烈士,抗敌三千,以少胜多,美名万古传"。

70年前抗战的硝烟虽已散尽,但70年前的抗战精神将永远传承。抗日战争使中华民族爱国主义精神提升到一个新的境界,凝聚成具有时代特色的抗战精神。刘老庄82名烈士的英勇为国捐躯精神将激励着我们更加紧密地团结在以习近平同志为总书记的党中央周围,锐意创新,开拓奋进,为全面建设小康社会,为实现中华民族伟大复兴的"中国梦"而奋勇向前。

---

① 《八路军新四军的英雄主义》,载《朱德选集》,北京:人民出版社,1983年版,第117页。

② 《新四军在华中》,载《陈毅军事文选》,北京:解放军出版社,1996年版,第387页。

第四章 解放战争时期历史故事讲评中的思想政治教育

第一节 千里跃进大别山

1947年6月底,刘伯承、邓小平率领晋冀鲁豫野战军主力12万多人强渡黄河,在晋冀鲁豫野战军太岳兵团、华东野战军两路大军的配合下,直捣国民党统治的大别山区,严重威胁南京和武汉,揭开了人民解放军战略进攻的序幕,这就是"千里跃进大别山"。

一、故事背景

抗日战争胜利后,中国人民热切希望实现和平、民主,建设新中国。中共中央在对时局的宣言中明确提出"和平、民主、团结"的口号。而国民党政府是大地主、大资产阶级的政治代表,其建国方案是要使抗战胜利后的中国回复到抗战之前的状态,在美国支持下实行蒋介石的军事独裁统治。为此,1945年8月28日,毛泽东、周恩来、王若飞等赴重庆与国民党当局进行谈判。10月10日,双方签署《政府与中共代表会谈纪要》(即《双十协定》),确认和平建国的基本方针,同意"长期合作,坚决避免内战"。1945年6月26日,国民党悍然撕毁停战协议,以重兵围攻中原解放区,全面内战爆发。接着,国民党军队陆续发动了对其他解放区的全面进攻。国民政府参谋总长陈诚在北平向中外记者吹嘘:同共军作战"三个月至多五个月便能解决"，国内交通线"任何一线均可于二周内打通"①，气焰十分嚣张。

　　全面内战爆发时，中国共产党面临的形势是极为严峻的。当时，国民政府军队的总兵力为430万，其中正规军200多万，拥有3亿以上人口和重要资源，统治着全国730万平方公里面积的地区，控制着几乎所有的大城市和绝大部分铁路交通线，而且它不仅接收了109万日军和数十万伪军的装备，还获得了美国60亿美元的援助。而人民解放军的总兵力为127万，其中正规军61万，武器装备十分低劣，是"小米加步枪"，解放区的人口为1亿多，面积约230万平方公里，而且被分割、包围，在物质上没有任何外援，土改刚刚开始，封建势力尚未肃清，后方不十分巩固。因此，凭着军力和经济力的优势，蒋介石声称：这场战争"一定能速战速决"。

　　面对如此严峻的形势，中国共产党清醒而科学地估计了国内外形势和战争发展的趋势，明确而坚决地指出：中国人民必须打败蒋介石，而且能够打败蒋介石。毛泽东同志指出：我们必须打败蒋介石，是因为"蒋介石发动的战争，是一个在美帝国主义指挥之下的反对中国民族独立和中国人民解放的反革命的战争""在这种时候，如果我们示软弱，表示退让，不敢坚决地起来用革命战争反对反革命战争，中国就将变成黑暗世界，我们民族的前途就将被断送"。②同时，我们能够打败蒋介石，是因为"蒋介石军虽然有美国的援助，但是人心不顺，士气不高，经济困难。我们虽无外国援助，但是人心归向，士气高涨，经济亦有办法"。③因此，全党和解放区军民对战胜国民党军队的进攻有充分的信心。1946年8月，毛泽东在同美国记者安娜·路易斯·斯特朗的谈话中，提出了"一切反动派都是纸老虎"的著名论断。指出：一切反动派都是纸老虎。看起来，反

---

① 国民党《中央日报》，1946年10月18日。
② 《毛泽东选集》第四卷，北京：人民出版社，1991年版，第1245页。
③ 《毛泽东选集》第四卷，北京：人民出版社，1991年版，第1187页。

动派的样子是可怕的,但是实际上并没有什么了不起的力量。从长远的观点看问题,真正强大的力量不是属于反动派,而是属于人民。① 同时指出:在战略上,要藐视敌人,敢于斗争,敢于胜利;在战术上,要重视敌人,善于斗争,善于夺取胜利。

1946年7月,中共中央发出《以自卫战争粉碎蒋介石的进攻》的党内指示。1946年9月,中共中央又发出《集中优势兵力,各个歼灭敌人》的指示。政治上,发动群众,与人民群众亲密合作,争取一切可能争取的人,建立最广泛的民主统一战线,壮大革命力量;军事上,采取积极防御的战略方针,集中优势兵力,以运动战为主,歼灭敌人的有生力量;经济上,作持久打算,力戒浪费,努力发展生产。中共中央对形势的科学分析以及从实际出发制定的正确政治、军事、经济原则,是解放区军民战胜强敌进攻的根本保证。在1946年6月至1947年6月的一年时间里,人民解放军处于战略防御阶段,战争主要在解放区进行。人民解放军经过一年的内线作战,虽然丢掉了大片的土地和105座中小城市,但国民党军队每获得一座城市都付出了伤亡三千多人的代价。由于人民解放军不以一城一地的得失为主,而是以歼灭敌人的有生力量为主,共歼敌112万人,粉碎了国民党军队对解放区的全面进攻和重点进攻,沉重地打击和削弱了敌人,使敌我力量对比发生了重大变化,为战略进攻奠定了基础。

人民解放军经过一年的防御作战,歼灭了敌人大量有生力量,使敌我双方力量对比发生了重大变化。到1947年7月,国民党军的总兵力由战争之初的430万人下降为370万人,其中正规军由200万人下降为150万人。由于战线延长,国民党大部分兵力困于守备,战略性的机动兵力大为减少,而且士气低落,官兵中充满失败情绪。与此相反,人民解放军的总兵力则由127万人增加到195万人,其中正规军近100万人;部队的武器装备也因大量缴获而得到很大改善。由于不需分兵守卫后方供给线和城市,机动兵力大大增强,人民解

---

① 《毛泽东选集》第四卷,北京:人民出版社,1991年版,第1195页。

放军连战连胜，士气高昂，后方巩固，解放区军民都充满了胜利的信心。

根据战争形势的变化，1947年7月，中共中央前委扩大会议在陕北靖边县小河村召开，研究部署全国性战略进攻的问题。9月1日，毛泽东同志为中共中央起草了《解放战争第二年的战略方针》，规定了人民解放军第二年作战的基本任务是：举行全国性的反攻，即以主力打到外线去，将战争引向国民党区域，在外线大量歼敌，彻底破坏国民党将战争继续引向解放区，进一步破坏解放区的人力物力、使我不能持久的反革命战略方针。① 于是中共中央和中央军委当机立断，决定人民解放军由战略防御转入战略进攻。

二、故事简介

人民解放军经过一年的防御作战，歼灭了敌人大量有生力量，使敌我双方力量对比发生了重大变化。中共中央和中央军委当机立断，决定人民解放军由战略防御转入战略进攻，并决定把战略进攻的重点定在大别山区，这是因为：

第一，大别山区雄踞鄂、豫、皖三省交界处，崇山峻岭绵延，军事战略地位十分重要。只要控制了大别山区，便可东慑南京，西逼武汉，南扼长江，北瞰中原，使国民党军队首尾难顾，陷入被动挨打的境地。

第二，当时国民党正集中兵力于东西两翼作战，中原兵力空虚，有利于人民解放军从中间突破。

第三，大别山区曾是革命根据地，有深厚的群众基础，易于解放军分散作战，立足生根。

为了完成挺进大别山的战略任务，中共中央制定了"三军配合，两翼牵制"的作战方针。"三军配合"，即刘伯承、邓小平率领的晋冀鲁豫野战军主力实施中央突破，千里跃进大别山；陈毅、粟裕指挥的华东野战军主力为东路，挺进苏鲁豫皖地区；陈赓、谢富治指

---

① 《毛泽东选集》第四卷，北京：人民出版社，1991年版，第1230页。

挥的晋冀鲁豫野战军一部为西路，挺进豫西。"两翼牵制"，即彭德怀率领的西北野战军出击榆林，展开榆林战役，吸引进攻陕北之敌，把敌军向西北调；谭震林、许世友率领的华东野战军山东兵团展开胶东战役，将山东之敌引向海边。人民解放战争战略进攻的序幕由此拉开。

1947年3月，当国民党军队对陕北、山东两个解放区发动重点进攻时，在陕北和山东这两个战场之间的晋冀鲁豫战场上，国民党兵力布防偏弱，形成两头重、中间轻的"哑铃形"态势，他们自认为可以利用黄河天险阻止人民解放军南进。到1947年6月的三个月时间的，从山东省东阿至河南省开封250公里的黄河防线上，仅有第四"绥靖"区司令官刘汝明部整编第五十五师、第六十八师和地方保安团队担任防守。晋冀鲁豫野战军司令员刘伯承、政委邓小平根据中共中央关于向中原出动、转入外线作战的既定方针，成立渡河指挥部，做好外线作战的各项准备工作。

1947年6月30日，刘邓大军4个纵队12万多人以出乎敌人意料的突然行动，从临濮集至张秋镇300余里的地段，强渡黄河，一举突破国民党军的黄河防线，展开鲁西南战役。首战郓城，取得大捷。郓城攻坚战胜利结束后，刘、邓首长根据中央军委"在运动中寻找战机，消灭国民党军有生力量"的指示精神，先后攻克巨野、定陶等县城。在鲁西南战役中，晋冀鲁豫野战军积极创造与捕捉战机，调动敌军就范，把攻城与野战、分割与围歼相结合，经过28天的激烈战斗，创造了以15个旅的兵力歼敌9个半旅5万多人的战绩，打乱了国民党军队在南部战线的战略部署。

当鲁西南战役捷报频传之时，毛泽东同志敏锐地意识到刘邓大军如果不能迅速直插大别山地区，直逼南京与武汉，就不能全面打乱蒋介石的军事战略部署，就不能达到把战争引向国统区的目的。于是，毛泽东同志于1947年7月23日致电刘邓："下决心不要后方，以半个月行程，直出大别山。"7月29日，毛泽东同志又亲自起草了一份标有"AAA"字样的加急绝密电报："现陕北情况甚为困难，如陈谢及刘邓不能在两个月以内以自己有效行动调动胡宗南军一部，陕北不能支持。"这时候的晋冀鲁豫野战军主力部队由于经过近一个月的连续作战，已经极度疲劳，而且伤亡较重，急需休整补充。但刘伯承、邓小平看完标有"AAA"字样的电报后，马上复电中央——"完全服从中央决定，半个月后行动"。1947年8月7日的黄昏，刘邓大军12万多人甩开敌军的纠缠，挥师南下，开始"千里跃进大别山"。鲁西南与大别山远隔千里，刘邓大军横跨陇海路，穿越黄泛区，涉过沙河、涡河、汝河、淮河等天然障碍，粉碎国民党数十万军队围追堵截，经过20多天的千里挺进，于1947年8月27日胜利到达大别山地区。

刘邓大军到达大别山地区后，经过两个多月的艰苦作战和群众发动工作，歼敌3万多人，建立了33个县级民主政权，实现了"站稳脚跟、筹建根据地"的最终目标。1947年8月22日，陈谢兵团8万多人强渡黄河，挺进河南西部地区，歼敌5万多人，建立了39个县级民主政权，完成了在豫陕边地区的战略展开。同时，在1947年8月，华东野战军主力挺进鲁西南；9月，建立豫皖苏根据地。这样，南下的解放军这三路大军便跳出了国民党军队的军事包围圈，形成"品"字形阵势，调动和吸引国民党军南线全部兵力160多个旅中约90个旅于自己周围，动摇了国民党的统治，实现了人民解放战争战略进攻的目标。

三、"千里跃进大别山"故事讲评中的思想政治教育

1. 顾全大局、牺牲自我的大无畏精神

1947年3月，国民党集中重兵聚集陕北和山东，进行重点进攻。其战略企图是，集中主力于陕北、山东两翼，实施进攻，将南线我军压缩在"乙"字形的弧内，聚而歼之。我军形势十分严峻。刘邓大军所在的晋冀鲁豫战场是联系陕北和山东两战场的中间地带，也是国民党军兵力较为空虚的一段。中共中央和中央军委交给刘邓大军的任务，就是，向大别山进军，砍断这个"哑铃"，把战争引向国民党统治区域，进行战略反攻。要完成这一战略任务，在敌强我弱

的情况下，困难是可以想象的。但为了全局的利益，刘邓大军义无反顾地挑起了这副重担。在强渡黄河前夕，邓小平同志对他的部下说：我们晋冀鲁豫好似一根扁担，挑着陕北和山东两大战场。"我们要坚决执行党中央、毛主席的战略方针，责无旁贷地打出去，把陕北和山东的敌人拖出来。我们打出去挑的担子愈重，对全局愈有利。"① 后来邓小平曾回忆说："当时，真正的是二话没说，什么样的困难也不能顾了。"② 刘伯承同志也曾指出："我军南下大别山，是党中央、中央军委赋予我们的战略任务，这是我们考虑一切问题的出发点和归宿，我们的一切考虑，都必须服从这一战略全局。"③ 到达大别山后，由于遭到20多万国民党军队的围攻，刘伯承和邓小平分别率部队行动。当时邓小平率领几百人的部队在大别山的深山之中与10万国民党军队周旋，其危险和艰难可想而知。于是，党中央为了减轻大别山军事斗争压力，催促华东野战军主力尽快南下以解大别山之围。邓小平知道此事后，立即致电中央，称"不要催促华东野战军，希望他们好好休整，积蓄力量"。电文是这样说的："只要他们休整好了，出来打几个大仗，大别山的形势就缓和了。即使二野再减员一些也不要紧，我们可以承受这个困难。"④ 从刘邓大军挺进大别山可以看出，刘邓大军挺进大别山，是在全军上下没有做好物质和精神准备的情况下进行的，这表现出了刘伯承、邓小平和全军指战员高度的组织性、纪律性和革命自觉性，以及为了革命胜利赴汤蹈火、顾全大局、牺牲自我的大无畏精神。

---

① 杨国宇等：《二十八年间——从师政委到总书记》（续篇），北京：北京学习出版社，1991年版，第151页。
② 毛毛：《我的父亲邓小平》，北京：中央文献出版社，1993年版，第560页。
③ 战史编辑室：《中国人民解放军全国解放战争史》（第三卷），北京：军事科学出版社，1995年版，第103页。
④ 杨国宇等：《二十八年间——从师政委到总书记》（续篇），北京：北京学习出版社，1991年版，第69页。

2. 不畏艰险、艰苦奋斗的斗争精神

鲁西南战役后,为了挺进与鲁西南远隔千里的大别山区,部队要横跨陇海路,穿越黄泛区,涉过沙河、涡河、汝河、淮河等天然障碍,其后还有国民党数十万军队穷追不舍;再加上正值酷暑、雨季,暑气蒸人,河水猛涨,道路泥泞,部队本来就疲惫不堪,也没来得及好好休整,便马不停蹄地向南奔驰,真可谓困难重重,充满了艰难和风险。摆在刘邓大军面前的第一道难关,就是黄泛区,号称"死亡区"。黄泛区积水没膝,深处及脐;即使是无水的地方,也尽是稀烂的胶泥,前脚起,后脚陷,荒无人烟,行军、食宿十分困难。刘邓向部队发出号召:"走到大别山就是胜利。"最终刘邓大军战胜困难,胜利通过黄泛区。刘邓大军千里跃进大别山之初,蒋介石曾错误地认为刘邓大军是"北渡不成而南窜"。当刘邓大军胜利通过黄泛区,涉过沙河后,蒋介石如梦初醒,急调整编八十五师沿平汉路南下,驻守汝河南岸;不仅撤了参谋总长陈诚的职务,还亲自兼任参谋总长飞到前线督战;砸烂汝河上的所有渡船,以猛烈的火力来阻击刘邓大军南下。在前有阻兵、后有追兵的情况下,刘伯承对战士们说:"狭路相逢,勇者胜,从这里杀出一条血路,冲过去!"邓小平指示:"不惜一切代价,打过去!"刘伯承和邓小平充满压倒一切困难气势的话语深深鼓舞了战士们。刘邓大军先头部队打得十分英勇,所有的步枪都安上刺刀,每颗手榴弹都揭开盖,沿途不留一个据点和一个敌人,从晚上打到第二天下午,也就是1947年8月25日下午,刘邓大军终于突破了敌人的防线,胜利渡过了汝河。

大别山地区位于淮河以南,地理上属于南方。刘邓大军中的广大指战员大都是北方人,他们虽有着丰富的适应北方气候的作战经验,但对大别山的环境却很不适应。吃惯了小米、山药蛋的北方大汉,南方的大米填不饱他们的肚子。由于敌情严重,部队几乎天天行军作战,并且常常一走就是上百里,所以战士们大都是饿着肚子打仗。当时部队缺粮,就是刘邓首长和野司机关也经常断粮。加之南方雨水多,北方布鞋经不住水泡,穿不了几天就烂透了,而战士们又穿不惯草鞋，脚上经常磨得淌血流脓，还要连续行军作战，简直苦不堪言。另外，南方地区蚊子多，毒蛇多，不少战士被蛇咬伤或患上疟疾，没有药治。面对困难，邓小平号召部队要不怕吃苦，胸怀全局，敢于斗争，敢于胜利，不能被艰苦的环境所吓倒，要以乐观的态度来对待困难，使部队中存在的畏难情绪得以克服，战士们以饱满的革命热情和战胜一切困难的勇气去面对困难，战胜困难，坚持大别山斗争。1948年2月，邓小平奉中央军委之命率3个纵队走出大别山时，部队"衣衫褴褛，面容憔悴，乱发蓬散，须如荒草，形若一队浩浩荡荡的叫花子"。① 作为晋冀鲁豫野战军政委的邓小平亦是"衣着陈旧，又黑又瘦，唯两只眼睛仍炯炯有神"。② 刘邓大军在千里跃进大别山和转战大别山的斗争中，克服了无数艰难险阻，胜利完成了中央军委赋予的战略任务。刘伯承、邓小平和广大指战员表现出了高度的政治自觉性、革命责任感和不畏艰险、勇挑重担、艰苦奋斗的斗争精神。

第二节 董存瑞舍身炸碉堡

在解放战争历史上，董存瑞的英名永垂不朽。他舍身炸碉堡的英雄事迹传遍中华大地，他为迎接新中国的成立不惜牺牲自己生命的伟大精神永远值得我们学习与铭记，他是人民战士的光辉榜样。

一、故事背景

解放战争打了一年之后，到1947年，敌我力量对比发生了重大

---

① 《大势中原》，太原：山西人民出版社，1936年版，第383页。
② 二野战史编辑室：《第二野战军战史》，北京：解放军出版社，1990年版，第361页。

变化。国民党不仅在军事上丧失了大量的有生力量，在政治上也日益孤立。中共中央不失时机地作出了人民解放军由战略防御转入战略进攻的决策。1947年6月30日，刘伯承、邓小平率领晋冀鲁豫野战军主力一、二、四、六4个纵队12万多人一举突破国民党军队的黄河防线，进入鲁西南，并兵分三路跨越陇海路，向南奔袭，开始了挺进大别山的壮举。1947年8月22日，陈谢兵团8万多人强渡黄河，挺进豫西。1947年9月，华东野战军主力也挺进豫皖苏。三路南下大军形成"品"字形阵势。

在三路南下大军转入外线进行战略进攻的同时，仍坚持内线作战的人民解放军各部也相继转入反攻。在西北，1947年8月，为调动胡宗南部以利于陈谢兵团出击豫西，西北野战军在彭德怀领导下北上围攻榆林，在米脂西北沙家店地区歼敌主力整编第三十六师两个旅，共6000多人。人民解放军在西北战场转入内线反攻。12月下旬，晋冀鲁豫野战军八纵与西北野战军一部占领运城，晋南东区获得解放。在华东，1947年9月至10月间，谭震林、许世友领导的华东野战军山东兵团为策应外线主力挺进中原，在胶东、莱阳、平度等地发动攻势，歼敌6万余人。在华北，1947年10月，晋察冀野战军在清风店战役中歼灭罗历戎第三军主力，连同大清河北战役和攻克华北军事重镇石家庄，共歼敌5万多。华北军事重镇石家庄的解放具有重大的政治、军事影响。朱德说："这是很大的胜利，也是夺取大城市之创例。"在东北，1947年9月至11月间，东北民主联军在中长、北宁两路沿线发动秋季攻势，歼敌6.9万余人，控制了东北大部分铁路。1947年12月至1948年3月，东北民主联军进行持续三个月之久的冬季攻势，共歼灭国民党军15.6万余人，解放城市17座，攻克四平街，将敌军压制于长春、沈阳、锦州三个互不联系的、面积仅占东北（包括热河）总面积3%的狭小地区，为以后全歼东北的国民党军队，解放东北全境奠定了基础。1948年1月，东北民主联军正式更名为"东北人民解放军"。

人民解放军经过半年的反攻共歼灭国民党军75万多人，外线、内线各个战场的攻势作战构成了全国规模的战略进攻总态势，而国民党军队则被迫由战略进攻转入全面防守。这一根本转变，标志着中国人民革命战争迎来了一个历史的转折点。"这是蒋介石的二十年反革命统治由发展到消灭的转折点。这是一百多年以来帝国主义在中国的统治由发展到消灭的转折点。""这个事变一经发生，它就将必然地走向全国的胜利。"①

在这伟大的历史转折关头，中国共产党于 1947 年 10 月 10 日发表《中国人民解放军宣言》，公开提出"打倒蒋介石，解放全中国"的口号。这个口号的提出，极大地鼓舞了解放军全体指战员和全国人民的斗志。

随着人民解放军转入战略反攻，解放区的土地改革运动也全面开展起来。毛泽东指出："土地制度的彻底改革，是现阶段中国革命的一项基本任务。如果我们能够普遍地彻底地解决土地问题，我们就获得了足以战胜一切敌人的最基本的条件。"② 1946 年 5 月 4 日，中共中央发出《关于清算、减租及土地问题的指示》，即《五四指示》，把中国共产党在抗日战争时期实行的减租减息的土地政策改变为没收汉奸豪绅恶霸地主的土地分给农民的政策。在此之后，通过开展清算斗争等，到 1947 年下半年，解放区三分之二的地区基本上解决了农民的土地问题，但并没有完全满足广大农民对土地的要求。

在人民解放军转入战略进攻之后，为了维护广大农民的利益，进一步激发农民支援解放战争的积极性，1947 年 7 月至 9 月，中国共产党在河北省平山县召开全国土地会议，制定和通过了《中国土地法大纲》。大纲明确规定："废除封建性及半封建性剥削的土地制度，实现耕者有其田的土地制度"，将"乡村中一切地主的土地及公地，由乡村农会接收"，分配给无地或少地的农民。这个大纲指引着在封建制度压迫下的亿万农民群众将自己的力量汇入民主革命的洪流。

《中国土地法大纲》颁布后，各解放区轰轰烈烈的土地改革运动

---

① 《毛泽东选集》第四卷，北京：人民出版社，1991 年版，第 1244 页。
② 《中国近现代史纲要》，北京：高等教育出版社，2007 年版，第 136 页。

进入高潮。到 1948 年秋，一亿人口的解放区广大农民分得土地并在政治上获得翻身。解放了农村生产力，工农联盟进一步巩固和加强。在"保田参军"的口号下，大批青壮年农民踊跃参加中国人民解放军。根据地的农民不仅将粮食、被服等送往前线，而且成立运输队、担架队、破路队等随军担负战争勤务，配合人民解放军前线作战，使解放战争获得了源源不断的人力、物力支援。经过土地改革，农民进一步认识到，中国共产党是自身利益的坚决维护者，因而他们自觉地围绕在中国共产党的周围团结起来，这就为打败蒋介石、建立新中国奠定了深厚的群众基础。

结合土地改革，从 1947 年冬至 1948 年春，中国共产党进行了以"三查三整"为主要内容的整党运动。三查，即查阶级、查思想、查作风。三整，即整顿组织、整顿思想、整顿作风。实行"惩前毖后、治病救人"的方针，坚持思想教育、组织整顿、纪律制裁的原则，运用群众路线、开展批评与自我批评的方法。以"三查三整"为主要内容的整党运动，纯洁了党的组织，提高了广大干部的阶级觉悟和思想认识水平，增强了党性，转变了作风，坚定了胜利信心，有力地保证了土地改革的完成和解放战争的顺利进行。

1947 年 11 月至 1948 年秋，在整党的同时，为了进一步提高解放军指战员的阶级觉悟和战斗力，人民解放军各部普遍利用战争间隙，在部队各级党委领导下，先后进行以"诉苦"（即诉旧社会和反动派所给予劳动人民之苦）、"三查"（即查阶级、查工作、查斗志）、发扬民主和群众性练兵为主要内容的新式整军运动，对部队进行阶级教育，发扬政治、经济、军事三大民主，开展群众性的练兵运动。经过这场大规模的整军运动，人民解放军的军政素质得以显著提高，极大地增强了战斗力。人民解放军中涌现出了许多英雄的故事，董存瑞舍身炸碉堡的英雄壮举就是其中之一。

二、故事简介

董存瑞（1929—1948），汉族，原名董春睿，河北省怀来县南山堡人。中国共产党党员。小时候因家境贫穷，只读过一年书。抗日战争中，董存瑞参加了当地儿童团，担任儿童团团长，被誉为"抗日小英雄"。1945年7月，董存瑞参加了八路军。1946年4月，在察北重镇独石口遭遇战中，董存瑞机智地夺下敌人的一挺机枪，被部队授予勇敢奖章，记大功一次。到舍身炸碉堡时，董存瑞共立大功3次、小功4次，荣获3枚勇敢奖章和一枚毛泽东勋章。

1947年12月至1948年3月，东北人民解放军进行了持续三个月之久的冬季攻势，共歼灭国民党军15.6万余人，解放城市17座，攻克四平街，将敌军压制于长春、沈阳、锦州三个互不联系的狭小地区，进行顽抗。为配合即将开始的辽沈战役和华北战场杨罗耿兵团东进，董存瑞所在的东北人民解放军十一纵队奉命以迅速果敢的行动，消灭国民党十三军，解放全热河，割断华北敌军与东北敌军的联系。1948年5月初，董存瑞所在部队从朝阳出发，攻打热河省省会承德的大门——隆化。

董存瑞所在的东北人民解放军包围隆化后，敌人十分嚣张。国民党守军第一三军军长石觉在承德吹嘘："共军能打下隆化，我就把承德白送给他们。"国民党在隆化驻有一个团的兵力，修筑了40多个永久性碉堡，由母堡、子堡、组成碉堡群。碉堡群周围还设有许多防御工事，如鹿砦、铁丝网、陷阱、梅花桩、外壕等。各碉堡群之间火力相互支援，构成交叉火力网。这些防御工事与隆化城背靠的两座大山——苔山和龙头山——有效地结合起来，形成了坚固的防御体系。因此，国民党军队认为隆化"固若金汤"。

针对隆化敌军坚固的防御体系，攻城部队制定了攻打隆化的作战方案，指出：要拿下隆化，必须首先拔掉苔山和左边的隆化中学这两个钉子。

1948年5月25日凌晨，随着三颗红色信号弹腾空而起，进攻隆化县城的战斗打响。经过激烈的战斗，胜利的红旗插上了苔山的顶峰。5时25分，部队命令下达，董存瑞所在的六连担任主攻，从城东北向隆化中学外围工事进攻。敌人的机枪严密封锁六连前进的道路，但六连组织火力组、突击组、爆破组、支援组互相配合，攻破了旧衙门碉堡群。董存瑞带领爆破组连续爆破了敌军4个炮楼、5个碉堡，胜利地完成扫清隆化中学外围工事的任务。

在第二次总攻中，六连向隆化中学发起冲锋时，战士们被敌人的机枪压在一条土坡下面，抬不起头来，这是隆化中学东北角横跨旱河的一座桥上喷出来的6条火舌，狡猾的敌人在桥上修了一个伪装得十分巧妙的暗堡，拦住了我军冲锋的道路。白副连长连续派出李振德等3名爆破手去爆破，都没有成功。董存瑞和战友们纷纷向连长请战，请求炸掉桥型暗堡。白副连长说："你们已经几次完成了爆破任务……"不容副连长说完，董存瑞抢着说："我是共产党员，是爆破组长，我的任务就是炸碉堡，别看我们人少，就是只剩下我一个人，也要完成任务。"这时，团部下达了紧急命令，要6连火速从中学东角插进去，配合已突进中学院内的兄弟部队，迅速结束战斗。白副连长和郭指导员对董存瑞说："好，你去炸碉堡吧，千万要注意隐蔽。"董存瑞说："放心吧，不完成任务就不回来！"说完他递给指导员一个小纸包："如果我牺牲了，这就是我最后的一次党费。"

董存瑞挟起炸药包，在战友郅顺义的火力掩护下，弯着腰冲了出去。他一会儿匍匐前进，一会儿又借着战友郅顺义扔出的手榴弹的烟雾，一阵猛跑。当快要冲进开阔地时，董存瑞指着前面的一个小土堆，对战友郅顺义说："你就在这儿掩护！"郅顺义一阵手榴弹把敌人碉堡前的铁丝网炸个稀巴烂。董存瑞趁机冲进了开阔地，一阵快跑跳进旱河沟里，进入了敌人的火力死角。这时，他的腿受了伤，鲜血直流。董存瑞没有多想，抱着炸药包迅速冲到桥下。站在桥下的董存瑞突然发现，这座桥离地面有一人多高，两旁是砖石砌的，没沟、没棱，也没有安放炸药包的地方。如果把炸药包放在河床上，炸不着暗堡。而此时又找不到任何东西代替支架安放炸药。郅顺义在小土堆上清清楚楚地看着这一切，急得直攥拳头。这时，嘹亮的冲锋号在身后响起，部队向隆化中学发起了进攻。暗堡里的敌人垂死挣扎，子弹像暴雨一样射向冲上来的队伍。看到纷纷扑倒下去的战友，董存瑞焦急万分。突然，他身子向左一靠，站在桥中央，左手托起了炸药包，紧紧地贴着桥底，从容镇定地用右手拉开导火索,导火索冒着白烟急速地烧向炸药包。董存瑞泰然自若,坚定地站在那里纹丝不动,像一尊雕塑。战友郅顺义惊呆了,他不顾一切地跳下旱河沟,往桥下的战友奔去。董存瑞看见了,大声对郅顺义喊:"卧倒!卧倒!快趴下!"随着天崩地裂的一声巨响,敌人的暗堡被炸毁,董存瑞用自己的生命为部队开辟了前进道路。牺牲时,年仅19岁。

三、故事讲评中的思想政治教育

董存瑞挺身而出,舍身为国的战斗精神不是与生俱来的,它植根于董存瑞坚定的革命信念之中。董存瑞出生于贫苦的农民家庭,从小深受地主阶级剥削和日本鬼子压迫,对党充满着深厚感情。他13岁当上抗日游击区的儿童团长,被人称为"南山堡的王二小"。他在战火中参军、入党,成长为主力部队的爆破班长。在新式整军运动中,董存瑞带领的6班被师部誉为"董存瑞练兵模范班"。在实战演习中,董存瑞把身旁一颗冒白烟的手榴弹扔了出去,避免了一次伤亡事故,获得师级"模范爆破手"的光荣称号。

人民军队的熏陶和革命战争的洗礼,使董存瑞坚定了"为了革命解放事业和建立新中国而奋斗"和"党交给的任务,天塌下来也要完成"的革命理想信念。1947年初长安岭阻击战中,在班长牺牲、副班长重伤的情况下,董存瑞挺身而出指挥全班战士英勇杀敌,胜利地完成了阻击任务。

董存瑞牺牲后,东北人民解放军第十一纵队党委发出了悼念董存瑞的决定:追认董存瑞为纵队战斗英雄、模范共产党员,命名董存瑞生前所在班为"董存瑞班"。1950年9月,在全国战斗英雄、劳动模范代表会议上,追认董存瑞同志为全国战斗英雄。董存瑞由此成为人民解放军的六位经典英烈之一,并于1954年修建了董存瑞烈士陵园。

英雄董存瑞没有留下遗体,爆炸后的现场只找到一只鞋,英雄虽然尸骨无存,但挺身而出、舍身为国的战斗精神长留人间。在后来的解放战争、抗美援朝等战场上,涌现出许多董存瑞式的英雄。

如解放锦州时,东北野战军第二纵队十连的战斗组长梁士英,用身体堵住了塞进敌地堡的爆破筒,与敌人同归于尽。锦州人民为了纪念他,将锦州西北门命名为"士英门"。抗美援朝战场上的杨根思、黄继光等英雄身上,也都闪动着董存瑞的身影。

朱德总司令为董存瑞舍身炸碉堡题词"舍身为国,永垂不朽",董存瑞烈士陵园于 1995 年被中华人民共和国民政部门定为"爱国主义教育基地",1996 年被解放军总政治部、文化部、民政部、国家教委、团中央、国家文物局联合定为全国百个青少年爱国主义教育基地之一;1997 年被列为全国百个爱国主义教育示范基地之一。

第三节 烈火红岩丰碑存

重庆解放前夕的 1948 年,叛徒的出卖导致川东地下党创办的《挺进报》被敌人查封、川东 3 次武装起义失败,给川东地下党造成重大损失。大批优秀共产党员被捕入狱。如:江竹筠、许晓轩、陈然、许建业、王朴等。1949 年 10 月,国民党中央政府逃到重庆,妄图割据西南。重庆监狱中的共产党员与国民党特务进行了顽强不屈的斗争,种种酷刑丝毫动摇不了他们的革命意志。11 月 27 日晚,国民党特务机关对白公馆监狱和渣滓洞监狱等地关押的中共党员和革命人士进行疯狂大屠杀,300 余人先后牺牲,倒在黎明前的黑暗里。岁月虽然流逝,但红岩英烈们的英雄事迹丰碑永存。

一、故事背景

1948 年秋,人民解放战争进入夺取全国胜利的决定性阶段。国民党政权濒临崩溃,人民解放军同国民党军队进行战略决战的时机已经成熟。在毛泽东和中共中央军委的领导和指挥下,在人民群众的热烈支援下,1948 年 9 月~1949 年 1 月,人民解放军先后发动了

中编　新民主主义革命时期历史故事讲评中的思想政治教育（1919—1949）

辽沈、淮海、平津三大战役。三大战役历时142天，共歼灭国民党军队154万余人。国民党赖以维持其反动统治的主要军事力量基本上被摧毁，全国已处在革命胜利的前夜。

　　为了欺骗人民，争取喘息时间，布置长江防线，以便卷土重来，1949年元旦，蒋介石发表"求和"声明。对此，中国共产党在政治上予以揭露。毛泽东在1948年12月30日为新华社所写的新年献词中发出"将革命进行到底"的伟大号召。1949年1月5日毛泽东发表《评战犯求和》，揭露蒋介石的求和骗局。1月14日，毛泽东以中共中央主席的名义发表关于时局的声明。严正指出：虽然中国人民解放军具有充足的力量和充分的理由，确有把握在不要很久的时间内，全部地消灭国民党反动政府的残余军事力量；但是，为了迅速结束战争，实现真正的和平，减少人民的痛苦，中国共产党愿意在惩办战争罪犯、废除伪宪法和伪法统、改编一切反动军队等八项条件的基础上，同南京国民党政府及国民党地方政府和军事集团进行和平谈判。①与此同时，中国人民解放军在军事上进行战争部署，组成渡江战役总前委，命令第一野战军、第二野战军南进至长江北岸，进行整训和渡江准备。

　　1949年1月21日，蒋介石被迫宣告"隐退"，由副总统李宗仁代理总统。但蒋介石仍以"总裁"名义遥控政权。谈判从1949年4月1日开始，最终由于国民党政府拒绝在《国内和平协定》上签字，1949年4月21日，毛泽东、朱德发布"向全国进军的命令"，人民解放军第二野战军、第三野战军在东起江阴，西至湖口的长达1000多里的战线上强渡长江天险，一举摧毁国民党苦心经营了3个半月的长江防线。4月23日，人民解放军占领南京，宣告延续了22年之久的国民党反动统治的覆灭。

　　随着解放战争的胜利发展，建立新中国的任务提上了历史日程。1949年3月召开的中共七届二中全会，规定了党在全国胜利后于政治、经济、外交方面应当采取的基本政策。在这次会议上，毛泽东

---

　　① 《中国近现代史纲要》，北京：高等教育出版社，2007年版，第144页。

告诫全党，夺取全国胜利只是万里长征走完了第一步，中国的革命是伟大的，但革命以后的路更长，工作更伟大，更艰苦。据此，他提出了"两个务必"的思想，即"务必使同志们继续地保持谦虚、谨慎、不骄、不躁的作风，务必使同志们继续地保持艰苦奋斗的作风"。在胜利面前，毛泽东保持着清醒的头脑，告诫全党，必须警惕糖衣炮弹的攻击。

随着国民党政权被推翻，全国性的革命群众团体相继建立，召开新的政治协商会议，成立新中国的条件已经成熟。1949年9月21日—30日，中国人民政治协商会议第一届全体会议在北平中南海怀仁堂隆重开幕。中共中央主席毛泽东在开幕词中向全世界豪迈地宣告："我们的工作将写在人类的历史上，它将表明：占人类总数四分之一的中国人从此站立起来了。""我们的民族将从此列入爱好和平自由的世界大家庭，以勇敢而勤劳的姿态工作着，创造自己的文明和幸福；同时也促进世界的和平和自由。我们的民族将再也不是一个被人侮辱的民族了，我们已经站起来了。"① 会议通过了《中国人民政治协商会议共同纲领》，在当时是全国人民的大宪章，起着临时宪法的作用；通过了中央人民政府组织法，选举毛泽东为中央人民政府主席，朱德、刘少奇、宋庆龄、李济深、张澜、高岗为副主席，陈毅等56人为中央人民政府委员。随后，中央人民政府委员会任命周恩来为政务院总理兼外交部长。

1949年10月1日，首都30万军民齐集天安门广场举行开国大典，欢庆中华人民共和国的诞生。下午3时，大地欢声雷动。毛泽东主席庄严宣布："中华人民共和国中央人民政府成立了！"这个洪亮的声音震撼了北京城，震撼了全国，震撼了全世界。在国歌、礼炮和群众的欢呼声中，第一面五星红旗在广场上冉冉升起。与此同时，礼炮齐鸣28响，标志着中国共产党领导中国人民英勇奋斗28年，终于取得了新民主主义革命的最后胜利。

---

① 《中国近现代史纲要》，北京：高等教育出版社，2007年版，第145、146页。

在开国大典上,朱总司令在检阅陆海空三军时,发布中国人民解放军总部命令。命令人民解放军迅速肃清国民党反动军队的残余,解放一切尚未解放的国土,同时肃清土匪和其他一切反革命匪徒,镇压他们的一切反抗和捣乱行为。这样,中国人民解放军一野、二野、三野、四野分别向西北、西南、华南和海南岛进军。

1949年11月1日,第二野战军和第一、四野战军各一部在地方武装配合下,发起了解放四川、贵州、云南、西康四省的"西南战役"。西南解放前夕,云南、贵州、四川、西康四省及其周围边界地区,国民党军集结了90万兵力进行顽抗,蒋介石派张群任西南军政长官,经营西南。由胡宗南率3个精锐兵团,倚秦岭主脉向北构筑防线。为了全歼西南地区的国民党军,中共中央和中央军委制定了大迂回大包围的作战方针。刘伯承和邓小平率领第二野战军和第四野战军一部,由湘西、鄂西地区直出贵州,挺进四川宜宾、泸州、重庆一线,切断胡宗南集团及张群集团退往云南的道路及其与广西的华中军政长官白崇禧部的联系。为了造成从陕南入川的假象,迷惑和麻痹国民党军,人民解放军采用声东击西的战术,位于宝鸡地区的第一野战军第18兵团对防守秦岭地区的胡宗南部发动佯攻。待第二野战军将四川守军退往云南的道路切断后,即迅速占领川北及成都地区,然后一野、二野、四野协力聚歼四川境内的胡宗南守军。

1949年10月23日,刘伯承、邓小平向解放军第二野战军发出进军川黔的作战命令,前锋直指重庆。11月25日,解放军解放南川,国民党第15兵团罗广文部全线崩溃。11月26日,解放军二野三兵团主力在南川以北围歼宋希濂、罗广文部3万余人,解放綦江。11月30日,重庆解放。红岩英烈故事就发生在重庆解放前夕。

二、故事简介

渣滓洞、白公馆位于沙坪坝区歌乐山麓,是抗战时期国民党重庆"军统局"监狱所在地,抗战后期曾在此建"中美特种技术合作所"。解放战争时期,这里成为关押和杀害革命志士的人间地狱。新四军军长叶挺、著名共产党人罗世文、车耀先、江竹筠,爱国将领杨虎城、黄显声等均被关押在这里，最终惨遭杀害。1949年11月27日，国民党政府对囚禁在这里的300多位革命人士实行大屠杀，制造了震惊中外的"一一·二七"大血案。

渣滓洞距白公馆2.5公里，是重庆郊外的一个小煤窑，因渣多、煤少被称为渣滓洞。渣滓洞位置十分隐蔽，三面环山，一面是沟。从1947年12月起称"重庆行辕二处第二看守所"。关押在这里的人员主要是"政治犯"，最多时关押过300多人。江竹筠、许建业、余祖胜等均被关押在这里。1949年11月底重庆解放前夕，囚禁于这里的200多位革命志士相继被杀害。

白公馆原为四川军阀白驹的郊外别墅，抗战时期被军统局局长戴笠用重金买下，改造成为迫害革命者的监狱。白公馆里关押的都是军统认为"案情严重"的政治犯。抗日爱国将领黄显声，同济大学校长周均时，爱国人士廖承志，共产党员宋绮云、徐林侠夫妇及他们的幼子都被关押在这里。白公馆和渣滓洞被人们称作"两口活棺材"。身陷囹圄的革命者坚定共产主义信念，与敌人展开了一场胜利前光明与黑暗的殊死搏斗，他们虽然已将生死置之度外，但他们决不坐以待毙，而是与狱外的党组织保持联系，有计划地准备武装劫狱。

1949年7月，川东特委传达了南方局钱瑛对川东地下党的指示：保存力量、保护城市、迎接解放、配合接管。钱瑛在指示中专门提到对于被捕的党员和进步群众，要千方百计地把他们营救出来，需要钱买的，就花钱买。但终因时间短促，地下党组织掌握的力量太小，第一次劫狱计划未能实行。1949年11月14日，敌人继在大坪公开枪杀陈然、王朴等10人后，又在电台岚垭秘密杀害江竹筠等30人。监狱停止了每天一次的放风，岗楼上又加派了双哨，日夜巡逻，集中营里气氛越来越险恶而紧张。川东地下党深知狱中同志的生命已危在旦夕，筹集了50两黄金作为劫狱经费，决定组织第二次武装营救。然而，第二次劫狱计划又告失败。

江竹筠（1920—1949年），原名江竹君，曾用名江志炜、江雪琴，四川省自贡市人，中国共产党党员。1946年底至1947年初参加领导重庆学生抗暴运动,并为中共重庆市委机关报《挺进报》做了大量工作。1947年7月,由于革命形势的发展,川东党组织决定建立游击队和根据地,工作重点转向农村搞武装斗争。于是,江竹筠以联络员身份随丈夫彭咏梧(时任中共川东临委委员兼下川东工委副书记)一道去下川东开展武装斗争。1948年1月,彭咏梧在云阳、奉节组织武装暴动时牺牲。江竹筠坚持在丈夫倒下的地方继续战斗,她表示:"这条线的关系只有我熟悉,我应该在老彭倒下的地方继续战斗。"

1948年6月,由于叛徒涂孝文的出卖,江竹筠在重庆万州不幸被捕,被关押在重庆渣滓洞集中营。当敌人从叛徒那里得知江竹筠是彭咏梧的妻子和助手,并掌握着川东云阳、奉节、巫溪、巫山等县党组织和游击队的重要情况时,国民党特务妄想从江竹筠身上找到突破口,以破获重庆地下党组织。但江竹筠在敌人一个多月的酷刑审讯中,守口如瓶,受尽了国民党军统特务的各种酷刑——老虎凳、吊索、带刺的钢鞭、撬杠、电刑……甚至把竹签钉进她的十指,她始终坚贞不屈:"你们可以打断我的手,杀我的头,要组织是没有的。""竹签子是竹子做的,共产党员的意志是钢铁铸成的。"特务头子徐远举感叹地说:"共产党厉害就厉害在这些地方,彭咏梧死了,江竹筠的心也死了。"

1949年11月14日,在重庆即将解放的前夕,江竹筠被国民党军统特务杀害于歌乐山电台岚垭,年仅29岁。新中国成立后,江竹筠的事迹被写进了长篇小说,搬上了舞台和银幕,家喻户晓,广为传颂,教育、影响和激励了几代中国人。2009年她被评为100位为新中国成立有突出贡献的英雄模范之一。

陈然(1923—1949年),原名陈崇德,河北省香河县人,1939年加入中国共产党。全面内战爆发后,中共重庆市委为了唤醒国统区人民反对国民党的内战独裁政策,于1947年秋创办了《挺进报》,陈然担任《挺进报》最机密的印刷工作。随着《挺进报》发行量的不断增加,工作任务愈来愈重,刻版、印刷、分送等工作几乎都是陈然一个人在夜间完成的,他以超人的精力、高度的警惕性和责任感,尽心尽力地完成党交给他的艰巨任务。

《挺进报》的发行引起了国民党反动派的极大恐慌,重庆当局曾3次下令限期破案,直到1948年4月,由于叛徒出卖,特务破门而入,抓走了陈然。陈然把牢房当作战场,他在一张香烟盒纸上创办了白公馆《挺进报》第一期,把人民解放军的胜利消息秘密地传遍各个牢房。陈然还设法同关押在隔壁的黄显声将军取得联系,黄显声将军便利用放风的机会把报纸从门缝塞给陈然。从此,人民解放军节节胜利的消息就时常出现在白公馆的《挺进报》上,使坚持狱中斗争的同志们受到了极大的鼓舞。新中国成立的消息传到监狱时,他和难友们抑制不住激动的心情,亲手缝制了一面五星红旗。1949年10月28日,陈然在重庆大坪被枪杀,牺牲时只有26岁。

王朴(1921—1949年),又名王兰骏,重庆渝北区两路镇人。他虽为富家子弟,却能毅然投身革命,于1946年加入中国共产党。1947年秋,中共北区工作委员会成立后,王朴负责宣传、统战工作。其母亲金永华于1946年创办了现在渝北中学的前身志达中学,1947年为支持革命斗争,她毅然变卖所有田产,兑换成黄金2 000两资助川东地下党的工作,为迎接重庆解放发挥了重要作用。1948年4月,因叛徒出卖,《挺进报》被查封,重庆和川东地下党组织遭到严重破坏,王朴被捕入狱。在狱中,无论是敌人的酷刑,还是封官许愿的诱惑,王朴都不为所动。1949年10月28日,王朴被敌人杀害于重庆大坪,遇害时年仅28岁。

另外,许晓轩、许建业、余祖胜等红岩英烈,无论是面对敌人的种种酷刑,还是高官厚禄、金钱美女,都视死如归,威武不屈。

三、"烈火红岩丰碑存"故事讲评中的思想政治教育

1. 坚守共产主义信仰,忠诚于党的事业

江竹筠在狱中受尽了国民党军统特务的各种酷刑,受刑后的江竹筠给徐远举留下的一句话是:"你只能危害我的身体,动摇不了我的意志。"江竹筠在狱中战胜刑罚的英雄行为极大地鼓舞了难友们的

斗争意志。

许晓轩（1916—1949年），学名永安，字小轩，江苏省江都县仙女庙（今江都镇）人。1938年5月加入中国共产党，于1939年春担任中共川东特委青委宣传部长，1940年4月被捕，1949年11月27日大屠杀时殉难，他是长篇小说《红岩》中许云峰、齐晓轩等人物形象的生活原型。在戒备森严的白公馆监狱中，他用秘密方法与党员联系，成立了狱中临时党支部，并任党支部书记，组织和领导狱中的地下斗争。敌人为割断他与狱中地下党组织的联系，将他戴上重镣，关进终日不见阳光的地牢。面对敌人的严刑拷打、残酷折磨和威逼利诱，许晓轩始终大义凛然，坚强不屈，不为所动。无可奈何的敌人不得不承认：任何刑具对他都是没有效果的。许晓轩经常鼓励同胞们说："越是关键的时刻，我们越要叫敌人知道，共产党人是不可动摇的。"

红岩英烈们在生命的最后关头，怀着对党的赤胆忠心，向川东地下党提出了8条嘱托：第一，保持党组织的纯洁性，防止领导成员的腐化；第二，加强党内教育和实际斗争的锻炼；第三，不要理想主义，对上级也不要迷信；第四，注意路线问题，不要从右跳到"左"；第五，切勿轻视敌人；第六，注意党员特别是领导干部的经济、恋爱和生活作风问题；第七，严格整党整风；第八，严惩叛徒、特务。这是英烈们以生命为代价给党留下的沉痛教训和宝贵精神财富，震撼人心，发人深省。

2. 浩然正气，视死如归的英雄气概

江竹筠面对敌人的严刑拷打，始终坚贞不屈，"你们可以打断我的手，杀我的头，要组织是没有的。"许晓轩在牺牲前，高举双手，向每间牢房的战友道别，平静地对同胞们说：胜利以后，请转告党，我做到了党教导我的一切。陈然在狱中虽然受尽各种酷刑，但他始终只承认《挺进报》从编辑、印刷到发行全部由他自己完成，他决心牺牲自己，保护组织与同志们。陈然还写下了：

任脚下响着沉重的铁镣，

任你把皮鞭举得高高；
我不需要什么自白，
哪怕胸口对着带血的刺刀！

人，不能低下高贵的头，
只有怕死鬼才乞求"自由"；
毒刑拷打算得了什么？
死亡也无法叫我开口！

对着死亡我放声大笑，
魔鬼的宫殿在笑声中动摇；
这就是我——一个共产党员的自白，
高唱凯歌埋葬蒋家王朝。

这就是陈然，一个共产党员的自白。它表现了红岩英烈们的浩然正气和视死如归的英雄气概。

下 编

社会主义革命与建设时期历史故事讲评中的思想政治教育
（1949年至今）

1949年中华人民共和国的成立是20世纪世界历史上最伟大的事件之一,它不仅改变了中华民族的历史命运,对国际格局也产生了重大而深远的影响。

1949年10月1日,首都北京30万军民齐集天安门广场,隆重举行新中国开国大典。下午3时,中央人民政府秘书长林伯渠宣布开国典礼开始。军乐队高奏国歌《义勇军进行曲》,54门礼炮齐鸣28响,象征着组成人民政协第一届全体委员会的54个单位和中国共产党领导中国人民英勇奋斗的28年。在庄严雄壮的国歌声中,毛泽东主席亲自按动电钮升起了中华人民共和国的第一面五星红旗,并向全世界庄严宣告:中华人民共和国中央人民政府成立了!接着举行了陆、海、空三军阅兵式。朱德总司令宣读《人民解放军总部命令》,命令人民解放军全体指战员迅速肃清国民党军队的残余,解放一切尚未解放的国土。阅兵式充分展示了人民军队的威武雄姿。阅兵式后,举行了声势浩大的群众游行。首都北京和已获解放的广大城乡人民沉浸在翻身解放的喜悦和庆祝胜利的狂欢之中。

新中国的成立,宣告着压在中国人民头上的帝国主义、封建主义、官僚资本主义这三座大山被推翻了,中国人民当家作主的新时代到来了,占人类总数四分之一的中国人从此站立起来了。新中国的成立,从根本上改变了中国社会的发展方向,为中国从落后的农业国变为先进的工业国,从一个混乱、分裂、贫困、落后的国家,逐步成为一个安定、统一、繁荣、富强的国家,创造了前提条件。

新中国的成立,是以毛泽东为代表的中国共产党人,把马列主义基本原理与中国革命的具体实际相结合,开辟出了一条以农村包围城市、武装夺取政权的革命新道路,并领导全中国人民相继结成广泛的革命统一战线、抗日民族统一战线、人民民主统一战线,经过28年艰苦卓绝的斗争,最终战胜了国内外的强大敌人,迎来了民族独立和人民解放的结果。没有共产党就没有新中国,这是历史的结论。

总之,新中国的成立,标志着近代以来中国人民为之奋斗的第一项历史任务,即求得民族独立和人民解放任务的基本完成,这就为实现第二项历史任务,即国家繁荣富强和人民共同富裕创造了前提,开辟了道路。

新中国成立60多年来,经历了以下几个发展阶段:

第一,1949年10月至1952年12月,是新中国完成民主革命遗留任务、恢复国民经济、争取国家财政经济状况基本好转的阶段。

新中国是从半殖民地半封建社会的废墟上建立起来的。新中国成立之初,百废待兴,但首先面临的是新政权的巩固和国民经济的恢复问题。为此,中国共产党领导全国人民采取了一系列重大措施,巩固了人民民主专政,恢复了国民经济,为以后的社会主义改造创造了条件。

这一阶段还要做的就是追歼国民党残余,完成民主革命遗留的任务。新中国成立后,中国人民解放军遵照中央军委的指示,相继展开了衡宝战役、两广战役、海南岛战役、舟山群岛战役、漳厦战役、西南战役。为把帝国主义势力驱逐出西藏,统一中国大陆,中共中央决定解放西藏。第二野战军18军向藏东政治、经济、文化中心昌都挺进,攻克昌都,打开了进军西藏的咽喉要道。西藏上层统治集团迅速分化,和平解放西藏已是大势所趋。西藏地方政府派出以阿沛·阿旺晋美为全权代表的和平谈判代表团抵达北京,同李维汉为首的中央人民政府代表团进行谈判,于1951年5月23日签署了《中央人民政府和西藏地方政府关于和平解放西藏办法的协议》,共17条。西藏宣告和平解放。西藏的和平解放,使西藏摆脱了帝国主义的侵略和分裂,给西藏人民带来了光明的前途。至此,除台湾及其附近岛屿外,中国大陆全部解放。

在追歼国民党残余的同时,各级地方人民政府相继建立,结束了我国长期分裂和混乱局面,实现了各族人民的大团结,为新中国建设的开展和由新民主主义向社会主义转变奠定了重要的政治基础。

新中国成立初期,党和政府还面临着严重的财政经济困难。新中国从旧中国接收过来的是一副烂摊子。许多工厂倒闭,大批工人失业,财政赤字,通货膨胀,市场混乱,物资匮乏,物价飞涨。为此，党和政府大力恢复和发展生产；打击投机资本，稳定市场，控制物价；加强市场管理，统一全国财政经济。通过采取这三大措施，党和政府迅速改变了新中国成立初经济上的混乱局面，极大地改善了国家的经济状况。到 1950 年 3 月物价即基本稳定，财政收支接近平衡，国家财政经济状况开始好转。到 1952 年底，国民经济得到全面恢复和初步发展。

1950 年，中国共产党和中央人民政府为巩固新生的人民政权而进行了抗美援朝、土地改革和镇压反革命运动。

正当全国人民为争取国家财政经济状况根本好转而斗争的时候，新中国又面临着美帝国主义武装侵略的威胁。1950 年 10 月 19 日，中国人民志愿军在彭德怀司令员的率领下，雄赳赳，气昂昂地跨过鸭绿江奔赴朝鲜，与朝鲜人民军并肩作战。经过两年零九个月的激战，1953 年 7 月 27 日中朝美三方代表彭德怀、金日成、克拉克在板门店正式签署《关于朝鲜军事停战的协定》，朝鲜战争结束。抗美援朝战争的胜利，保卫了朝中两国的独立和安全，粉碎了美国吞并朝鲜进而颠覆中国的狂妄计划，打破了美帝国主义不可战胜的神话。抗美援朝战争的胜利，极大地增强了中华民族的自信心和自豪感，也鼓舞了全世界被压迫人民争取民族独立解放的勇气和信心，为新中国的建设和社会改革赢得了一个相对稳定的和平环境。

封建土地制度是中国农民阶级受剥削、压迫及贫穷落后的根源，是国家实现社会主义工业化的主要障碍。变封建地主土地所有制为农民的土地所有制，解放农村生产力，是民主革命基本任务之一。为此，1950 年 6 月 30 日中央人民政府正式公布了《中华人民共和国土地改革法》，土地改革在全国全面铺开，到 1953 年春，土地改革任务胜利完成。中国大陆除西藏、新疆等少数民族聚居区外，土地改革取得巨大胜利。3 亿多无地或少地的农民无偿获得土地和大量生产资料及其他财产，免除了苛重地租，农民获得了解放。土地改革废除了 2000 多年来的封建土地所有制，解放了农村生产力，调动了农民的生产积极性，有力地促进了农业生产的恢复和发展；进一步巩固了工农联盟和人民民主专政；有力地支援了抗美援朝战争；

为争取国家财政经济状况的根本好转和为实现国家工业化和农业社会主义改造提供了重要的条件。

帝国主义和国民党在中国的统治被推翻以后,他们在大陆遗留下200多万政治土匪、60多万特务分子,他们不甘心失败,以各种方式进行破坏和捣乱;在广大城乡,反动会道门和传统黑恶势力还危害着人民的生命财产安全。为巩固新生的人民政权,1950年10月开始党和政府在全国范围内开展了镇压反革命分子的运动,到1951年10月基本结束。与此同时,人民解放军展开了大规模的剿匪作战,至1952年底肃清了旧中国历代政府未能根除的湘西、广西土匪,还铲除了城市中的黑社会势力,中国大陆基本上平息了匪患,巩固了人民民主专政,为抗美援朝、土地改革、恢复和发展国民经济创造了安定的社会环境。

第二,1953年1月至1956年12月,是新中国基本完成社会主义改造和进行有计划的经济建设阶段。

这一阶段,随着民主革命任务的完成和国民经济的恢复,中国共产党创造性地开辟了一条适合中国国情的社会主义改造道路。1953年,中共中央通过了毛泽东提出的中国共产党在过渡时期的总路线,这就是:从中华人民共和国成立到社会主义改造基本完成,这是一个过渡时期。党在这个过渡时期的总路线和总任务,是要在一个相当长的时期内,逐步实现国家的社会主义工业化,并逐步实现国家对农业、对手工业和对资本主义工商业的社会主义改造。其实质是在发展生产力的同时解决所有制问题,即变生产资料的私有制为社会主义公有制。

第一个五年计划是贯彻过渡时期总路线的一个重要步骤,总路线的实施是通过"一五"计划的各项指标的落实来实现的。"一五"计划经济建设的规模是空前的,成就是巨大的。"一五"计划到1956年底就基本完成,为社会主义工业化打下了初步基础。

为了克服小农经济的局限性,解放农村的生产力,发展农业生产,就必须把农民组织起来,改造小农经济,走互助合作的集体化道路,这是突破小农经济局限性的唯一途径。为此,党和国家对农业进行了社会主义改造。在农业合作化过程中,1955年夏季之后出现了要求过急,工作过粗,改变过快,形式简单划一的现象。但是,这些毕竟是属于实际工作中的偏差。我国农业必须走社会主义道路,这个方向是正确的,农业社会主义改造的历史功绩必须肯定。

在对农业进行社会主义改造的同时,对手工业和资本主义工商业也进行了社会主义改造。到1956年底三大改造基本完成。值得注意的是我国对资本主义工商业的社会主义改造是通过"和平赎买"的方式把资本主义经济改造成社会主义经济的,这是国际共产主义运动史上的伟大创举,它在实践和理论上都大大地丰富和发展了马克思列宁主义。

三大改造的胜利完成,表明中国社会顺利实现了由新民主主义向社会主义的转变,中国开始进入社会主义初级阶段。三大改造的胜利完成,进一步解放了生产力,这是人类社会发展史上最伟大、最深刻的社会变革,它不仅避免了社会的激烈震荡和社会生产力的破坏,而且促进了社会经济快速稳定的发展,这的确是一个伟大的历史性的胜利。

第三,1956年12月至1966年4月,是新中国开始全面建设社会主义的十年。

1956年,随着三大社会主义改造的相继完成,国家即将进入全面建设社会主义的新时期,这种新的形势给我们党提出了新的任务,即在新时期到来之后,如何找出一条适合中国国情的社会主义建设道路。为此,中共八大于1956年9月在北京召开。中共八大正确分析了社会主义改造完成后中国社会的主要矛盾和主要任务,指出:我们国内的主要矛盾已经不再是工人阶级和资产阶级的矛盾,而是人民对于经济文化迅速发展的需要同当前经济文化不能满足人民需要的状况之间的矛盾;全国人民的主要任务是集中力量发展社会生产力,实现国家工业化,逐步满足人民日益增长的物质和文化需要;虽然还有阶级斗争,还要加强人民民主专政,但其根本任务已经是在新的生产关系下面保护和发展生产力。这就明确规定了要把党和国家工作重心转移到社会主义建设上来,为全党和全国人民制定了全面建设社会主义的总方针。从此，中国共产党领导全国各族人民开始转入大规模的社会主义建设，并开始了对适合中国国情的社会主义建设道路的艰辛探索。

这十年中，中国的社会主义建设事业取得了很大的成就，"现在赖以进行现代化建设的物质技术基础，很大一部分是这个期间建设起来的；全国经济文化建设等方面的骨干力量和他们的工作经验，大部分也是在这个期间培养和积累起来的。这是这个期间党和国家工作的主导方面"[①]。

这十年中，中国共产党的工作在指导方针上也有过重大失误，经历了曲折的发展过程。1958年到1960年，建设社会主义指导方针犯了"左"倾错误，导致"大跃进"、人民公社化运动的严重失误，造成了国民经济严重困难的局面。从1960年下半年开始，对国民经济实施了"调整、巩固、充实、提高"的八字方针，使国民经济有了恢复、发展。但是，"左"的指导思想并未得到彻底纠正，阶级斗争扩大化的理论有所发展。从整体上说，这十年对社会主义建设的探索，既有成功的经验也有失败的教训。

这十年中，我们党在探索社会主义建设道路的过程中，正确与错误，成就与失误，经验与教训，始终是交织在一起的。社会主义事业的发展呈现出起伏大、反复多的状态，这是这段历史的一个显著的特点。这十年的历史是比较复杂和特殊的，充分体现了其探索性、曲折性。

第四，1966年5月至1976年10月，是新中国进入"文化大革命"的十年。

"文化大革命"是一场由领导者错误发动，被林彪、江青反革命集团利用，给党、国家和各族人民带来严重灾难的内乱。它使党、国家和人民遭到新中国成立以来最严重的挫折和损失。

"文化大革命"的十年，全局性的"左"倾错误始终占据支配

[①] 《三中全会以来重要文献选编》下．北京：人民出版社，1982年版，第753页。

地位。在"文化大革命"中,全国各个领域特别是国民经济遭受巨大损失,但由于全党和全国各族人民同林彪、江青反革命集团进行了坚决的斗争和不懈的努力,使"文化大革命"的破坏受到了一定程度的限制。国民经济建设虽然遭受巨大损失,但全国的粮食生产、工业交通、基本建设和科学技术等方面仍然在十分艰难的条件下取得了很大进展。在国家动乱的情况下,人民解放军仍然英勇地保卫着祖国的安全。对外工作也打开了新的局面,并且在若干领域取得了一些重要成就。这一切并不是"文化大革命"的成果,如果没有"文化大革命",社会主义建设事业本应取得更大的成就。

"文化大革命"给党、国家和人民的教训是极为沉痛和深刻的。但是,错误和挫折并没有摧毁中国共产党,中国共产党最终还是依靠自身的力量和人民群众的支持、帮助,彻底纠正了自己所犯的错误,使党和国家的工作重新回到正确的轨道。这个事实证明,中国共产党作为一个对人民负责任的马克思主义政党,它在政治上具有自我净化、自我发展的能力。

总之,从1956年开始全面建设社会主义以来到1976年"文化大革命"结束,尽管经历过"大跃进"和"文化大革命"这两次严重的挫折,但从总体上来说,在以毛泽东为核心的党的第一代中央领导集体的领导下,新中国还是取得了历史性的巨大进步。在社会主义革命和建设时期,中国确立了社会主义基本制度,在"一穷二白"的基础上建立了独立的比较完整的工业体系和国民经济体系,使中国在赢得政治上的独立之后赢得了经济上的独立,而且为中国以后的发展奠定了牢固的物质技术基础。

为了创造一个安定的环境以便开展社会主义革命和建设,人民解放军出色地完成了东南沿海地区对敌斗争、平息西藏武装叛乱、中印边境自卫反击作战、珍宝岛自卫反击作战、西沙群岛自卫反击作战等重大作战任务,保卫了祖国的统一和安全。

科学技术得到了突飞猛进的发展。如生物物理学、分子物理学、地球化学、射电天文、高能物理以及核技术、喷气技术、计算机技术、半导体技术、自动化技术、无线电技术等,都在这一时期逐步发展起来。华罗庚、李四光、茅以升、竺可桢、童第周、钱三强、钱学森、邓稼先、陈景润等一大批科学家为国家科学技术的发展作出了重大贡献。

历史表明，中国人民是伟大的人民，中国共产党是伟大的党，社会主义制度具有顽强的生命力。

第五，1978年12月至今，是新中国改革开放和社会主义现代化建设的新时期。

1976年10月6日晚，中共中央政治局执行党和人民的意志，采取断然措施，对王洪文、张春桥、江青、姚文元实行隔离审查，粉碎了江青反革命集团，结束了"文化大革命"。在这场斗争中，华国锋、叶剑英、李先念等起了重要作用，作出了重要贡献。粉碎江青反革命集团的胜利，从危难中挽救了党，使国家进入了新的历史发展时期。拨乱反正的起步和改革开放的酝酿由此开始。这以后的两年，为中共十一届三中全会的召开做了准备。① 但由于当时的党和国家主要领导人坚持"两个凡是"（即"凡是毛主席做出的决策，我们都坚决维护，凡是毛主席的指示，我们都始终不渝地遵循"）② 的错误方针，造成了党和国家的工作在徘徊中前进的局面。

1978年5月10日中央党校内部刊物《理论动态》发表了《实践是检验真理的唯一标准》的文章，在全国引起强烈反响，由此引发了全国范围内的关于真理标准问题的大讨论。这场讨论，是继延安整风之后又一场马克思主义思想解放运动，成为拨乱反正和改革开放的思想先导，为中共十一届三中全会的召开作了思想理论准备。

1978年12月，中共十一届三中全会在北京召开。全会冲破长期"左"倾错误的束缚，彻底否定了"两个凡是"的错误方针，停止使用"以阶级斗争为纲"的口号，做出了把工作重点转移到社会主

---

① 邓小平.《邓小平文选》第2卷. 北京：人民出版社，1994年版，第242页。
② 《人民日报》，《红旗》杂志，《解放军报》社论《学好文件抓住纲》，《人民日报》，1977年2月7日。

义现代化建设上来和实行改革开放的战略决策，重新确立了马克思主义的思想路线、政治路线和组织路线。实现了新中国成立以来党的历史上具有深远意义的伟大转折，改革开放的序幕由此揭开。以中共十一届三中全会为起点，中国进入到了改革开放和社会主义现代化建设的新时期。

改革首先从农村开始突破。农村经济体制的改革是从建立农业生产责任制开始的，即：家庭联产承包责任制。农村经济体制的改革使中国逐步开拓出一条有自己特点的发展社会主义农业的新路子，打响了中国经济体制改革的第一炮。

农村经济体制的改革推动了城市经济体制改革和对外开放的实施以及党和国家领导制度的初步改革。1982年9月召开的中共"十二大"制定了社会主义现代化建设的宏伟纲领。中共"十二大"后，改革重点从农村转向城市，城市经济体制改革全面展开。对外开放逐渐扩大，逐步形成了以"经济特区—沿海开放城市—沿海经济开放区—内地"为主要方向的多层次、有重点、点面结合的对外开放新格局。

新中国的改革开放事业，是以邓小平为核心的党的第二代中央领导集体带领全党全国各族人民开创的。十一届三中全会后，以邓小平为主要代表的中国共产党人，总结新中国成立以来正反两方面的经验，解放思想，实事求是，制定"一个中心、两个基本点"的党在社会主义初级阶段的基本路线，实行改革开放，制定并稳步推进社会主义现代化建设三步走战略，逐步形成了建设中国特色社会主义的路线、方针、政策，第一次系统地初步阐明了在中国建设社会主义、巩固和发展社会主义的基本问题，创立了邓小平理论。

1989年6月中共十三届四中全会以来，中国的改革开放事业是以江泽民为核心的党的第三代中央领导集体带领全党全国各族人民继承、发展并成功推向21世纪的。从十三届四中全会到十六大，受命于重大历史关头的党的第三代中央领导集体，高举邓小平理论伟大旗帜，坚持改革开放、与时俱进的旗帜，在国内外政治风波、经济风险等严峻考验面前，依靠党和人民，捍卫中国特色社会主义，创建社会主义市场经济新体制，开创全面开放新局面，推进党的建设新的伟大工程，创立"三个代表"重要思想，继续引领改革开放的航船沿着正确方向破浪前进。

2002年11月中共十六大以来，以胡锦涛为总书记的中共中央坚持以邓小平理论和"三个代表"重要思想为指导，顺应国内外形势发展变化，抓住重要战略机遇期，发扬求真务实、开拓进取精神，坚持理论创新和实践创新。在推进全面建设小康社会的进程中，党中央从新世纪、新阶段党和国家事业发展的全局出发，提出了科学发展观以及构建社会主义和谐社会和建设社会主义新农村等一系列重大战略思想。在中国共产党的领导下，全国各族人民正在为全面建设小康社会、实现中华民族伟大复兴的"中国梦"而努力奋斗。

新中国的历史，就是中国人民在中国共产党领导下，沿着社会主义康庄大道进行社会主义革命和社会主义现代化建设的历史；是在中国共产党三代领导集体的艰辛探索和不懈努力下，带领各族人民逐步走上中国特色社会主义道路，进行改革开放和现代化建设，为把我国建设成为富强、民主、文明、和谐的社会主义国家而努力奋斗的历史。

总之，60多年来，新中国在社会主义革命、建设和改革开放中取得了巨大的成就，这同中国共产党强有力的领导以及各族人民自力更生、艰苦奋斗、勤俭建国、创业拼搏是分不开的。这一时期涌现出了大庆和大寨等英雄集体；涌现出了黄继光、杨根思、邱少云、雷锋、王进喜、焦裕禄、时传祥、史光柱、叶欣等大量的英雄模范人物；涌现出了华罗庚、李四光、茅以升、竺可桢、童第周、钱三强、钱学森、邓稼先、陈景润等一批杰出的科学家。他们艰苦奋斗、无私奉献以及为国争光、为民族争气的爱国主义精神，是我们世世代代学习的榜样。

第一章 新中国成立初期历史故事讲评中的思想政治教育

第一节 宁肯一人脏，换来万户净

位于北京城东南二环内的龙潭公园，有一座背着粪桶的掏粪工雕像，他就是"宁肯一人脏，换来万户净"的全国著名劳动模范时传祥。

一、故事背景

时传祥故事产生在新中国成立初期。1949年中华人民共和国成立揭开了中国历史的新篇章。新中国成立后，各族人民实现了大团结。各族人民以喜悦的心情迎接新中国的诞生，欢庆自己成为新国家、新社会的主人，他们以主人翁的姿态、饱满的热情投身到社会主义革命和社会主义建设之中。整个中国大地呈现出一派热气腾腾、欣欣向荣的景象。

新中国成立初期，为了巩固新生的人民政权和为建设新中国而创造一个安全、良好的社会环境，中国共产党和中央人民政府顺应历史潮流和人民的要求，带领全国人民坚决而有效地开展了剿匪、反霸、禁毒、禁赌、禁娼，铲除旧社会遗留下来的各种社会丑恶现象、树立社会主义新风尚、提高人民思想道德品质的斗争。党中央还有计划有组织地出版了大量的马列著作和毛泽东著作，如：毛泽东《实践论》《矛盾论》的发表和《毛泽东选集》的发行,在广大干部、知识分子、青年学生中掀起了学习毛泽东思想的热潮,使马列主义、毛泽东思想得到了前所未有的传播。为了进一步肃清知识分子头脑中的封建主义、资本主义思想,确立他们正确的人生观、价值观,从1951年开始直至1952年秋,中国共产党在知识分子中开展以批评与自我批评为主要内容的思想改造运动。运动涉及教育、文艺、科技、工商、宗教等多个领域。知识分子思想改造运动是中国共产党在民主革命时期团结、教育、改造知识分子政策的继续,对于教育知识分子对新生人民政权形成政治认同、树立知识分子为人民服务的意识起了一定的积极作用。

在党和中央政府的大力倡导下,新中国成立初期,良好的社会风气逐步形成。广大人民群众精神振奋,不但以主人翁姿态从事劳动生产和工作,而且以社会主义新风貌待人处世。团结友爱、互帮互助、尊老爱幼、一方有难八方支援等成为人们普遍的行为准则;遵守公共秩序和道德规范成为人们的自觉行动;爱国家、爱人民、爱劳动,各行各业普遍开展劳动竞赛和勤俭节约运动。

北京刚解放时,党和人民政府接收的是一个社会秩序混乱、经济凋敝、民不聊生的烂摊子。为了使人民能在健康、优美的环境下生活和生产,党和人民政府领导北京市人民开展了治理环境、改善市政基础设施等运动,从不同方面对居住环境作出改善。

首先,疏通河湖、整修地下水道、清除淤泥。北京城内河湖水系十分发达,仅皇城内就有积水潭、什刹海、前海、西小海以及北海、中海、南海。由于常年缺乏维护,河湖堵塞严重。北京城内的地下水道系统均集中在旧城区,"砖沟全长约220公里。但多年失修,坍塌堵塞严重,能排水的只有21公里,下水道淤积量已达16万立方米。'[①] 每到雨季,城内污水横流,地势低洼处的居民住房时常被淹,形成臭水沟100多条。为了改善北京居民的生活环境,消灭城市内所有臭水沟,人民政府开始掏挖整修下水道。例如:对龙

---

① 《北京解放初期的市政建设》。《文史资料选编》第23辑,第135页。

须沟的整修就成为当时轰动全市的大新闻。为此，著名的人民艺术家老舍创作了话剧《龙须沟》。

其次，开展清洁运动，清运垃圾，改善人民居住环境。在清除垃圾运动中，男女老幼齐上阵，仅从故宫内就运走了约30万立方米的垃圾，全市共清除垃圾达60多万吨。

除此之外，党和政府还积极改善劳动就业状况，对人民进行劳动光荣教育。北平和平解放后，人民政权迅速对北平旧机构进行了全面系统的改造：在没收官僚资本企业改为国营企业、扶植发展私营企业的同时，逐步发展了合作社商业；安排了失业工人，扶植了日益衰落的北京手工业，促进了北京手工业生产的发展和技术改造；进行工资制度改革，从根本上改变了半殖民地半封建性质的工资制度，建立了基本上符合社会主义按劳分配原则的工资制度，职工收入得到普遍和迅速提高。

为了提高人民群众的文化素质，大力发展文化教育事业，人民政府组织群众掀起了学文化、学科学技术的热潮。为此，中国共产党提出："应以提高人民的文化水平，培养国家建设人才，肃清封建的、买办的、法西斯主义的思想，发展为人民服务的思想为主要的任务"。① 广大人民群众第一次有了广泛的接受教育的机会，农家子弟和工人子女走进了大学的课堂。同时，人民政府还对群众进行职业不分贵贱，劳动光荣教育，人民群众的劳动态度发生了前所未有的转变，大大激发了人民群众的劳动热情以及对新政权、新社会的热爱。

时传祥的故事就产生在当时人人都希望为建设新中国多做贡献这样一个激情燃烧的时代。

二、故事简介

时传祥（1915—1975），山东省齐河县人，出生在一个贫苦农民家庭，中共党员。14岁那年，由于家乡受灾，他一路逃荒来到北京，当了一名掏粪工，生活在社会最底层。解放前的北京，掏粪工

---

① 《建国以来重要文献选编》第一册．中央文献出版，1992年版，第1页。

不仅受到社会的歧视，还要受行业内部粪霸等黑恶势力的压榨和盘剥，受尽了压迫与欺凌。北京解放后，工人阶级当家做主使时传祥扬眉吐气，1952年他加入北京市崇文区清洁队。北京市人民政府不仅规定清洁工人的工资高于别的行业，而且想办法减轻掏粪工人的劳动强度，改善运输工具，尊重掏粪工人的劳动，时传祥感到了从未有过的平等与尊重，对中国共产党充满感激之情。

新中国成立初期，在树立社会主义新风尚中，时传祥懂得了一个道理，掏粪工作也是社会主义建设事业的一部分，掏粪工人的劳动无上光荣。他提出"工作无贵贱，行业无尊卑；宁愿一人脏，换来万人净"的口号，以身作则，任劳任怨。他把过去7个人一班的大班，改为5个人一班的小班，他带领的班由过去每人每班背50桶增加到80桶，他自己则每班背90桶，最多每班掏粪背粪达5吨左右。他放弃了节假日休息，利用休息时间肩背粪桶，走家串户。到处走走看看，问问闻闻，不管坑外有多烂，不管坑底有多深，时传祥想方设法掏干扫净。为居民、机关和学校义务清理粪便，整修厕所。时传祥的右肩磨出了一层厚厚的老茧，赢得了人们的普遍尊敬。

1955年，时传祥被评为北京市清洁工人先进生产者，1956年当选为崇文区人民代表，同年成为一名光荣的中国共产党党员，1958年担任北京市政协委员，1959年被选为全国劳动模范。

1959年，时传祥作为全国先进生产者参加了在北京召开的全国"群英会"，会议期间，国家副主席刘少奇和总理周恩来在人民大会堂湖南厅接见了他，刘少奇副主席热情地握住他粗糙的手，询问他的工作情况，说道："我们都要好好地为人民服务。你当清洁工是人民的勤务员，我当主席也是人民的勤务员。这只是革命的分工不同，都是革命事业中不可缺少的一部分。"时传祥表示："我要永远听党的话，当一辈子掏粪工。"刘少奇还送给了他一支钢笔，勉励他好好学文化。《人民日报》刊登了刘少奇与时传祥的合影，对全国从事清洁工作的劳动者都是巨大的鼓舞。时传祥说："我已经干了30年的掏粪工，只要党需要，我还要再干它30年！60年！党需要我干到什么时候，我就干到什么时候。"从此，时传祥工作更加勤奋努力，更加热爱本职工作。

1966年国庆节前夕,毛泽东主席请时传祥到中南海小住,时传祥受到毛泽东主席的接见并被当贵宾请上天安门,参加国庆观礼。周恩来总理在招待宴会上为时传祥敬酒。

1975年5月19日,时传祥在北京病逝,终年60岁。

2009年,在中央宣传部、中央组织部、中央统战部等部门联合组织的"100位新中国成立以来感动中国人物"评选活动中,时传祥被评为"100位新中国成立以来感动中国人物"。

三、"宁肯一人脏,换来万户净"故事讲评中的思想政治教育

1. 不求回报,全心全意为人民服务的精神

由于生活所迫,时传祥14岁流落到北京,当了一名生活在最底层的掏粪工。在20年中,他受尽了粪霸的欺凌。不仅工钱很少,而且天天还要受粪霸的辱骂和殴打。新中国成立后,中国共产党和政府给了他做人的尊严和平等,时传祥在政治上翻了身,同千千万万的劳苦大众一样,成为了国家主人。他对中国共产党充满无限感激,他很快地融入了新中国的建设中。他以主人翁的姿态,以"搞好环境卫生,美化人民首都"为己任,肩背粪桶,走家串户,利用公休日为居民、机关和学校义务清理粪便,整修厕所。不分分内分外,任劳任怨,满腔热情,不求回报,全心全意为人民服务。从1962年开始,他承担起对分配来的初、高中毕业生的传帮带任务,帮助青年人树立"工作无贵贱、行业无尊卑",一心一意为人民服务的思想。他向人们生动诠释了劳动的光荣和生命的价值,他是全心全意为人民服务的优秀典范。

2. "毫不利己、专门利人"的崇高品质

工作中,时传祥总是竭尽全力带领环卫工人为市民服务,提出"宁愿脏一人,换来万家净"的口号,教育影响青年一代安心本行业工作。年复一年,哪里该掏粪,不用别人来找,他总是主动去整修。

不管粪坑外有多脏、烂,他都想方设法掏干扫净。茅坑里掉进了砖头瓦块,他就弯下腰去,用手一块块地拣出来。体现了时传祥"宁愿脏一人,换来万家净"的"毫不利己、专门利人"的崇高品质。

3. 爱岗敬业,吃苦耐劳的奉献精神

1952年,时传祥加入了北京市崇文区清洁队,继续从事城市清洁工作。长期的掏粪背粪工作在他的右肩上落下烙印,但他始终兢兢业业,不声不响地干好工作,充分体现了时传祥爱岗敬业,吃苦耐劳的奉献精神。

时传祥是在中国新旧社会交替时代所涌现出来的模范人物,他在对旧社会的苦难与新社会的幸福对比中,更加坚定了热爱中国共产党、全心全意为人民服务的信念。时传祥的可贵之处在于,他认识到为人民服务没有贵贱高低之分,劳动是最光荣的,并发自内心地热爱自己的本职工作,任劳任怨,不求回报,并转化成以苦为乐、爱岗敬业、"宁可脏一人,换来万家净"的实际行动。

今天,现代化的都市还存在着行业和社会分工的不同,仍然会存在着苦、累、脏的工作。因此,发扬"宁可脏一人、服务千万家"的光荣传统,弘扬时传祥精神,是凝聚人民,动员人民,实现中华民族伟大复兴的强大精神力量。社会主义和谐社会是一个文明的社会,文明的社会迫切需要不求回报、全心全意为人民服务的精神;需要"毫不利己、专门利人"的崇高品质;需要爱岗敬业、吃苦耐劳的奉献精神。

第二节 特级英雄杨根思

在抗美援朝中,荣获"中国人民志愿军特等功臣、特级战斗英雄、朝鲜民主主义人民共和国英雄"三项殊荣的志愿军战士,仅有

杨根思和黄继光。

一、故事背景

中国革命的胜利，在帝国主义东方战线上打开了一个巨大的缺口，改变了第二次世界大战后世界的政治格局。但是，以美国为首的帝国主义国家对中国人民的胜利，表示了极端的仇视和恐惧，继续坚持敌视中国的政策。对中华人民共和国采取政治上孤立、经济上封锁禁运、军事上进行战略包围的政策，并积极策动台湾蒋介石集团及其残留在大陆的反动势力，以各种方式从事破坏和捣乱，妄图将新生的中华人民共和国扼杀在摇篮之中。新中国刚建立时，国内的阶级斗争依然相当激烈，财政经济面临严重困难。

为此，党中央采取了一系列巩固新生的人民政权的措施。追剿残余敌人、在完成统一祖国大陆任务的基础上，摧毁旧政权，建立各级地方人民政权，没收官僚资本，确立社会主义性质的国营经济在国民经济中的领导地位。同时，开展了稳定物价的斗争和统一全国财政经济的工作。到1950年3月，物价基本稳定。正当全国人民为争取国家财政经济状况根本好转而斗争的时候，新中国又面临着美帝国主义武装侵略的威胁。

1950年6月25日，朝鲜内战爆发。6月27日，美国总统杜鲁门公然宣布武装援助南朝鲜李承晚集团，干涉和扩大朝鲜内战，同时命令美国第七舰队开进台湾海峡，以武力阻止中国人民解放军解放台湾。同日，联合国安理会在美、英等国操纵下通过决议，联合国会员国派兵随从美国军队入朝作战。6月28日，毛泽东在中央人民政府委员会第八次会议上严厉谴责美国对朝鲜和我国领土台湾的侵略，号召"全国和全世界的人民团结起来，进行充分的准备，打败美帝国主义的任何挑衅"。[①] 同日，周恩来代表中国政府发表声明，痛斥杜鲁门的声明，指出美国政府决定以武力阻止我军解放台

---

① 吴本祥．《中华人民共和国史》．北京：高等教育出版社，1999年版，第26页．

湾,是对中国领土的武装侵略,宣布中国人民必将为解放台湾而奋斗到底。① 并号召"全世界一切爱好和平正义和自由的人类,尤其是东方各被压迫民族和人民,一致奋起,制止美国帝国主义在东方的新侵略"。

但是,美国政府不顾我国的警告和强烈反对,杜鲁门任命美国驻远东军队总司令麦克阿瑟为"联合国军"总司令,扩大朝鲜战争。1950年9月15日,麦克阿瑟趁朝鲜人民军主力南下,后方空虚之机,调集"联合国军"75 000余人、300多艘军舰、500多架飞机,在朝鲜西海岸仁川登陆,截断朝鲜人民军的补给线。此后,朝鲜人民军腹背受敌,损失严重,转入战略退却。10月1日,"联合国军"越过三八线,侵占平壤。麦克阿瑟还通过广播向朝鲜发出最后通牒,要朝鲜民主主义人民共和国无条件投降,并继续向中朝边境的鸭绿江进犯。金日成召见中华人民共和国驻朝大使,希望中国尽快派兵支援,派特使前往北京向中华人民共和国领导人当面提出上述请求。

美国出兵侵略朝鲜,公开侵占中国领土台湾,用飞机扫射轰炸中国东北地区,严重威胁着中华人民共和国的国家安全。1950年9月30日,周恩来总理代表中国政府庄严宣告:'中国人民热爱和平,但是为了保卫和平,从不也永不害怕反抗侵略战争。中国人民决不能容忍外国的侵略,也不能听任帝国主义者对自己的邻人肆行侵略而置之不理。"② 但美国政府错误地估计了形势,根本不相信中国会出兵同其交战,于是继续北犯,占领平壤,把战火烧到鸭绿江、图们江边,并疯狂轰炸中国东北边境城乡。

敢不敢同世界上最强大的帝国主义美国进行战争较量,的确是一个很严重的问题。当时新中国刚刚诞生一年,长期战争的创伤尚待医治,经济恢复刚刚起步,新解放区的土地改革还未启动,人民

---

① 何沁.《中华人民共和国史》.北京:高等教育出版社,2009年版,第33页。

② 何沁.《中华人民共和国史》.北京:高等教育出版社,2009年版,第33页。

解放军的武器装备十分落后，出兵参战危险极大。中共中央政治局根据朝鲜党和政府的请求，经过反复研究，"认为应当参战，必须参战，参战利益极大，不参战损害极大"①。于是做出了"抗美援朝，保家卫国"的战略决策。

1950年10月8日，毛泽东代表中央军委命令东北边防军为中国人民志愿军，任命彭德怀为司令员兼政治委员，迅即向朝鲜境内出动，协同朝鲜军民反击侵略者。1950年10月19日，中国人民志愿军在彭德怀司令员率领下，经过安东（今丹东）、长甸河口和辑安（今集安市），雄赳赳、气昂昂地跨过鸭绿江。10月25日，中国人民志愿军打响了入朝第一仗，从此开始了伟大的抗美援朝战争。

1950年10月15日，美国总统杜鲁门与"联合国军"总司令麦克阿瑟在威克岛就朝鲜战局举行秘密会议。会后，麦克阿瑟宣称要在感恩节（11月23日）前占领全朝鲜，命令"联合国军"以最快速度向北推进，堵住朝鲜人民军退路，防止中国军队介入。为此，"联合国军"东西两线部队采取以师甚至以团或营为单位，分兵多路向朝中边境冒进。

中国人民志愿军秘密渡过鸭绿江后，原定在龟城、泰川、球场、德川、五老里一线，先组织防御，稳定战局，掩护朝鲜人民军北撤整顿；待装备、训练完毕，再组织反攻。鉴于"联合国军"未发现志愿军入朝，放胆前进，且东西两线"联合国军"部队之间敞开80余公里的缺口。于是，志愿军改变原定计划，决定抓住战机在运动中歼敌。于是在西线集中第四十军、第三十九军、第三十八军以及第四十二军第一二五师，在温井、云山、熙川以北地区向"联合国军"发起猛烈进攻；第四十二军在东线黄草岭、赴战岭及其以南地区阻击美军第十军及韩军第一军团，保障西线主力的侧翼安全。这次战役，中国人民志愿军与朝鲜人民军一起英勇奋战13天，将"联合国军"从鸭绿江边赶到清川江以南，毙伤俘敌1.5万余人，粉碎

---

① 毛泽东.《毛泽东文集》第六卷. 北京：人民出版社，1999年版，第104页。

了麦克阿瑟在感恩节前占领全朝鲜的计划,初步稳定了朝鲜战局,并取得了以劣势装备同具有现代化装备的美军作战的初步经验,增强了战胜"联合国军"的信心。

第一次战役后,美国国家安全委员会确定,在未完全判明中国军队参战意图前,继续坚持以军事进攻迅速占领全朝鲜的原定计划。麦克阿瑟为发动"最后的攻势",计划以美军第一军在东线经长津湖西进,美军第八集团军在西线由清川江北上,两军在江界以南武坪里会合,再向北推进。为实现这一计划,麦克阿瑟将汉城的美军第25师和新到朝鲜的土耳其旅、英军第二十九旅调至西线,将新到朝鲜的美军第三师调到东线。此时,"联合国军"在前线的地面作战部队增至5个军,共计22万余人,比第一次战役增加8万多人;拥有飞机1 200余架。

第一次战役取得胜利,初步稳定了朝鲜战局,但志愿军司令员彭德怀判断"联合国军"可能重新组织进攻,提出:"巩固胜利、克服当前困难、准备再战的方针。如敌再进,则让其深入后歼击之。"于是,在第一次战役中担任后备力量的第九兵团所辖的二十军、二十六军、二十七军立即入朝,在东线担任江界、长津方面的作战任务。志愿军采取诱敌深入、各个击破的方针,计划在西线将"联合国军"诱至大馆洞、温井、妙香山、平南镇一线,集中6个军歼灭之;在东线将其诱至旧津里、长津一线,由第九兵团歼灭之。此时,志愿军已达9个军30个师38万余人。

第二次战役开始时,"联合国军"以一部兵力实施试探性进攻。志愿军按预定计划以部分兵力节节抗击,主力向后转移。1950年11月16日,志愿军停止反击行动,继续北撤。"联合国军"被志愿军继续后退所迷惑,错误判断中国参战部队"最多不过六七万人",于是,便加快进攻速度。此时,志愿军主力已全部转移至预定集结地域,西线第五十、六十六、三十九、四十、三十八军和第四十二军主力已分别到达定州西北、龟城、泰川、云山、德川以北及宁远东北地区,东线第九兵团已全部到达长津湖地区。

1950年11月25日,西线志愿军第五十、六十六、三十九、四

十、三十八军和第四十二军发起反击,11月29日,西线"联合国军"开始全线退却。

志愿军在西线发起反击后,东线美军第十军所辖的第三师、第七师、陆战第一师及南朝鲜军第1军团所辖的首都师、第三师继续向北推进,而且美军兵力分散。此时,志愿军第九兵团第二十军、第二十七军在长津湖地区完成了反击作战准备,第二十六军主力正开往长津东南地区。第九兵团抓住美军兵力分散的有利时机,命令第二十、二十七军于11月27日黄昏发起反击。当时气温降至零下30℃左右,志愿军指战员在高山雪地顽强作战,将美陆战第一师主力及第七师一个加强团分别包围于下碣隅里、柳潭里和新兴里地区,并切断了美军各被围部队之间及其与后续部队的联系。

美军被围部队为打开向南逃跑通路,连续不断地猛攻志愿军死鹰岭、富盛里、新岱里阵地。由于第九兵团战士大多来至中国的南方,冻伤较多,兵力不足。11月29日,美军陆战第一师被围部队分别向第二十军第五十八师和第六十师扼守的死鹰岭和富盛里阵地疯狂反扑,第五十八师第一七二团英勇顽强地阻击敌人的进攻,涌现出杨根思抱起炸药包,冲入敌群,与敌人同归于尽,保住阵地的英雄壮举。

二、故事简介

杨根思于1922年出生于江苏省泰兴县一个贫苦农民家庭,为了能活下来,小时候在上海给织地毯的资本家当过童工,也给地主家放过牛。他的祖父、父亲、母亲、哥哥先后被地主、资本家害死,血海深仇深埋在杨根思心中。

杨根思第一次听到新四军的名字是在1939年,那年新四军"火烧虹桥飞机场"成为当时上海大街小巷谈论的特大新闻,"新四军"这三个字在杨根思心中从此扎下了根。1944年,杨根思参加了新四军。杨根思参加新四军后想要一杆枪,但排长告诉他:想要枪,就用自己手中的长矛去鬼子那里换成枪。1945年2月,在沙沟镇的战斗中,杨根思盯上一个拿枪的伪军,紧追不放。伪军的枪里早没了子弹，还虚张声势地威胁杨根思。杨根思的矛头对着枪尖，脚步随着对方的脚步移动，突然，杨根思把矛头向左虚晃一下，大吼一声："杀！"却迅速向右刺去。"当"的一声，伪军用枪托挡开了杨根思的长矛，但凉出一身虚汗。漫天硝烟中，杀声四起。杨根思猛地高喊一声："班长，你从后面上！"伪军刚要回头，杨根思锋利的矛头已刺进了他的心窝。第一杆枪就这样到手了。① 1945 年 11 月，杨根思加入中国共产党，成为一名光荣的中国共产党党员。

1946 年，在解放战争中，华东野战军在攻打泰安的战斗中，杨根思用 18 颗手榴弹攻下了泰安城的制高点天主堂，为泰安战斗的胜利打下了基础。为此，杨根思首次获得"战斗英雄"称号。这样的壮举还有很多。在鲁南郭里集战斗中，三次把拉雷投到敌地堡前；在齐村战斗中，他连续爆破守敌碉堡群；在淮海战役第三阶段，他奉命率 1 个加强排攻击夏砦国民党守军，机智的摧毁 1 组暗堡群，还俘虏了近一个排的敌人。

杨根思从 1944 年参军到 1949 年新中国成立，无论在抗日战争，还是解放战争的历次作战中，他都作战勇敢，英勇顽强，出色地完成上级交给的任务，荣立大功一次，两次被评为战斗模范，荣获"爆破英雄""华东一级人民英雄""华东三级人民英雄""全国战斗英雄"等光荣称号。1950 年 9 月，他参加了在北京召开的全国战斗英雄代表大会，此时已是连长的杨根思受到毛主席、朱德总司令的亲切接见。

朝鲜内战爆发后，1950 年 10 月，杨根思随中国人民志愿军第九兵团赴朝作战。1950 年 11 月，他参加了抗美援朝战争第二次战役中东线围歼美军的长津湖战役。

长津湖是朝鲜北部最大的湖泊，由发源于黄草岭的长津江向北在柳潭里和下碣隅里之间形成，最后注入鸭绿江。长津湖地区是朝鲜北部最为苦寒的地区，海拔在 1 000 米至 2 000 米之间，林木茂

---

① 西西.《解放军传奇英雄之无畏杨根思》.《世界军事》，2010 年第 7 期.

密，道路狭小，人烟稀少，夜间最低温度接近摄氏零下40度。第九兵团由二十军、二十六军和二十七军组成，属第三野战军序列，战士大多来自南方，穿着都是华东温带的冬季服装。原来准备在沈阳、辽阳等地稍作休息并换装后再入朝，但由于朝鲜战况紧急，中央军委命令第九兵团"紧急入朝"。因为"联合国军"的空中优势，第九兵团白天无法行军，只能在夜间行动。第一天行军，就冻伤了700余人。战士们吃不上一顿热饭，还得靠吃冰雪解渴。但是，冻得瑟瑟发抖的战士依旧士气高昂。

第九兵团赴朝作战时，杨根思任志愿军第二十军第五十八师第一七二团第三连连长，入朝后，开始了艰苦的行军。战士们冻得直咬牙。杨根思带领全连战士跑步，又动员大家用雪"擦脸""擦手"，直到脸上发出红光，冒着热气。

1950年11月25日，抗美援朝第二次战役打响。11月27日，为了抓住美军兵力过于分散、尚未发现志愿军集结的有利时机，第九兵团果断发动进攻。在冰天雪地里已经隐蔽守候了6天、而且又冻又饿的志愿军战士义无反顾地向强大的"联合国军"起了猛烈突袭。双方在冰天雪地中，展开了一场历史上罕见的惨烈交锋。第二十军和第二十七军经过一夜战斗，把机械化美军陆战第一师切成了四段。曾经战无不胜的美国陆战一师此刻终于明白再无继续向北推进的可能，剩下的事情就是如何突出重围了。于是，美陆战1师向二十军、二十七军发起疯狂的反扑。美军的燃烧弹将志愿军阵地炸成一片火海，双方在被烧得滚烫的焦土阵地上反复进行争夺。

1950年11月28日，二十军的五十八师通过极其艰难的浴血奋战将美军的阵地逐渐压缩。此时，五十八师将士的体力消耗已经到了极限，伤员比战斗人员还多，没法全部救护。而美军将士的耐力也发挥到极限。被陷入朝鲜北部山区风雪中的二十六军，虽然已经断粮几天而且冻伤严重，仍然挣扎着急行军赶来增援。此时，二十军五十八师奉命坚守咸镜南道长津郡下碣隅里外围，防止敌人突围。杨根思所在第三连三排的任务是坚守咸镜南道长津郡下碣隅里外围东南角1071.1高地。1071.1高地处在新兴里、柳潭里和下碣隅里所组成的"Y"字形三岔交点位置上,是美军南逃的唯一通道,也是志愿军必守的要地,其地位对交战双方的重要性不言而喻。

进攻1071.1高地的是美海军陆战第一师。陆战第一师参加过在太平洋战争中瓜岛和冲绳岛最艰苦的战斗,曾与日军精锐部队浴血奋战,成为美国军队的骄傲。可惜这一回撞上了比他们更加勇敢顽强的对手,那就是新四军出身的老兵,毛泽东主席和朱德总司令亲自接见的全国战斗英雄杨根思以及他的战友们——伟大的中国人民志愿军。

营长对杨根思说:你们连守住了这个阵地,就打破了敌人的突围计划。要记住,你们连不许敌人爬上1071.1小高岭,坚决把敌人消灭在小高岭阵地之前。接受任务后的杨根思,带领三连第三排战士,冒着鹅毛大雪和刺骨的西北风出发了。

11月29日拂晓,战斗打响了。美军集中空、炮火力对小高岭实施了猛烈急袭,炮弹一阵紧似一阵地落到阵地上,敌机空投了大量的凝固汽油弹,1071.1高地顿时变成了一片火海。杨根思立即组织战士利用弹坑作掩体,准备还击美军的进攻。几分钟后,黑压压的美军向小高岭冲上来。杨根思沉着镇静,50米、30米……敌人越爬越近。"打",随着连长杨根思命令,战士们立即向敌人射出一排排密集的子弹,一阵密集的手榴弹准确地在敌人堆里爆炸。美军丢下一片尸体,溃逃下去。

第一次攻击被击退后,美军又调来8辆坦克和两个连的兵力,以更猛烈的炮火轰击小高岭,发起第二次进攻。当敌人靠近阵地时,战士们的机枪、步枪一齐开火,打得敌人抱头鼠窜。杨根思带领战士跳出工事,冲进敌人堆里,用刺刀、铁锹、石块同敌人拼杀。美军很快动摇了,纷纷往山下溃退,第二次进攻又被打退了。

接着美军又以坦克引导步兵发起第三次攻击。杨根思看着隆隆开上来的坦克,一声令下"炸掉它!"爆破手出身的杨根思抱起炸药包就要冲出去,被战士赵有新一把拉住:连长,我去。他抢过炸药包,直奔敌坦克。在战友的火力掩护下,他敏捷地把炸药包塞进坦克履带,一声巨响,领头的坦克在烟雾中成了一堆废铁。其余坦克掉头就跑。美军第三次进攻又被打退了。

到 11 月 29 日上午 10 时,美陆战第一师发起 8 次进攻,此时三排只剩下两名伤员,所有的弹药都打光了,增援部队尚在途中。杨根思对他们说:"武器不能落到敌人手里,你赶快带着重机枪撤下去。""连长,你……"两位伤员不愿留下自己的连长。"这是命令!"杨根思斩钉截铁。"是!"他们哽咽着给连长杨根思行了个庄重的军礼,拖着重机枪下了阵地。

杨根思绕着 1071.1 高地巡视一周,捡起可用的枪支和一包炸药放在身旁,这时,美军又开始向 1071.1 高地倾泻炮弹,发起了第 9 次进攻。在敌军蜂拥而上、爬近山顶的危急关头,杨根思毅然抱起仅有的一包炸药,拉燃导火索,冲向密集的敌群。随着一声震天动地的巨响,他与 40 多个敌人同归于尽。电影《英雄儿女》主题曲《英雄赞歌》中有这样一句歌词"敌人腐烂变泥土,勇士辉煌化金星!"杨根思用生命保住了阵地,阻挡住了敌人又一次进攻,完成了上级交给他的切断敌军退路的阻击任务。

三、特级英雄杨根思故事讲评中的思想政治教育

1. 祖国和人民利益高于一切的爱国主义情操

在坚守 1071.1 高地中,杨根思率领战士们利用有利地形,机智勇敢,拼死作战,连续打退美军几次进攻后,阵地上只剩下 6 名战士了。杨根思接过战士姜子义带回来的副营长王国栋写的一张纸条:"亲爱的三连同志们,你们是从红军走过来的钢铁连队,要坚守阵地,相信你们一定能守住。"杨根思一字一句地念完营长的信,他面对战士们坚定地说:同志们!这是首长对我们的鼓励,也是祖国人民对我们的希望。这个阵地不能丢,只要有我们的勇敢,就没有敌人的顽强。敌人凶,我们要凶过它;子弹拼光了拼枪托,拼断枪托再拼洋锹。决不能丢阵地,丢阵地就是丢脸。在美国强盗面前丢脸,是最可耻的。只要我们还有一口气,就要与敌人拼到底!战士们庄严宣誓:我们活着就是为了消灭所有反动派。为了祖国,为了朝鲜

人民,为了全人类解放,我们一定守住这个阵地。这体现了杨根思和他的战友们一切听从党指挥的政治觉悟和英勇顽强、一往无前的革命英雄主义气概;体现了他们不畏强暴、反对霸权主义、维护世界和平的坚定立场;体现了他们把祖国和人民利益看得高于一切的爱国主义情操。

2. 不怕牺牲,视死如归的革命英雄主义精神

身经百战的杨根思对死亡和战斗已经习以为常,战斗对于他就像工人做工、农民耕地一样,没有恐惧和紧张。当战士们伤亡殆尽,但必须守住阵地的时候,杨根思选择了用生命来坚守阵地。负了伤的杨根思平平静静地把最后一个炸药包放在自己跟前。此时,美军又发起了第九次冲锋,当杨根思投完手榴弹,射出最后一颗子弹时,又有40多个美国鬼子冲了上来,等敌人爬近山顶,杨根思毅然抱起炸药包,拉燃导火索,向美国鬼子冲去,与40多个敌人同归于尽。美军四星上将范弗里特曾说:"中国军队没有防弹背心,没有钢盔……他们所携带的数枚制造粗劣的手榴弹,爆炸力不及美军的一半;粮食是用米和杂粮磨成粉状而成的……但是,他们永远是向前作战,奋不顾身。"

1952年5月9日,中国人民志愿军总部追记杨根思特等功臣,追授他"中国人民志愿军特级战斗英雄"称号;1953年6月25日,朝鲜民主主义人民共和国最高人民会议常任委员会追授杨根思为"朝鲜民主主义人民共和国英雄"称号及金星奖章、一级国旗勋章。朝鲜政府还在长津湖畔修建了一座杨根思英雄纪念碑,中国人民志愿军司令员彭德怀元帅题词:"中国人民的优秀儿子,国际主义的伟大战士,志愿军的模范指挥员。"英雄的家乡江苏省泰兴县修建了"杨根思烈士事迹陈列馆",纪念碑上刻着陈毅元帅的题词:"杨根思烈士碑"。杨根思生前所在的3连被命名为"杨根思连"。

当今世界正在向多极化方向发展,但天下并不太平。因此,继承和发扬杨根思的"不相信有克服不了的困难,不相信有完成不了的任务,不相信有攻不破的堡垒"的"三不相信"精神,是实现中

华民族伟大复兴"中国梦"的需要。只有这样，才无愧于我们的先烈，无愧于国家和人民，才能在新的历史时期肩负起振兴中华的伟大历史使命。

第三节　人民的好干部焦裕禄

"俺的好书记，你是为俺兰考人民活活累死的呀！"一位农民泣不成声地说出了兰考人民的心里话。这位好书记就是"人民的好干部焦裕禄"。

一、故事背景

新中国成立之初，国民经济面临严重衰退和全面萎缩的严峻形势。1950 年 6 月，党的七届三中全会把争取国家财政经济状况的基本好转而斗争确定为国民经济恢复时期的中心任务，领导全国人民为恢复国民经济而斗争。

农业是国民经济的基础，为了迅速恢复农业生产，人民政府采取了很多措施。实行土地改革，解放了农业生产力。在这个基础上，又引导农民在自愿互利的基础上组织起来，走互助合作道路，有力地推动了农业生产的恢复和发展。人民政府还领导农民开展群众性技术改造活动，特别是兴修水利，对于农业生产的发展起了很大作用。除完成了大量堤防整修、河道疏浚外，还进行了治理淮河、荆江分洪等大型水利工程建设。1950 年夏，安徽、河南连降大雨，淮北地区受灾惨重，为百年所未有。毛泽东主席发出"一定要把淮河修好"的号召。此后，新中国开始了治理淮河的艰苦奋战，并且广泛发动群众兴修水利，防治灾害。"三年间，全国有 2000 万人直接参加了水利建设，共完成土方约 17 亿立方米，相当于修 10 条巴拿马运河或 23 条苏伊士运河所完成的土方。"① 初步改变了民国时期河堤失修、水灾频繁的状况。

  随着国民经济的恢复和初步发展，中国社会的经济成分发生了重要变化，国营经济占工业总产值的比重为 67.3%，私营经济占 32.7%。另外，国内的阶级关系和主要矛盾也发生了深刻的变化。毛泽东指出："在打倒地主阶级和官僚资产阶级后，中国内部的主要矛盾即是工人阶级和民族资产阶级的矛盾。故不应再将民族资产阶级称为中间阶级。"② 从 1952 年下半年开始，毛泽东、刘少奇、周恩来等都论述过"从现在逐步过渡到社会主义去"的设想。1953 年 9 月，中共中央正式提出了党在过渡时期的总路线，即"从中华人民共和国成立，到社会主义改造基本完成，这是一个过渡时期。党在这个过渡时期的总路线和总任务，是要在一个相当长的时期内，逐步实现国家的社会主义工业化，并逐步实现国家对农业、手工业和对资本主义工商业的社会主义改造"。③

  过渡时期总路线的主体和基础是国家的社会主义工业化。为此，国家从 1953 年开始执行国民经济第一个五年计划，它标志着我国大规模的有计划的社会主义建设的开始。同时，对农业、手工业和资本主义工商业的社会主义改造也有步骤地展开。到 1956 年底，随着第一个五年计划的提前完成和对生产资料私有制的社会主义改造的基本完成，社会主义制度在中国全面建立起来。

  1956 年，中国进入全面建设社会主义的新时期。然而，怎样建设社会主义并没有现成的道路可循。起初，由于没有经验，中国在经济建设上只得学习甚至照搬苏联的做法，出现了许多不适合中国

---

  ① 何沁.《中华人民共和国史》. 北京：高等教育出版社，2009 年版，第 41 页。

  ② 毛泽东.《毛泽东文集》第六卷. 北京：人民出版社 1999 年版，第 231 页。

  ③《建国以来重要文献选编》第四册. 北京：中央文献出版社，1993 年版，第 700、701 页。

国情的情况。在这种情况下,中国共产党人决心走自己的路,开始探索适合中国情况的社会主义建设道路。1956年4~5月间,毛泽东《论十大关系》的报告,是中国共产党人开始探索中国自己的社会主义建设道路的标志,为中共八大的召开作了理论准备。

1956年9月,中共八大在北京召开。中共八大政治报告中明确指出:国内主要矛盾已经不再是工人阶级和资产阶级的矛盾,而是人民对于经济文化迅速发展的需要同当前经济文化不能满足人民需要的状况之间的矛盾;党和全国人民当前的主要任务,就是要集中力量发展社会生产力,把我国尽快地由落后的农业国变为先进的工业国,实现国家工业化,逐步满足人民日益增长的物质和文化需要。历史证明,中共八大的路线是正确的,提出的许多新方针和新构想是富于创造精神的,也是基本适合中国国情的。但八大的路线和许多正确意见却没有能够在实践中坚持下去。

1958年5月,中共中央八届二次会议通过了"鼓足干劲、力争上游、多快好省地建设社会主义"的社会主义建设总路线。这条总路线反映了广大人民群众迫切要求尽快改变国家经济文化落后状况的普遍愿望,但是忽视了客观经济规律,尤其是没有体现社会主义的有计划按比例发展的客观规律,提出"速度是总路线的灵魂"。于是,在工农业生产工作中,盲目求快就压倒了一切。在社会主义建设总路线指引下,轻率地发动了"大跃进"和人民公社化运动,使得高指标、瞎指挥、浮夸风和"共产风"为主要标志的"左"倾错误严重地泛滥开来。

"大跃进"、人民公社化运动的错误;农业生产连续三年遭受严重的自然灾害和苏联政府背信弃义,撕毁合同,撤走全部专家,使国民经济的发展在1959年到1961年间遇到了新中国成立以来最严重的困难局面。1960年粮食和棉花产量跌落到1951年的水平,许多地方因饥荒发生疾病,不少省份农村人口非正常死亡数量不断攀升。国民经济出现严重困难局面,使人民遭受了极大的痛苦,也给予中国共产党以深刻的教训。中共中央和毛泽东决心认真进行调查研究,调整政策,纠正错误,以度过困难时期,使国家经济建设沿着正确方向前进。

1961年1月，中共八届九中全会决定对国民经济实行"调整、巩固、充实、提高"的八字方针，号召全党大兴调查研究之风。随后，毛泽东率领的三个调查组分赴浙江、湖南、广东的农村基层做调查，刘少奇、周恩来、朱德、陈云、邓小平等也深入基层进行调查研究。这样，1961年我国国民经济建设由"大跃进"转入全面调整时期。

经过一年多的调整，困难形势虽有所缓解，但整个经济形势仍然十分严重。为了总结经验，统一思想，加强团结，动员全党更坚决地贯彻调整国民经济的八字方针，1962年1、2月间召开的扩大的中共中央工作会议（即"七千人大会"），在三年调整时期具有关键性的作用。这期间，毛泽东等领导人率先节衣缩食，党和人民团结一致，同甘共苦，克服困难。焦裕禄就是此时被调到内涝、风沙、盐碱三害十分严重的河南省兰考县担任县委书记的。

二、故事简介

焦裕禄（1922—1964年），出生于山东省博山县一个贫苦农民家庭。幼年时代读了几年书，由于家乡遭遇灾荒，家境十分贫困，焦裕禄被迫退学。为了一家人的生活，到黑山煤窑当了小工。每天要干十几个小时的重活。日伪统治时期，焦裕禄家中的生活越来越困难。父亲焦方田走投无路，被逼上吊自杀。焦裕禄被日本鬼子抓到辽宁抚顺的一个煤窑做苦工。由于无法忍受非人的折磨，他和工友们一道冒着生命危险于1943年秋天逃出虎口，回到家中。因无法生活下去，又逃到江苏省宿迁县，给一家姓胡的地主做了两年长工。1945年，新四军解放了宿迁县，建立了人民政府，焦裕禄亲身体验了老百姓当家做主的过程。当焦裕禄得知他的家乡也解放了的时候，便迫不及待地返回了家乡，很快投身到革命洪流之中。他担任村里的民兵班长，带领民兵打土豪、除汉奸，配合部队消灭敌人。在斗争中，焦裕禄总是冲锋在前，出色地完成上级交给的每一项任务。1946年他加入了中国共产党，成为一名坚强的革命战士。

1947年7月，为了帮助新解放区人民翻身求解放，焦裕禄被调到渤海地区南下工作队淮河大队一中队任班长。在南下途中，焦裕禄以戏剧表演的形式对新解放区的群众进行宣传工作，揭露在国民党统治下河南百姓的悲惨生活。1948年冬，淮海战役打响。焦裕禄积极地投入到了支援淮海战役的支前工作中。他组织带领担架队、运输队，提前圆满地完成了上级分配的任务，受到上级的表扬。淮海战役结束后，焦裕禄返回尉氏县，负责剿匪反霸工作。一直到1951年，焦裕禄先后担任过副区长、区长、中共区委副书记、青年团县委副书记等职。而后又被调到青年团陈留地委和青年团郑州地委工作，担任过青年团地委宣传部长、第二副书记等职。

1953年，中共中央提出过渡时期总路线，同时，一五计划开始实施。此时的工业战线需要大批优秀干部，焦裕禄怀着无限激情，抱着实现社会主义工业化的崇高理想，从农村工作岗位来到洛阳矿山机器厂。他在被派往哈尔滨工业大学学习以及到大连起重机厂实习期间，刻苦钻研，努力学习科学技术，由外行变为管理工业的内行，成为工业战线上的红旗手。

1962年冬，焦裕禄被调到兰考县，先后任县委第二书记、书记。兰考县位于中原腹地，西邻开封，东临山东，北临菏泽，是通往鲁西南的重要门户。当时，兰考县灾荒十分严重，横贯全境的两条黄河故道，形成了一望无际的黄沙地、内涝洼地和白茫茫的盐碱地。因风沙、盐碱、内涝之患，全县的粮食产量下降到历史的最低水平。焦裕禄到达兰考县第二天就开始深入基层调查研究，到每家每户了解情况。他经常住在农民的草庵子里，蹲在牛棚里，跟群众一起吃住，一起劳动，倾听老百姓的心声。同时，焦裕禄积极宣传党的政策，进行思想发动工作，进行社会主义教育，使兰考人民明确了前进方向，振奋起抗灾自救的精神，坚定了自力更生、艰苦奋斗的决心。

焦裕禄在带领全县人民开展治沙、治水、治碱的斗争中，身先士卒，以身作则。风沙最大的时候，他带头去查风口，探流沙；大雨瓢泼的时候，他带头趟着齐腰深的洪水查看洪水流势；风雪铺天盖地的时候,他率领干部访贫问苦,登门为群众送救济粮款。此时焦裕禄的肝病已相当严重,许多同志劝他在家里听汇报。焦裕禄说:"吃别人嚼过的馍没味道。"拖着患有慢性肝病的身体,背着干粮、拿起雨伞,焦裕禄和大家一起在兰考的原野上日夜奔波。在一年多的时间里,他跑遍了兰考县 140 多个大队中的 120 多个大队。通过调查研究,兰考县委基本上掌握了水、沙、碱发生、发展的规律,从而制定出了切实可行的改造兰考"三害"的规划。从此,一场群众性的除"三害"斗争轰轰烈烈地开展起来了。

在总结除"三害"的工作时,焦裕禄同志说:治沙,沙区没有林,有地不养人,这是基本情况;有林就有粮,没林饿断肠,这是重要性;以林促农,以农养林,农林相依,密切配合,这是方针;造林防沙,百年大计,育草封沙,当年见效,翻淤压沙,立竿见影,三管齐下,效果良好,这是方法;治水,兰考地形复杂、坡洼相连,河系紊乱,这是客观情况;以排为主,排、罐、滞、涝、台、改兼施,这是方针;舍少救多,舍坏救好,充分协商,互为有利,上下游兼顾,不使水害搬家,这是政策;夏秋两季观察,冬春干燥治理,再观察再治理,观察治理相结合,这是方法。泞碱,分清轻重,区别对待,这是方针;翻淤压碱,开沟淋碱,打埂躲碱,台田试种,引进耐碱作物,这是方法。① 这段总结,是焦裕禄深入群众、调查研究的结果,也是对兰考人民除"三害"斗争的真实写照。

焦裕禄常说,共产党员应该在群众最困难的时候,出现在群众的面前;在群众最需要帮助时候,去关心群众、帮助群众。他常常忍着剧烈的肝痛,走访乡村。在走访梁孙庄梁俊才的家里时,老大爷生病卧床不起,老大娘双目失明。老大爷问:"你是谁呀?大雪天来干啥?"焦裕禄回答说:"我是您的儿子,毛主席叫我来看望您老人家。"老大爷感动得热泪盈眶,说:"还是党好,社会主义好。"

1964 年 5 月 14 日,焦裕禄被肝癌夺去了生命,年仅 42 岁。他临终前对组织上唯一的要求,就是"把我运回兰考,埋在沙堆上,

---

① "县委书记的榜样",河南省兰考县政府,焦裕禄事迹介绍(三)。

活着我没有治好沙丘,死了也要看着你们把沙丘治好"。

1964年11月,中共河南省委号召全省干部学习焦裕禄同志忠心耿耿地为党为人民工作的革命精神。1966年2月7日,《人民日报》发表长篇通讯《县委书记的榜样——焦裕禄》,全面介绍了焦裕禄的感人事迹。随后,全国掀起了学习焦裕禄的热潮。

三、"人民的好干部焦裕禄"故事讲评中的思想政治教育

1. 全心全意为人民服务的公仆精神

全心全意为人民服务是我们党的根本宗旨,也是焦裕禄精神的本质所在。焦裕禄同志之所以成为县委书记的榜样、共产党员的光辉典范,并且深受人民群众爱戴,其根本原因在于他始终与人民群众心连心、同呼吸、共命运,视人民群众为衣食父母,诚心诚意甘当人民公仆。

在故事中我们切实地了解到焦裕禄同志到兰考县去,不是去做官,也不是去享福,而是去为人民谋利益。他到兰考县的这一年,风沙打毁了20万亩麦子,全县的粮食产量更是下降到历史的最低水平。焦裕禄同志说:"感谢党把我派到最困难的地方,越是困难的地方,越能锻炼人。请组织上放心,不改变兰考的面貌,我决不离开这里。"焦裕禄同志心里装着老百姓,一切为了人民群众,真正为人民群众谋利益、解忧愁;真正把自己摆在公仆位置,时刻将人民群众的冷暖挂在心上。

学习焦裕禄同志,就要牢固树立像焦裕禄同志一样的爱民之心,时刻把人民群众的安危冷暖挂在心上,多办利民之事,深入到条件艰苦、矛盾集中、困难突出的地方,去解民忧、增民利;想人民群众之所想,急人民群众之所急,帮人民群众之所需,认真解决民生问题,努力把为人民群众排忧解难的各项工作落到实处。

2. 深入实际,调查研究,密切联系群众的求实精神

求实就是在工作中脚踏实地,埋头苦干,身体力行,率先垂范,

不做表面文章，要"敢于在困难面前逞英雄"。在焦裕禄同志身上，充分体现了共产党员脚踏实地干事业的求实精神和尊重客观规律的科学态度。

焦裕禄同志到兰考县后立即深入基层调查研究，为治理好兰考县的水涝、风沙、盐碱"三害"，他拜群众为师，虚心向群众学习，全面了解灾情及其原因，寻找救灾办法。风沙最大的时候，他去查风口，探流沙；大雨倾盆的时候，他趟着齐腰深的洪水察看洪水流势。他经常钻进农民的草庵、牛棚，同农民同吃同住同劳动。他把人民群众同自然灾害斗争的宝贵经验一点一滴地集中起来，这些经验成为全县人民共同战胜灾害的有力武器。他带领县委经过大规模的调查研究，基本掌握了水、沙、碱发生、发展的规律，从而为县委制定出切实可行的治理兰考"三害"的方案提供了具体而又详实的资料。

实事求是是党的思想路线的核心内容，也是焦裕禄精神的灵魂。实事求是、求真务实既是一种科学精神，也是一种工作作风和人生态度。学习焦裕禄同志，就要坚持实事求是，尊重客观规律，深入调查研究，真正把求真务实融入到自己的工作和生活之中，做到讲实话、办实事、求实效。

3. 勤俭节约、艰苦创业的奋斗精神

艰苦奋斗是中华民族的光荣传统，也是中国共产党的立业之本、取胜之道，是焦裕禄精神的精髓。在除"三害"的斗争中，为了取得经验，焦裕禄同志亲自率领干部群众进行了小面积翻淤压沙、翻淤压碱、封闭沙丘等试验，然后以点带面，全面铺开。他给自己规定，把参加劳动作为日常生活的重要内容。在下乡时，就地劳动；在机关值班时，临近劳动。不论是在治理"三害"过程中，还是在田间管理中，他走到哪里就干到哪里。群众都把焦裕禄看成是"跟咱一样的庄户人"。

他在治理"三害"的过程中，鼓励兰考人民要有"愚公移山"一样敢教日月换新天的奋斗精神。焦裕禄和兰考县秦寨的老百姓以

"蚕吃桑叶"的精神,深翻压碱,改良土壤。他对秦寨的老百姓说:"眼下困难多,不要怕,在困难面前要挺起腰杆,才是真正的英雄哩!什么东西都怕决心,困难面前我们要找出路。"他与林业技术人员一道研究泡桐的生产特点,并亲自带头植桐,营造了大面积的桐林,为美化兰考、改变灾区面貌奠定了良好的基础。

焦裕禄同志以他的一言一行对艰苦奋斗作了生动的诠释,这也正是他赢得群众拥护和爱戴的重要原因。学习焦裕禄同志,就要牢记在任何时候、任何情况下都要自觉践行我们党艰苦创业、厉行节约、勤俭办事的优良作风,牢固树立过紧日子的观念,坚决反对铺张浪费、大手大脚,坚决抵制享乐主义和奢靡之风。

4. 艰苦朴素、鞠躬尽瘁的无私奉献精神

艰苦朴素、无私奉献,是共产党人先进性的重要体现,也是焦裕禄精神的鲜明特点。奉献就是不怕苦、不怕死、不为名、不为利,心中装着人民群众,唯独没有自己,为党和人民的事业鞠躬尽瘁、死而后已。焦裕禄对广大干部说:在大雪拥门的时候,我们不能坐在办公室里烤火,应该到群众中间去。共产党员应该在群众最困难的时候,出现在群众面前,在群众最需要帮助的时候,去帮助群众。他的心里装着全县的干部群众,唯独没有他自己。他经常肝部痛得直不起腰、骑不了车,即使这样,他仍然用手或硬物顶住肝部,坚持工作、下乡。

焦裕禄同志始终保持艰苦朴素的作风,他长期有病,家里人口又多,生活比较困难,可是他坚决拒绝上面给他救济。他说:兰考是个重灾县,人民的生产、生活都很困难,我们应该首先想到人民群众比我们更苦。他经常教育子女要不怕苦不怕脏,叫他们做脏活,到最困难的地方去,穿衣要朴素,生活要节俭。有一次,焦裕禄同志发现大儿子看戏不交票钱,其根据是焦书记是我爸爸。焦裕禄非常生气,当即命令孩子把票钱如数交给戏院。为此,他还专门起草了《干部十不准》,规定任何干部不准特殊化。焦裕禄把县委书记这个职位看作是为人民服务的岗位,把拥有职权看作是受人民委托,

为革命掌权，体现了一个共产党员无私奉献的崇高革命精神。

在医院里，焦裕禄以钢铁般的意志同疾病作顽强的斗争。护士噙着眼泪给他注射止疼针，他感到自己的病已无法治疗，便摇摇手说："我不需要了，省下来留给别的阶级兄弟吧！"无论肝疼得多么厉害，焦裕禄从来都不让护士多照顾自己。县里的同志和兰考的群众代表前来看他，他不谈自己的病，问的是县里的工作、生产情况："张庄的沙丘封住了没有？赵垛楼的庄稼淹了没有？秦寨盐碱地上的麦子长得咋样？老韩陵的泡桐树栽了多少？把秦寨盐碱地上的麦穗拿一把来，让我看看。"

总之，焦裕禄精神就是爱民精神、奋斗精神、求实精神和奉献精神。焦裕禄精神是我们民族精神的一部分。党的十八大提出了到2020年要实现全面建成小康社会的宏伟目标，在新的历史起点上，面对前所未有的挑战，学习和弘扬焦裕禄精神，正是时代对党员干部的迫切要求。我们相信，焦裕禄精神定将在实现中华民族伟大复兴"中国梦"的历史进程中焕发出更加夺目的光彩。

第二章 社会主义建设在探索中曲折发展时期历史故事讲评中的思想政治教育

第一节 地质学家李四光

"我是炎黄子孙,理所当然地要把学到的知识全部奉献给我亲爱的祖国",说这句的人就是我国杰出的地质学家、地质力学的创造者和新中国地质事业的开拓者与奠基人李四光同志。

一、故事背景

旧中国的科技事业不仅研究水平落后,而且机构残缺,科学研究力量极为薄弱,到新中国成立前夕,专门的科研机构只有30多个,1949年全国的科技人员只有5万人左右,其中从事自然科学研究的人员还不足500人,科研成果寥寥无几,新兴学科全属空白。[①]

中华人民共和国建立后,1949年11月1日中国科学院成立,郭沫若为院长,它成为国家最高学术领导机构和综合研究中心。不少旅居国外的爱国学者在新中国成立后,克服重重困难和阻挠,回国参加新中国的建设。如李四光、华罗庚、老舍等。比如从1950年到1952年的三年中,就有两千多人回国参加新中国建设。

[①] 何沁.《中华人民共和国史》.北京:高等教育出版社,2009年版,第49页.

为了促进科学事业的发展,1950年8月,中华全国自然科学工作者代表大会召开,周恩来总理在会上作了报告,大会成立了"中华全国自然科学专门学会联合会",简称"全国科联",李四光担任主席;还成立了"中华全国科学技术普及协会",简称"全国科普",梁希被选为主席。"全国科联""全国科普"的成立,团结了从事自然科学的全国广大的工作者,引导他们结合国家的经济建设开展科学研究工作,并取得了一批研究成果。

新中国成立初期,广大知识分子爱国热情很高,积极参加祖国建设,但由于他们大多出身于剥削阶级家庭,在思想上难免会留下旧社会的烙印。为了帮助他们摆脱剥削阶级世界观的束缚,树立为人民服务的思想,从1950年9月开始,人民政府在全国范围内开展了一场知识分子思想改造的学习运动。运动是从北京大学教室中首先发起的。1951年6月,马寅初担任北大校长后,面对旧思想、旧习惯在校园依旧存在的现实,深感受到广大师生愿意把旧北大改造成为新北大的热情,于是他便联合了汤用彤等12位著名教授,共同发起北大教员政治学习运动,希望通过教职员工的思想改造运动来推动北大的改革。为此,马寅初写信给周恩来总理,邀请毛泽东、刘少奇、周恩来、彭真等到北大作报告,毛泽东在信上批示:"这种学习很好,可请几个同志去演讲。"[①] 北大的学习行动得到了中共中央的肯定,并推广到了全国。

周恩来在北京、天津高等学校教师学习报告会上作了《关于知识分子的改造问题》的报告。周恩来总理结合自己参加革命的经历和思想改造的体会,阐明知识分子立场转变、思想改造的必要性,号召知识分子们起来努力改造自己,让自己成为科技文化教育战线的革命战士。毛泽东主席在1951年10月全国政协一届三次会议上指出:"思想改造,首先是各种知识分子的思想改造,是我国在各方

---

① 毛泽东.《建国以来毛泽东文稿》第二册.北京:中央文献出版社,2000年版,第448页。

面彻底实现民主改革和逐步实行工业化的重要条件之一。
习运动在知识分子中清除了帝国主义、封建主义和官僚
政治思想影响,并使他们树立了为人民服务的思想,在
纯洁了知识分子队伍。

1952年国民经济恢复工作完成时,中国工业发展
很低的。中国许多重要工业产品的人均产量不仅远远落
甚至落后于印度。如钢产量方面,美国为538.3公斤
公斤,中国为2.37公斤;发电量方面,美国为2949
10.9度,中国为2.76度。毛泽东曾说:"现在我们能
造桌子椅子,能造茶碗茶壶,能种粮食,还能磨成面
纸,但是,一辆汽车、一架飞机、一辆坦克、一辆拖
造。"② 发展工业,改变中国农业国的贫穷落后面貌,
民的共同要求。

为此,1953年9月中共中央制定了党在过渡时期的
出"要在一个相当长的时期内,逐步实现国家的社会主
并逐步实现国家对农业、手工业和对资本主义工商业的
造"。③ 为了逐步实现国家的社会主义工业化,新中国第
划在1953年开始进行,把优先发展重工业作为"一五"
环节。到1956年,一五计划提前完成。中国在工业建
了具有历史意义的许多项零的突破,为国家的工业化奠
基础。

1956年到1966年是开始全面建设社会主义的十年
月,中共八大指出:党和全国人民当前的主要任务,就

---

① 毛泽东.《毛泽东文集》第六卷.北京:人民出版社,
184页。
② 毛泽东.《毛泽东文集》第六卷.北京:人民出版社,
329页。
③ 《建国以来重要文献选编》第四册.北京:中央文献出
版,第700、701页。

产力，把我国尽快地由落后的农业国变为先进的工业
国家工业化，逐步满足人民日益增长的物质和文化需要。
中央领导带领全国各族人民一起，开始转入全面的大规模
义建设之中。

的经济建设离不开石油。在"一五"计划刚开始的时候，
周总理就询问过李四光：中国天然石油这方面远景怎么样？
乐观的、十分肯定的语气对毛泽东主席和周恩来总理说：
石油的远景大有可为。从50年代后期至60年代，中国的
工作者们相继找到了大庆油田、大港油田、胜利油田、华
大油田，摘掉了"中国贫油"的帽子。李四光为中国的石
下了不朽的功勋。

故事简介

光（1889—1971年），湖北黄冈人，蒙古族，我国杰出的
、教育家，地质力学的创造者和新中国地质事业的开拓者
。1919年毕业于英国伯明翰大学，获硕士学位。新中国成
任中国科学院副院长、中科院古生物研究所所长、地质部
。1958年加入中国共产党。根据李四光的理论，我国相继
大庆油田、胜利油田、大港油田等重要油田，李四光的理论
为祖国社会主义建设做出了卓越贡献，他因此在国际上享有很
声誉。著作有《中国地质学》《地质力学概论》《地震地质》
天文、地质、古生物》等。

李四光的童年生活非常艰辛，全家仅靠父亲办私塾来勉强维持
计，母亲纺线织布，换些零用钱来补贴家用。李四光从小就养成
勤劳的习惯，他常常帮妈妈打柴、舂米、推磨、扫地、提水、放
、割草等，几乎样样事情都能干。

李四光5岁开始受到启蒙教育，刻苦认真，勤奋用功，从不贪
，喜欢动脑筋，问问题。他富有同情心，对左右邻里的穷苦人有
深的感情。1902年，李四光告别父母，第一次远离家乡，前往省
武汉求学，进入武昌第二高等小学堂读书。在这里，李四光学习

非常用功,如饥似渴地学习各种知识,学习成绩一直名列前茅。1904年被破格选派去日本官费留学,首先进入东京弘文学院学习。1907年李四光考入大阪高等工业学校。在日本,李四光除了学习、生活之外,更关心祖国的命运。他结识了许多民主革命家,剪掉自己的辫子以拥护革命,并参加了孙中山领导的"中国同盟会",那一年,他才16岁。1910年,李四光在日本完成学业返回祖国,任教于湖北中等工业学堂。

1911年,武昌起义后,李四光被委任为湖北军政府理财部参议,后又当选为湖北实业部部长,他梦想着发展实业、造福人民、建设新湖北。不久,袁世凯上台,革命党人受到排挤,李四光发展实业救国的梦想破灭,他再次离开祖国到英国伯明翰大学学习。1917年,李四光用英文写成了一篇长达387页的论文《中国之地质》,他也因此被伯明翰大学授予自然科学硕士学位。1918年,他回国任北京大学地质系教授。在北大任教期间,他带领学生和研究人员常年奔波野外,跋山涉水,足迹遍布祖国山川。抗战爆发后,中央研究院奉命随政府内迁,李四光率地质研究所迁至桂林。1944—1946年,他任重庆大学教授,并在重庆大学开设全国第一个石油专业。

1949年秋,在新中国即将成立之时,正在英国伦敦的李四光被邀请担任新中国全国政协委员,他立即做好了回国准备。当时国民党政府驻英大使要求李四光拒绝接受新中国政协委员的职务,否则就被扣伦敦。李四光当机立断从英国来到法国,并于1949年12月秘密回到祖国。李四光回到新中国后被委以重任,先后担任了地质部部长、中国科学院副院长、全国科联主席、全国政协副主席等职。他虽然年事已高,但仍奋战在科学研究和国家建设的第一线,为中国的地质、石油勘探和建设事业作出了巨大贡献。

在旧中国,"中国贫油论"已成为定论。1915年,美孚石油公司在陕西北部打了7口探井,没有找到石油。1922年美国斯坦福大学教授布莱克威尔德来中国调查地质,回国后说中国是贫油国家,无论在中国的东南部、西南部、东北部还是遥远的西北部都不会有大量石油。从此"中国贫油论"就成了定论。但李四光不这么认为,他以地质力学理论为基础,根据他自己对中国地质的深入研究,认为"中国贫油论"是没有事实根据的。他从构造地质角度出发,指出找油要先找油区再找油田。他以地质力学的观点研究地壳运动现象,探索地质运动与矿产分布规律,确立新华夏构造体系,并运用这些理论来探讨中国的地质构造和石油储量。

从20世纪50年代开始,李四光带领我国著名地质学家们,通过不断探索和实践,肯定中国东部特别是东北松辽盆地具有良好的储油条件。根据地质部和李四光的建议,工作人员从1956年开始对松辽平原、华北平原等地进行大规模的石油普查,相继找到了大庆油田、大港油田、胜利油田、华北油田等大油田。在国家经济建设急需能源的时候,滚滚石油不断在中华大地冒出。李四光为中国摘掉了"中国贫油"的帽子。1958年,李四光加入中国共产党。为了石油工业的发展,毛泽东多次接见李四光,多次对地质工作作出指示,并对地质部和石油部在找油方面作出的贡献给予高度评价。"文化大革命"中许多科学家遭到迫害,但毛泽东惦记着李四光。1969年5月19日,毛泽东接见在京参加学习班的1万名代表,李四光也在其中。毛泽东在主席台上看到李四光,马上拉着他的手,亲热地叫"李四老",并问候李四光的身体和工作情况。

1971年4月24日,李四光因为感冒发烧,住进了北京医院,4月29日上午8时30分,伟大的科学家李四光永远离开了我们。

三、"地质学家李四光"故事讲评中的思想政治教育

1. 热爱祖国的赤子之心

李四光同志始终以中华民族的利益为重,处处维护和捍卫民族的尊严,毕生追求祖国的独立和富强。他年轻时毅然投身革命,成为孙中山领导的同盟会中年龄最小的会员。他身在国外,把关切祖国的命运转化为刻苦求学的动力,追求科学,发奋学习。曾被派往日本学造船,被派往英国改学地质,取得了地质学硕士学位。李四

光不为国外优厚的待遇和工作所动,学成后毅然回国,把寻找和开发祖国的地下资源当作终生奋斗的目标。

1949年9月,中国人民政治协商会议公布的各民主党派、区域代表、军队代表、团体代表和特邀人士等名单中,李四光成为中国人民政治协商会议筹备委员会的代表之一。李四光此时正在英国伦敦,以焦急的心情准备回国。国民党驻英大使却要李四光公开发表声明,拒绝接受中国共产党的邀请,否则就将其扣留。李四光不畏国民党的威胁,排除种种艰险,毅然奔回祖国怀抱,把满腔的爱国热忱化作报国之志。

2. 积极探索,开拓创新精神

李四光一生崇尚科学,质疑权威,勇于创新,刷新了中国地质学许多重大的科学理论。他为研究古生物蜓科分类所创建的十条标准,被中外学者沿用至今。他发现了中国内地有第四纪冰川遗迹,并以大量的实据推翻了那些国外学术权威认为在中国不存在第四纪冰川的理论,为我国进行地质研究奠定了真实可靠的理论基础。李四光的足迹遍及祖国大江南北,对地质学科的各个领域都做了广泛的调查和研究,认为"中国贫油论"是没有事实根据的。在我国经济建设急需石油的时候,根据李四光的理论先后找到了我国著名的大庆、胜利、大港等贮藏量丰富的石油矿藏,打破了外国科学家"中国贫石油"论的伪科学,摘掉了"中国贫油"的帽子。他用毕生心血创立的地质力学,是一门地质学与力学相结合的新兴学科。他强烈的创新意识、执着的创新态度和丰硕的创新成果,对我国科学发展和技术进步具有深刻而长远的影响。

总之,在改革开放和社会主义现代化建设的新时期,在科学技术对经济社会发展作用十分重要的今天,讲评李四光的故事,大力弘扬李四光的热爱祖国、积极探索、科学创新的精神,对于促进我国科技事业的发展,迎接世界新科技革命的挑战,应对日趋激烈的国际竞争,都具有十分重要的意义。

第二节　草原英雄小姐妹

在王周生的长篇小说《陪读夫人》中有这样一段描述，即陪读母亲为儿子讲述在中国内蒙古大草原上的两小姐妹为保护集体的羊而被冻成重伤的故事。儿子问妈妈："她们这样做，公社会付给她们很多钱吧……我们老师说，没有一样工作不该没有报酬。"母亲告诉儿子："最好的奖励是全国的小朋友都学习草原英雄小姐妹。这能用钱买得到吗？"通过这个故事，母亲让儿子明白了一个道理：精神不能用金钱衡量。

一、故事背景

旧中国的民族关系是不平等的，民族之间的猜疑、隔阂、矛盾非常突出。新中国成立后，为消除各民族之间的隔阂，党和国家通过派出访问团到民族地区访问，组织边疆少数民族各阶层人士到内地参观，解决少数民族群众生产生活的实际困难，大力培养少数民族干部，争取和团结民族、宗教上层人士，有效地疏通和改善了民族关系，增进了民族之间的信任和团结，增强了各民族对祖国的认同和热爱。

为了帮助少数民族实现平等权利和自治权利，党和国家开展民族识别，确认民族成分，建立民族自治地区，使少数民族以中华民族大家庭平等一员的地位登上历史舞台，实现了少数民族千百年来当家作主的夙愿。1956年，党和国家在民族地区开展了民主改革和社会主义改造，使生活在原始公社制度、奴隶制度、封建农奴制度、封建地主经济等众多社会制度下的各民族，共同携手走上了社会主义康庄大道。

在社会主义建设中，处理好民族关系是十分重要的。1956年4月，毛泽东同志在《论十大关系》中把汉族和少数民族的关系作为社会主义革命和社会主义建设必须处理好的十大关系之一，强调"我们必须搞好汉族和少数民族的关系，巩固各民族的团结，来共同努力于建设伟大的社会主义祖国。"1957年2月,毛泽东同志在《关于正确处理人民内部矛盾的问题》的讲话中再次强调指出:"汉族和少数民族的关系一定要搞好。这个问题的关键是克服大汉族主义。在存在有地方民族主义的少数民族中间,则应当同时克服地方民族主义。"周恩来总理在关于我国民族政策方面指出:"我们反对两种民族主义,就是既反对大民族主义,也反对地方民族主义,特别要注意反对大汉族主义。"① 强调在建设社会主义现代化国家这个"新的基础上达到我们各民族间进一步的团结"②。

完成社会主义改造以后,各民族都统一在中国共产党的领导之下。各民族的指导思想是马克思列宁主义、毛泽东思想,各民族的奋斗目标是一致的,即共同建设社会主义。

1956年到1966年,中国共产党领导全国各族人民开始了轰轰烈烈的社会主义建设。1958年5月,中共八大二次会议通过了"鼓足干劲、力争上游、多快好省地建设社会主义"的社会主义建设总路线。这条总路线正确的一面,是反映了广大人民群众迫切要求尽快改变国家经济文化落后状况的普遍愿望;其缺点是过分强调主观意志和主观能动作用,忽视了客观经济规律。在总路线的指引下,为了"跑步进入共产主义",一场轰轰烈烈的以全民大炼钢铁为中心的"大跃进"运动和人民公社化运动在全国范围内开展起来。

由于"大跃进"、人民公社化运动,加上1959—1961年三年自然灾害及苏联政府背信弃义地撕毁合同、撤走全部专家,中国国民经济的发展在1959年到1961年间遇到了新中国成立以来最严重的困难局面。许多地方因饥荒、食物营养不足而普遍发生疾病,不少省份农村人口死亡人数不断增加。

国民经济出现的严重困难局面,给中国共产党以深刻的教训。

---

① 周恩来.《周恩来选集》下卷.北京:人民出版社,1984年版,第247页。

② 周恩来.《周恩来选集》下卷.北京:人民出版社,1984年版,第248页。

中共中央和毛泽东决心认真进行调查研究，调整政策，纠正错误。1961年1月，中共八届九中全会决定对国民经济实行"调整、巩固、充实、提高"的八字方针，毛泽东在会上号召全党大兴调查研究之风。在《农业六十条》中规定：以生产队为基本核算单位，要求认真贯彻按劳分配的原则，在人民公社中取消农民普遍反对的供给制和公共食堂。农业六十条的贯彻执行，对于克服严重存在的平均主义，调动农民的生产积极性，推动恢复和发展农业生产，起到了十分重要的作用。

从1962年到1965年，毛泽东等领导人率先节衣缩食，党和全国各族人民团结一致，同甘共苦，克服困难。在全国各族人民的共同努力下，加上党和国家在经济、政治方面采取的有力措施，国民经济开始得到比较顺利的恢复和发展。草原英雄小姐妹的故事就发生在这一特殊的年代里。

二、故事简介

20世纪60年代，在内蒙古自治区乌兰察布草原的达茂联合旗新宝力格公社中，有一个那仁格日勒生产大队，生活着一对蒙古族小姐妹，姐姐叫龙梅，11岁，妹妹叫玉荣，还不满9岁。

1964年2月9日，春节前夕，两姐妹利用假日为生产队放羊。姐妹俩赶着羊群在草原上放牧，中午时分，天气本来很好，刹那间，天空突然变暗，西北风大作，怒吼着的狂风席卷着飞扬的雪花吞没了茫茫的草原，一场罕见的特大暴风雪骤然降临在乌兰察布大草原上。在天气突然发生变化的瞬间，羊群惊恐四散，气温降至零下37度。西北风越来越猛烈，羊群开始顺风狂奔。

姐姐龙梅和妹妹玉荣急忙拢住羊群，往回赶羊。但是暴风雪挡住了羊群的归路，就像一道无形的墙一样，羊群顺着狂风乱窜。于是，姐姐龙梅对妹妹玉荣说："快去叫阿爸帮咱们拦羊！"妹妹玉荣扭头就往回跑，当她栽倒在地时，她看到姐姐一个人在暴风雪中，左手拿着羊鞭，右手甩着脱下来的皮袄左右拦挡，没有自己这个帮手，羊群越发混乱。妹妹玉荣顾不得再去叫阿爸，立即返回羊群，挥动着小皮帽，帮助姐姐拦住羊群。就这样跑着，拦着羊群，也不知道跑了多长时间，姐姐龙梅和妹妹玉荣总算把散乱的羊群聚拢在一起，但天却慢慢黑了下来。极度的疲劳，一天的饥渴，折磨着两个年幼的小姑娘。到了黑夜，暴风雪似乎更加疯狂。龙梅和玉荣凭借着地上积雪的映光识别自己的羊群，羊群照旧在风雪的呼啸中朝东南方狂奔。在紧紧追赶羊群的时候，姐妹俩害怕失散，机智地相互高喊对方的名字："龙……梅""玉……荣"。彼此关照着，相互激励着。

2月9日中午开始到2月10日第二天天亮，龙梅和玉荣姐妹俩整整奋斗了20多个小时，跋涉了30多公里，来到了白云鄂博车站附近。姐妹俩的脸部、耳部和手部已被冻得变了模样，肿如面包。寒冷，恐惧，饥饿，疲劳，责任感全部集中在了两个10岁左右的小女孩身上。此时，妹妹玉荣已昏倒在雪地上奄奄一息。幸好牧民哈斯朝禄父子俩及时赶到，铁路工人和寻找姐妹俩的公社书记等人随后也赶到了，姐妹俩和羊群才安全脱险。英雄小姐妹放牧的384只羊，仅有3只被冻死，其余安然无恙。姐妹俩被送入白云鄂博矿山医院进行救治，后转到呼和浩特继续治疗和休养。由于冻伤严重，姐姐龙梅失去了左脚拇趾，妹妹玉荣右腿膝关节以下和左腿踝关节以下做了截肢手术，造成终身残疾。姐妹俩出院后，回到家乡继续读书。

1964年3月20日，共青团中央写信表扬龙梅和玉荣姐妹俩的高尚行为。《人民日报》以"最鲜艳的花朵"为题，报道了她们的感人事迹，两人被誉为"草原英雄小姐妹"。后来，姐姐龙梅16岁时参加中国人民解放军，后又进入包头市医专、内蒙古蒙文专科学校学习，1988年任包头市东河区政协主席至今。妹妹玉荣任内蒙古自治区残疾人联合会副理事长至今。2009年9月14日，龙梅和玉荣姐妹俩分别被评为100位新中国成立以来感动中国人物之一。

三、"草原英雄小姐妹"故事讲评中的思想政治教育

集体主义精神是"草原英雄小姐妹"故事中的亮点。在暴风雪来临时，她俩完全有机会、有时间丢下羊群逃命；她俩也能够暂时撇下羊群跑回去找阿爸前来援助。然而，龙梅和玉荣牢牢记

得阿爸平日里严肃的教诲:"羊是集体的财产,是集体的命根子,一只也不能丢!"她们放弃了逃生的念头,也没有回去找阿爸,因为她们怕丢失任何一只羊。就这样,她俩一前一后,不停地奔跑、拦挡。

今天,向孩子们讲述"草原英雄小姐妹"的故事时,孩子们会提出有关这个故事中的许多问题,如:她们为什么要拼死拼活保护不属于自己家的财产,生产队会给她们很多钱吧,等等。如今的孩子们是不会懂得的,因为他们没有生活在那特殊的年代里,没有生活在那种努力要使刚刚到来的新生活不受一点损害的激情当中,或许,他们长大以后就会明白了。因此,我们要向孩子们讲述"草原英雄小姐妹"的故事,让孩子们了解集体主义精神是中华民族的传统美德。

关于讲述"草原英雄小姐妹"的故事,如今有许多人认为不值得,过时了。但龙梅和玉荣不这样看,两姐妹认为:集体主义精神在任何地方、任何时代都不会过时;保护集体的财产,维护集体的利益在任何地方、任何时代都是值得的。龙梅和玉荣教育自己的孩子时常说:"人活在世上,不能只为自己而活着,要多想想国家、集体,多想想他人。只有大家都好了,个人才能幸福。"

"我记得当时一只羊的价钱是两块钱,384只羊死了3只,等于损失了6块钱。可是为了这6块钱,我落下了终身残疾。"妹妹玉荣曾经这样对记者讲,但她随后又笑了笑说:"精神不能用金钱衡量。"

龙梅和玉荣不以名人自居,反而严格要求自己,从不向组织上提任何要求,在内蒙古草原默默奉献着、奋斗着。

"草原英雄小姐妹"的精神是永恒的。不管她们的身上烙上的是哪个时代的烙印,但她们的集体主义精神和品格不会因为时代的变迁而减弱其特有的价值和内在的光辉。因为"草原英雄小姐妹"的集体主义精神和品格,是今天实现中华民族伟大复兴"中国梦"所不可缺少的精神财富。

第三节 铁人精神永放光辉

"宁可少活二十年,拼命也要拿下大油田""有条件要上,没有条件创造条件也要上"……这就是铁人王进喜的豪言壮语。王进喜是中国共产党人的优秀楷模、中国工人阶级的先锋战士、石油工人的光辉典范,他为中国石油工业的发展和社会主义建设立下了不朽功勋,他身上体现出来的精神,就是铁人精神。

一、故事背景

在提出有系统地进行社会主义改造的 1953 年,新中国即将开始进行有计划的社会主义建设。1953 年 4 月,党中央批准下达第一个五年计划,集中主要力量发展重工业,建立国家工业化和国防现代化的初步基础;相应地发展交通运输业、轻工业、农业和商业等。第一个五年计划的经济建设,规模空前,成就巨大。

第一个五年计划,反映了全国人民迫切要求改变贫穷落后面貌、把中国建设成繁荣昌盛的社会主义强国的共同愿望。"一五"计划的实施,得到了全国人民的积极支持。工人阶级是我国工业化建设的主力军,他们在"一五"期间努力提高自己的政治素质、思想素质和文化科技水平,同时展开了热火朝天的劳动竞赛,大大提高了劳动生产率。如 1954 年 4 月,王崇伦等 6 名全国工业劳动模范发起在全国范围内展开以技术革新为中心的劳动竞赛运动。据 1955 年统计,这一年全国职工提出 53 万多件发明、技术改进和合理化建议,实施的有 23 万多件,其中有 6 万多件全年节约和创造的价值达 9 000 多万元,并涌现出了大批的先进生产者、劳动模范和模范单位。①

1956 年,社会主义基本制度的全面确立,标志着中国开始进入

---

① 何沁.《中华人民共和国史》. 北京:高等教育出版社,2009 年版,第 65、66 页。

全面建设社会主义的历史阶段。新中国成立初期，因为没有经验，在经济建设上只得学习甚至照搬苏联的做法，"这在当时是完全必要的，同时又是一个缺点，缺乏创造性，缺乏独立自主的能力。这当然不应当是长久之计"。① 从1953年执行第一个五年计划算起，已经有三年多的实践经验，对苏联经济建设中的一些缺点和错误，我们也有了初步的了解。因此，1955年底毛泽东主席提出"以苏为鉴"的思想。中国共产党人决心走自己的路，开始探索适合中国情况的社会主义建设道路。

1956年9月，中共八大在北京召开。大会指出当前"党和全国人民的主要任务是集中力量发展社会生产力，实现国家工业化，满足人民的经济文化需要"。② 因此，从1956年到1966年，我国开始了全面建设社会主义的十年。1957年，"一五"计划提前完成，极大地激发了全国人民在短时间内彻底改变祖国"一穷二白"面貌的斗志，增强了中共领导对经济建设的自信心。在胜利面前，由于中央和地方不少领导干部滋长了骄傲自满情绪，夸大了主观意志和主观努力的作用，忽视经济规律，急于求成，片面追求社会主义建设的高速度，对社会主义建设的长期性、复杂性的估计严重不足，于是在1958年发动了"大跃进"和人民公社化运动，给国民经济造成了严重的损失。

然而，社会主义建设还要继续。从20世纪50年代后期至60年代，新中国大规模的经济建设离不开石油，急需石油。虽然在旧中国"中国贫油论"已成为定论，但为了打破外国科学家"中国贫油论"的伪科学，为了摘掉"中国贫油"的帽子，为了打破帝国主义国家在石油等经济领域对社会主义中国的封锁、遏制和垄断，新中国的石油勘探者们对松辽平原、华北平原等地进行了大规模的石油

---

① 毛泽东.《毛泽东文集》第八卷. 北京：人民出版社，1999年版，第305页。

② 《中国共产党第八次全国代表大会文献》. 人民出版社，1957年版，第809、810页。

普查，相继找到了大庆油田、大港油田、胜利油田、华北油田等大油田，摘掉了"中国贫油"的帽子，滚滚石油不断在中华大地冒出。铁人王进喜的故事，就发生在这激情燃烧的中国石油工人要为祖国献石油的战天斗地的年代。

二、故事简介

王进喜，1923年出生于甘肃省玉门县赤金堡一个贫苦的农民家庭。15岁到玉门油矿当童工，年龄虽小，却干着和大人一样的重活，面对工头的打骂，他不甘屈辱，奋起反抗。正是这苦难的经历和恶劣的生存环境，练就了他刚毅坚韧、倔强不屈的性格。1949年9月玉门解放。1950年春，王进喜成为新中国第一代钻井工人。他勤快、能吃苦，各种杂活抢着干。他说，党把我们当主人，主人不能像长工那样磨磨蹭蹭、被动地干活。艰苦的钻井生产实践培育了王进喜坚忍不拔的品格和大公无私的思想，1956年4月他光荣地加入了中国共产党，这成为他人生旅途的一个里程碑。

王进喜在担任贝乌第5钻井队（1205钻井队前身）队长时，在石油工业部组织的以"优质快速钻井"为中心的劳动竞赛中，他提出了"月上千，年上万，祁连山上立标杆"的口号，贝乌第5钻井队创造了月进5009.3米的全国钻井最高纪录，被石油工业部命名为"钢铁钻井队"，王进喜被誉为"钻井闯将"。为此，1959年9月王进喜出席甘肃省劳模会，被选为建国10周年国庆观礼代表和全国"工交群英会"代表。1959年10月1日，王进喜参加建国10周年国庆观礼，第一次见到毛主席。他在参观首都北京十大建筑时，看到行驶的公共汽车背着一个大包袱来回跑，当他得知公共汽车上背着大包袱是由于国家缺油而背的"煤气包"时，这位坚强的西北汉子蹲在街头哭了起来。

面对国家建设急需石油的严峻情况，1960年春，王进喜从西北的玉门油田出发，率领1205钻井队来到大庆油田，一场规模空前的石油大会战随即展开。一到大庆，呈现在王进喜面前的是许多难以想象的困难：没有公路，车辆不足，吃、住都成问题。面对极端的困难和恶劣的环境，王进喜认识到："这困难，那困难，国家缺油是最大困难；这矛盾，那矛盾，国家建设等油用是最主要矛盾。"1205队的钻机到了，没有吊车和拖拉机，汽车也不足。王进喜带领全队工人用撬杠撬、滚杠滚、大绳拉的办法，"人拉肩扛"地把钻机卸下来，仅用4天时间就把40米高的井架竖立在茫茫荒原上。眼看就要打井了，可是水管线没有安好，开钻没有水怎么行？于是，王进喜就带领全队工人用"盆端桶提"的办法运水，保证了开钻所需的用水。他们以"宁可少活二十年，拼命也要拿下大油田"的顽强意志和冲天干劲，苦干5天5夜，打出了大庆第一口喷油井，首创124小时打一口中深井的纪录。

1960年4月，1205钻井队在前往第二口井时，王进喜右腿被砸伤，他却依然坚持拄着双拐指挥。当第二口井打到700米深时，由于地层压力太大发生了井喷，危急关头王进喜不顾腿伤，扔掉拐杖，奋不顾身跳进齐腰深的泥浆池中，在王进喜的带动下，戴祝文、丁国堂等七八个工人也跟着跳了进去，用身体搅拌重晶石粉，奋战了3个多小时，最终制服了井喷，保住了油井和钻机，而王进喜身上却被碱性很大的泥浆烧起了一个一个的大泡。房东赵大娘感慨地说："你们的王队长可真是个铁人哪！""铁人"的名字就这样传开了。石油工业部部长余秋里得知后，连声称赞大娘叫得好，并号召4万多会战的职工"学铁人、做铁人，为会战立功，高速度、高水平拿下大油田！"王进喜成为大庆油田大会战树立的第一个典型，成为大会战的一面旗帜。

在随后的10个月里，王进喜率领1205钻井队和1202钻井队，在没有水罐车的情况下，他带领工人硬是用脸盆端来了几十吨水，保证了开钻顺利，且双双达到了年进尺10万米的奇迹。1960年6月1日，大庆油田首车原油外运。1960年底，大庆油田生产原油97万吨。三年之后大庆油田会战结束，中国石油结束了用"洋油"的时代，实现基本自给。毛主席非常高兴，向全国人民发出"工业学大庆"的号召。

1964年，王进喜出席了第三届全国人民代表大会，受到毛主席的接见。1965 年他担任油田钻井指挥部副总指挥，1966 年领导钻井队创年进尺 10 万米的世界钻井纪录。1969 年 4 月，他以工人代表身份当选中共中央委员。1970 年，王进喜在玉门参加石油现场会回到大庆之后，经医生检查确诊为胃癌晚期，1970 年 11 月 15 日在北京去世，时年 47 岁。王进喜的骨灰被安放在北京八宝山革命烈士公墓。1972 年 1 月，《人民日报》在显著位置刊发了《中国工人阶级的先锋战士——铁人王进喜》的长篇通讯，高度评价了王进喜伟大的一生。大庆油田做出了"向铁人王进喜同志学习"的决定。40 多年来，铁人故事和铁人精神鼓舞了整整一代中国人。

三、铁人故事讲评中的思想政治教育

王进喜的故事是在 20 世纪 60 年代初期西方帝国主义国家对我国进行军事威胁包围、经济封锁遏制、我国经济建设迫切需要石油的严峻形势下发生的，是在大庆油田石油会战的特定历史条件下形成的。王进喜为中国石油工业的发展和社会主义建设立下了不朽的功勋，他在创造巨大物质财富的同时，也给我们留下了宝贵的精神财富，即铁人精神。铁人精神是"爱国、创业、拼搏、求实、奉献"的大庆精神的典型化和人格化，是对王进喜崇高思想、优秀品德的高度概括，体现了我国工人阶级的精神风貌与中华民族传统美德的完美结合。

1. "为祖国分忧、为民族争气"的爱国主义精神

王进喜作为一名新中国的石油工人，同许许多多的中国人一样，在旧社会深受三座大山的压迫。新中国成立后，他深知当时祖国贫穷落后、经济建设急需石油的苦恼。当大庆油田传来石油大会战的消息时，他欣喜若狂，向领导再三请缨出征，挺进东北。王进喜第一次到北京时，看到大街上公共汽车车顶上背个大气包，就奇怪地问别人："背那家伙干啥？"人们告诉他："因为没有汽油，烧的煤气。"听了这话，他没有再问下去。作为新中国的一名石油工人，怎么能眼看国家有这么大的难处哪。每当想起那煤气包，就像千斤重

担压在自己的身上。王进喜曾多次对工友们说：一个人没有血液，心脏就停止跳动。工业没有石油，天上飞的，地上跑的，海上行的，都要瘫痪。没有石油，国家有压力，我们要自觉地替国家承担这个压力，这是我们石油工人的责任啊！同志们，摆开战场，甩开钻机干吧！把石油落后帽子扔到太平洋里去！这种"为祖国分忧、为民族争气"的爱国主义情感是铁人精神最鲜明的民族品格，是鼓舞斗志、激励进取、振奋精神、激发士气、凝聚人心、促人奋进的强大精神动力。

2．"宁肯少活二十年，拼命也要拿下大油田"的忘我拼搏精神

王进喜处处身体力行，危险在前，苦干在前。1960年5月的一天，天刚蒙蒙亮，王进喜在井场上指挥工人放井架"搬家"。忽然一根几百斤重的钻杆滚下来砸伤了他的腿。王进喜痛得昏了过去。等他醒过来一看，井架还没有放下，几个工人在忙着抢救他。王进喜急了，对大家说："我又不是泥捏的，哪能碰一下就散了？"说完，猛地站起来，举起双手，继续指挥，鲜血从他的裤腿和鞋袜里浸了出来。油田领导和工人们把他送进医院。他在医院里总是惦记着热火朝天的大会战和井场，趁护士不注意便拄着拐杖偷着跑回钻井队，拄着双拐在井场上来回指挥。在他的鼓舞和激励下，钻井队创造了一个又一个奇迹。只要他的井打到哪里，新的纪录就跟到哪里。他带领过的1205钻井队和1202钻井队双双突破年进尺10万米的大关，超过了苏联"功勋"钻井队和美国"王牌"钻井队。

有一次发生井喷，埋藏在地层深处的水、原油和天然气带着泥沙在地层的高压下喷发出来。如不及时压住，不仅井毁人亡，连高大的井架也要被吞没到地层里去。在这万分危急的时刻，王进喜奋不顾身，纵身跳进了泥浆池，用身体来搅拌泥浆。看到这情景，几个年轻小伙子也跟着跳了进去。整整奋战了3个小时，险恶的井喷终于被压下去了，油井和钻机保住了，王进喜的手上、身上却被碱性很强的泥浆烧起了一个个的大泡，豆大的汗珠不停地从脸上滚下

来。王进喜是在用自己的鲜血和生命换取石油。长期艰苦的工作和生活使他的健康状况越来越差,他患上了严重的胃病和关节炎,病痛长期折磨着他,但他从不把病痛放在心上,总忍着病痛坚持工作。最终王进喜的病被确诊是胃癌,而且已经到了晚期,但他还念念不忘自己的工作。1970年11月15日,王进喜被病魔夺去了生命,终年47岁。他的战友们沉痛地说:"铁人真正是为油田少活20年啊!"

3. "有条件要上,没有条件创造条件也要上"的艰苦奋斗精神

1960年3月,王进喜刚到大庆时,朔风呼号,滴水成冰。一下子几万人从全国四面八方汇集到大荒原上,他们面临着许多难以想象的困难。没有公路,车辆不足,吃和住都成了大问题。在这极端困难和恶劣的环境下,王进喜喊出了为革命"有条件要上,没有条件创造条件也要上"的口号。他带领队友克服了重重困难,经历了难以想象的挫折,最终开钻成功,并首创5天零4小时打一口中深井的纪录。

王进喜在工作和生活中不仅艰苦奋斗,而且还勤俭节约,大庆油田第一个废旧材料回收队——钻探指挥部"铁人回收队"就是在王进喜提议下成立的。他经常带领回收队职工到各个施工场地回收废旧器材,连一颗螺丝钉、一块废钢铁都不放过,他们的足迹几乎遍布油田各个角落。王进喜经常说:"艰苦奋斗的传统不能丢,把散失的材料拣回来,重新用来建设社会主义,意义大得很!"在铁人的带领下,"铁人回收队"回收了大量废旧钢材,在10年时间里就为国家回收上缴钢铁1.73万吨、管材19万多米。

4. "干工作要经得起子孙万代检查""练一身硬功夫、真本事"的科学求实精神

王进喜是吃苦耐劳的实干家,也是科学求实的典范。在科技领域,他以"识字搬山"的意志克服了意想不到的困难,刻苦学习,带领工人们以创造性的劳动,创造了一个又一个优异的成绩。1961

年 2 月，王进喜被任命为钻井指挥部生产二大队大队长，负责管理分布在大荒原上的 12 个钻井队。他经常身背干粮袋，骑着摩托车或步行，深入到各井场调查研究，检查工作，帮助基层解决各种实际问题。当了大队长后，他深感没文化开展工作的困难，便抓紧一切机会学文化。他说："我认识一个字，就像搬掉一座山。我要翻山越岭去见毛主席。"经过两年多的时间，铁人已经可以独立地看报、读文件、学《毛泽东选集》，甚至可以列出简单的发言提纲了。

1961 年，在广大油田职工热火朝天地进行石油大会战期间，一些井队为了追求钻井速度，忽略了质量，出现了一些问题，王进喜带领的 1205 标杆队钻的一口井也打斜了，受到当时会战总指挥的批评。第二天，王进喜到指挥部诚心诚意地作了检讨，从此，他对安全、质量问题抓得更加严格。

王进喜学习技术知识始终坚持学以致用，他带领工人们不断地从实际需要出发搞技术革新。为提高钻井速度，他和战友们改革游动滑车；为打好高压易喷井，他带领战友们研究改进泥浆泵；为提高钻井质量，他和科技人员一起研制出成功控制井斜的"填满式钻井法"。他还在多年钻井的工作中摸索出一套高超的"钻井绝技"，能根据井下声音判断钻头磨损情况。他对待工作严细认真，一丝不苟，并强调道："干工作要为油田负责一辈子，要经得起子孙万代的检查"。他还提出了机器上过硬、操作上过硬、质量上过硬、复杂情况面前过硬的"四过硬"标准。

5. 不计名利，不计报酬，埋头苦干的"老黄牛"精神

在大庆石油大会战年代，王进喜不分昼夜地奋战在井场上。饿了，啃几口冻窝窝头；困了，倒在排好的钻杆上，盖件老羊皮袄，头枕钻头休息一会儿；天下雨了，头顶雨衣不离开井场。王进喜以无私奉献为荣，把自己的一切置之度外。有一次，他帮助一个井队制服井喷，在井场上两天两夜没有合眼，回到大队吃饭的时候，吃着吃着，碗掉在地上，人就靠在墙边睡着了，他把自己的全部精力和心血都倾注在打井上。他不仅使自己所在的井队打得快，而且主

动帮助别的井队打得快,打得好,别的井队缺少零部件,只要他们有,就马上派人送去;打井遇到困难,他总是亲自带人去支援。他说:"我们一个井队打得再快,也拿不下个大油田,要让所有的队都打上去,超过我们,那才叫人高兴哩!"

　　王进喜的家庭生活相当困难,但他从未领过组织给的经济补助,对自己和家人要求十分严格。为了维持全家生计,王进喜叫老母亲管账,精打细算地过日子。会战工委和各级党组织都想尽办法对困难职工给予补助,像王进喜这样的情况可以享受每月30元的"长期补助",但王进喜自己从来不花,他把这些钱都补助给困难职工了。大队派人给他家送去猪肉和面粉,他都一律拒收。上级为照顾他,给他配了一台威力斯吉普车。王进喜自己很少坐,就用它来给井队送料、送粮、送菜,拉职工看病,这辆车完全成了公用车。可自己老母亲病了,还是王进喜的大儿子用自行车推着祖母去卫生所。与王进喜的爱人同期来油田的家属多数已经转成了正式职工,他的爱人却一直是家属,在队里烧锅炉、喂猪。

　　自强、自律、负重、拼搏的铁人精神蕴含着伟大的人格力量,包含着深刻而积极的人生思考,它作为大庆精神的重要组成部分,有着不朽的价值和永恒的力量,是人们心中永远不朽的丰碑。社会学家艾君认为:"铁人"不仅仅是一个先进人物的代表,还体现着一种精神。这种"铁人精神"是一面旗帜,凝聚着工人阶级的朴素情感;是一股力量,凸显着坚忍不拔的创业勇气;是一种标志,折射着中华民族自力更生、艰苦奋斗的民族气概。今天重温"铁人精神",就是要鼓励青年创业者弘扬"铁人精神",以"铁人"为榜样,在实现中华民族伟大复兴的"中国梦"中再立新功。

第三章 改革开放与现代化建设新时期历史故事讲评中的思想政治教育

第一节 钢铁英雄史光柱

"没有花香,没有树高,我是一棵无人知道的小草……"这首歌曾流行全国大江南北,唱着这首歌,就会想起在对越自卫反击战中的第二阶段"两山轮战"、我军收复老山作战中涌现出的钢铁战士史光柱。

一、故事背景

1978年12月18日至22日,中共十一届三中全会在北京召开。全会作出了把工作重点转移到社会主义现代化建设上来和实行改革开放的战略决策,这是新中国成立以来党的历史上具有深远意义的伟大转折,结束了粉碎"四人帮"后两年在徘徊中前进的局面,形成了以邓小平为核心的党的中央领导集体,揭开了社会主义改革开放的序幕。以这次全会为起点,中国进入了改革开放和社会主义现代化建设的历史新时期。

中共十一届三中全会后,在中共中央的支持和推动下,以包产到户、包干到户为主要形式的家庭联产承包责任制在全国各地逐渐推广开来。家庭联产承包责任制将农民家庭承包经营的积极性和集体经济的优越性结合起来,因而受到农民的普遍欢迎。从1979年到1984年,农业总产值年平均增长率达到7.9%,再加上国家提高了粮食和部分农产品的收购价,允许农户自主进行多种经营,农民收入明显增加。在这期间,城市经济体制改革也开始进行探索。对外开放也迈出了较大的步伐。1980年3月,中央决定在深圳、珠海、汕头、厦门设立经济特区,采取多种形式吸引和利用外资,学习国外的先进技术和经营管理的方法。此后,经济特区加快发展。在推进经济体制改革的同时,也开始了政治体制改革和其他方面体制的改革和建设。

为了改革开放的需要,国家逐步调整对外政策。1979年1月1日,中美两国正式建立外交关系。同年1月,邓小平访问美国,实现了中国领导人对美国的首次国事访问,为中国进行改革开放和现代化建设提供了有利的外部条件。

根据新的国际局势,1980年1月,邓小平在《目前的形势和任务》的讲话中作出一个重要判断:"如果反霸权主义斗争搞得好,可以延缓战争的爆发,争取更长一点时间的和平。"他还提出:"我们的对外政策,就本国来说是要寻求一个和平的环境来实现四个现代化。"这为中国适时调整外交战略提出了重要的思路。

在中国改革开放刚刚起步的时候,越南政府却在中国的南边三番五次地挑起边境事端,严重地影响了中国的经济建设和改革开放。

由于中苏关系从破裂走向对抗,社会主义阵营不复存在,中国出于自身安全的考虑,逐步实现了从革命性外交到务实性外交的根本转变。外交理论也由"三个世界"取代了"两大阵营",中国推行更加务实的外交政策,开始实行与美和解、联美制苏战略。中国从20世纪70年代中期逐步削减对外援助。而越南开始推行在尽可能多地获取中苏巨额援助物资的同时逐渐又倒向苏联一边的战略。随着中越两国的战略调整,原来在意识形态掩盖下的分歧和矛盾——边界冲突,领土、领海争端和华侨问题开始暴露出来。

1975年,越南统一,开始实施建立"印度支那联邦",遭到中国的反对。法属印度支那包括越南、老挝和柬埔寨,自从被法国殖民统治之后三国就有了一定的渊源,随着第二次世界大战的结束,民族解放运动兴起,越南、老挝、柬埔寨三国也开始了独立运动;而越南共产党作为最强势的一方一直有恢复大印支的想法，提出建立"印度支那联邦"。1977年越南共产党总书记黎笋访华，明确得知中国反对其建立"印度支那联邦"的计划后，中越两国关系急剧恶化，越南公开走上与苏联结盟的道路。由于越南的忘恩负义，苏联完成了从陆地对中国的包围。从粉碎苏联包围中国的计划和一贯反对霸权主义的立场出发，中国在越南、柬埔寨冲突中逐渐采取支持柬埔寨的政策。

1978年9月，越南加入以苏联为首的经济互助委员会，同时，苏联出于牵制中国的考虑，于1978年11月与越南签订了带有军事援助性质的《苏越友好合作条约》，支持越南的扩张。这样，越南政府在苏联的支持下，不顾中国的坚决反对，入侵柬埔寨并迅速占领了整个柬埔寨，推翻了柬埔寨共产党建立的红色高棉政权，同时越南在国内进行大规模排华行动。越南方面还对中越边境的陆地、海洋提出主权要求，并与中国发生了边境冲突。这些举动严重地威胁到了中国的边境安全，影响了东南亚局势的稳定以及中国的经济建设和改革开放。中国一再发出警告，越南方面却置若罔闻，一意孤行，中国政府在忍无可忍的情况下，被迫发动对越边界自卫反击战，对越南实行惩罚。钢铁战士史光柱的英雄事迹就发生在1984年对越自卫反击战的第二阶段"两山轮战"、收复老山战斗中。

二、故事简介

史光柱，男，汉族，1963年出生于云南省曲靖市马龙县，1981年参军，1984年1月加入中国共产党。曾荣立一等功1次、二等功2次、三等功2次，1984年被中央军委授予"一级战斗英雄"、全国自强模范等荣誉称号，被誉为中国的"保尔·柯察金"。

老山位于中国云南省麻栗坡县船头以西，主峰海拔1422.2米，是扼住越南西北部河江市通向中国云南省的咽喉，其战略地位十分重要。1984年4月28日凌晨，老山、者阴山还在沉睡，忽然间，随着两颗信号弹腾空而起，我军边防部队集结的数千门各式火炮同时开火，数一万发炮弹带着中国人的愤怒猛烈地倾泻在老山、者阴山的越军阵地上，越军阵地被笼罩在一片火海之中。紧接着，成都军区十四军四〇师、四十一师，十一军三十一师分别对老山、者阴山一线越军发起进攻！在收复老山拔点作战时，史光柱所在连队的任务就是占领老山主峰东侧前沿的 57 号、50 号等高地。

战斗打响后，2 排的进攻遭到了敌人的炮火拦阻，在代理排长刘朝顺受重伤的情况下，史光柱奉命指挥 2 排向 57 号高地继续进攻。进攻中，他又临时指挥 3 排剩余同志一起战斗，可敌人的火力压得全排抬不起头来，史光柱果断指挥大家散开队形以做好隐蔽，他自己爬到一棵横倒的大树旁仔细观察，看准敌人一个正在喷着火舌的机枪火力点，迅速拿起牺牲的战友的火箭筒，用一发火箭弹将敌机枪打哑。接着，史光柱又指挥机枪压制敌人的另一个火力点，并命令 8 班火箭筒手李林端用两发火箭弹干掉敌人的第二个火力点，2 排和 3 排剩余同志趁势向前冲去。进攻中，史光柱翻过一棵被炮弹炸断而倒在地上的大树时，敌人的子弹"嗖嗖"地从他身边飞过，史光柱左小腿负伤，但他忍痛继续带队前进。

占领 57 号高地后，史光柱迅速调整了战斗部署，带领战士们攻打 50 号高地。50 号高地位于老山主峰东侧，上面有敌人的一个连部，高地由三个小山包组成。敌人在正面设有堑壕、交通壕、防步兵绝壁、不规则的雷场和铁丝网，形成以高射机枪、重机枪、无后坐力炮交叉火力和明暗火力相结合的防御体系。激战中，一发炮弹在史光柱头顶 4 米高的一根树枝上爆炸，顿时，飞散的弹片打进了他的左臂左眼，强大的气浪把他掀滚出两三米远，钢盔也飞了出去，史光柱当即昏迷不醒。战友们立即赶上来为他包扎。过了几分钟，战友们把他从昏迷中喊醒，大家焦急地告诉他，第一次攻击受挫。史光柱咬着牙站起来，立即组织第二次进攻。

进攻中，战友们在史光柱英勇精神的鼓舞下，勇猛地向 50 号高地扑去。当遇到了敌人的雷场，史光柱命令战士们使用地雷开辟器，打开了 50 多米长的通路。通过雷区后的第二关，是敌人设置的防步兵绝壁，高处约 3 米，低处有 2 米左右。史光柱选了一个位置，组织战士们攀了上去。一登上绝壁，史光柱立即和副连长李金平组织火力猛烈压制山头上的敌人，4 班、5 班交替掩护前进，很快攻下第一道堑壕。

史光柱率先跳下堑壕，带着战士们向第二道堑壕前进。在距第二道堑壕20来米的地方，敌人一排手榴弹砸来，史光柱第三次负伤，一块弹片打在其喉部，一块弹片击进他的左膝。此时正是战斗最关键的时刻，史光柱没有犹豫，命令机枪作掩护，同时继续向前冲去。在离敌人前沿堑壕两三米时，副连长李金平踩响了一颗压发雷，小腿被炸断，而在他身旁的史光柱也被炸成重伤。史光柱脸部被打进几块地雷碎片，左眼球也被地雷碎片剜出，位于脸颊一边，血肉和飞起的泥土堵住了他的嘴，他用右手把嘴上的泥土抹了一把，喘了口气，咬紧牙关，忍着剧痛把左眼球使劲往左眼眶里一塞，恰好塞了进去。后来，他在继续进攻时摔进一个坑里昏了过去。很快，连长带着后续部队冲上来，攻下了50号高地。醒来时，连长带着哭声对史光柱说："史光柱，高地拿下来了，你的任务完成得非常出色。"

战斗结束后，战友们把史光柱从阵地上抢救下来，送到了医院。史光柱8处负伤，其中6处重伤。双眼、脸部、喉部、右耳、左臂、左膝上有大大小小的几十块弹片，仅从脸上取出的碎弹片就有一小把，医生把史光柱从死神手中夺了回来，遗憾的是他从此双目失明。战后，中央军委授予史光柱"一级战斗英雄"荣誉称号，其英雄事迹被收入保边疆献青春英模连环画库《勇士强者史光柱》一书中。

三、史光柱英雄故事讲评中的思想政治教育

1. 祖国利益高于一切的爱国主义精神

1984年，中央军委决定收复被越南侵占的西南边境领土老山，上级把主攻作战任务交给了史光柱所在的团。战前，史光柱向连队党支部递交了血书，决心在战斗中"宁可前进一步死，决不后退半步生；宁可死在山顶，也不死在山脚"，并请求担负最艰巨的作战任务。他在给父母的信中写道："亲爱的爸爸，当你收到这封信的时候，也许我已经上了战场。你老人家等候我杀敌立功的喜讯吧！我一定让你老人家看到我的军功章。如果我牺牲了，你收到军功章，不要难过。如果不牺牲，战后我就带着军功章回来看望你老人家。那时你会自豪地微笑，你会说我无愧于党的培养，是你的好儿子。"

这些都体现了史光柱忠于党、忠于祖国、忠于人民的坚定政治信念和祖国利益高于一切的无私奉献的爱国主义精神。

2. 英勇顽强、不怕流血牺牲的精神

1984年4月28日战斗打响后,史光柱担任突击班班长,在排长负重伤的情况下,史光柱对排长说:"排长,放心吧,只要我不死,一定带领全排完成任务!"他代理排长指挥战斗,身先士卒,冲锋在前。在攻击敌人阵地过程中,史光柱先后4次8处负伤,左眼球被打掉了,右眼球被打进两块弹片,但他坚持不下火线,一直坚持指挥战斗。他忍着伤痛,摸索地扶着一棵小树站起来,高声喊道:"同志们,现在是最关键的时刻,为党为人民杀敌立功的时候到了,向前冲啊!"最终带领全排攻占了57、50号高地,圆满完成了上级交给他的战斗任务。随救援队一起来的联合国的观察员看到:他8处负伤,被炸瞎了双眼,不知道周围的情形,不知道战友都已离他而去,而他依然靠手雷坚持着战斗;援军到来时,他已昏迷不醒,但是就在他被救援队救醒后,他竟然奇迹般地站了起来,把全排弟兄们的名字点了一遍,直到发现没有一个答应,于是,史光柱默默地抓起身边的枪,说了一句话:"弟兄们,老哥给你们报仇!"说完就朝有枪声的地方走去!事后,联合国的这位观察员说:"我只来了一天,但我已经知道这场战争的胜负了,我看到了一个标准的中国军人。"

3. 自强不息的奋斗精神

史光柱是战场上的英雄,也是生活中的强者。战后,史光柱被中央军委授予"战斗英雄"的荣誉称号。但他并没有以功臣自居,没有以英雄称号作为资本向人民伸手要什么,而是用他那伤残而又壮实的身躯,在生命的制高点上不断地超越自己。在双目失明的情况下,他依靠顽强的毅力,克服了常人难以想象的困难,学会了盲文。1986年,史光柱进入深圳大学中文系学习汉语言文学专业,以优异成绩完成本科学业,成为我国第一位获得文学学士学位的盲人。史光柱坚持文学创作,用优秀的作品鼓舞人,发表了大量诗歌、散文，出版了《眼睛》《黑色的河流》等 6 部诗文集，在国内外各种刊物发表诗歌散文 540 多篇，17 次获国家级文学奖，许多作品被俄、法、英等国翻译并广为传播。2000 年在国家有关部门举行的对中华民族千年思想文化有卓越影响的人物评选中，他是唯一入选的新中国英模，被誉为中国的"保尔·柯察金"，史光柱还多次受到党和国家领导人的接见。多年来，史光柱拖着残疾的身躯，坚持参与社会公益活动，先后帮助 1 000 余名残疾人重新点燃生活的希望，他曾获"全国自强模范"的荣誉称号。史光柱自强不息的奋斗精神激励和鼓舞了一代又一代青年人。2009 年，为迎接新中国成立 60 周年，中央宣传部、中央组织部等 11 个部委联合组织开展了"100 位为新中国成立作出突出贡献的英雄模范人物和 100 位新中国成立以来感动中国人物"评选活动。经全国近 1 亿群众的投票评选，史光柱入选"100 位新中国成立以来感动中国人物"。

第二节　九八抗洪，众志成城

1998 年夏，长江、嫩江和松花江流域发生了历史上罕见的洪涝灾害，虽然是一次突发性的短期灾害，但它给我国世纪之交的改革和发展增添了压力和考验。在严重的自然灾害面前，全国人民在中共中央的坚强领导下"万众一心，众志成城"，同历史上罕见的特大洪水进行艰苦卓绝的搏斗，表现出了中华民族气壮山河的英雄气概。

一、故事背景

1992 年 10 月中共十四大召开后，中国的改革开放向纵深方向发展。经济体制改革沿着建立社会主义市场经济的目标在各方面进行深入推进。到 1997 年，中国对外开放的一类口岸达到 235 个，二类口岸达到 350 个，逐步形成了从沿海到沿江、从沿边到内陆的，多层次、多渠道、多种形式的，全方位对外开放的新格局。

中共中央根据十四大的精神，立足改革发展的实际，提出了"抓住机遇、深化改革、扩大开放、促进发展、保持稳定"的基本方针。1995年9月，江泽民在中共十四届五中全会上发表讲话，深刻阐述了要正确处理好社会主义现代化建设中的十二个重大关系。他指出改革、发展、稳定的关系是总揽全局的，要把改革的力度、发展的速度和社会可承受的程度协调统一起来，做到在政治和社会稳定中推进改革和发展，在改革和发展的推进中实现政治和社会的长期稳定。这是对中共十一届三中全会以来改革开放实践经验的科学总结，反映了中国特色社会主义建设的根本规律。1995年，"八五"计划胜利完成，提前实现了"三步走"战略的第二步目标。中共十四届七中全会通过了《关于制定国民经济和社会发展"九五"计划和2010年远景目标的建议纲要》，阐述了国民经济和社会发展的九条重要方针，提出要实现从传统的计划经济体制到社会主义市场经济体制、从粗放型增长方式到集约型增长方式的两个根本转变。

这一阶段精神文明建设与民主法制建设也不断加强。党中央坚持"两手抓、两手都要硬"的方针，采取一系列措施和办法，不断加强社会主义精神文明建设。中共中央对新形势下的精神文明建设作出了具体部署和规划，强调要以科学的理论武装人，以正确的舆论引导人，以高尚的精神塑造人，以优秀的作品鼓舞人，培养有理想、有道德、有文化、有纪律的社会主义公民。这个决议的贯彻，使社会主义精神文明建设得到进一步加强，也为继续深化改革、加快发展创造了良好氛围。

1997年9月，中共十五大召开，大会把邓小平理论同马克思列宁主义、毛泽东思想一道确立为中国共产党的指导思想；阐明了建设中国特色社会主义的经济、政治和文化的基本目标和基本政策；提出了党在社会主义初级阶段的基本纲领；明确了中国跨世纪发展的战略部署。中共"十五大"在世纪之交的关键时刻，继承邓小平遗志，承前启后、继往开来，明确回答了中国的改革开放和现代化建设继续向前发展的一系列重大理论问题和政策问题，从思想上、政治上、组织上为中国特色社会主义事业的跨世纪发展提供了根本保证。

改革开放和现代化建设在经受风雨考验中前进。中共十五大后,改革开放和现代化建设事业,是在应对来自经济、政治和自然界等方面的一系列严峻的考验中稳步推进的。

二、故事简介

1998年夏,我国江南、华南大部分地区及北方局部地区普降大到暴雨,长江干流及鄱阳湖、洞庭湖水系,珠江、闽江和嫩江、松花江等江河相继发生了有史以来的特大洪水灾害。长江发生继1954年以来又一次全流域性的大洪水,先后出现8次洪峰,宜昌以下360公里江段和洞庭湖、鄱阳湖的水位长时间超过历史最高纪录,沙市江段曾出现45.22米的高水位。嫩江、松花江发生超历史记录的特大洪水,先后出现3次洪峰。珠江流域的西江和福建闽江流域,也发生了百年一遇的特大洪水。在湖北、湖南、江西、安徽、江苏、黑龙江、吉林、内蒙古等省区沿江沿湖的众多城市和广大农村,经济社会发展和人民生命财产安全都受到洪水的严重威胁。总之,1998年,我国发生洪水的江湖之多、洪峰之高、流量之大、受灾人数之众、地域之广、历时之长都是世所罕见的,洪涝造成的灾害是非常严重的。据民政部等9个单位1998年年终的核定,全国共有29个省、区、市遭受了不同程度的洪涝灾害,受灾面积达2 229.2万公顷,成灾面积达1 378.5万公顷,受灾人口达1.8亿人,死亡4 150人,房屋倒塌685万间,损坏房屋1 329.9万间,紧急转移安置1 839.3万人。各地估报直接经济损失2 550.9亿元,江西、湖南、湖北、黑龙江、内蒙古和吉林等省区受灾最重。①

九江告急,荆州告急,武汉告急,大庆告急,哈尔滨告急……入汛以来,中共中央一直密切注视气候的变化和江河的汛情,及时对全国抗洪工作进行周密部署。根据受到洪水威胁地区的实际情况,中央明确提出了严防死守、确保长江大堤安全、确保重要城市安全、

---

① 何沁.《中华人民共和国史》.北京:高等教育出版社,2009年版,第487页。

确保人民生命安全的战略方针，作出了大规模动用人民解放军投入抗洪抢险、军民协同作战的重大决策。在抗洪抢险最危急的时刻，中央审时度势，作出正确判断，发出总动员令，要求广大军民坚定信心，坚持坚持再坚持，直到取得最后的胜利。国家防汛抗旱总指挥部坚决贯彻党中央、国务院的决策，充分准备，全面部署，果断指挥，科学调度，争取到防汛抗洪的主动地位。这些重大方针决策和部署，指导和保证了抗洪抢险工作的顺利进行。

人民解放军和武警部队坚决响应党和人民的召唤，36万官兵投入抗洪抢险的斗争中。他们发扬一不怕苦、二不怕死的革命精神和不怕疲劳、连续作战的作风，起到了中流砥柱的作用。从坚守荆江大堤到抢堵九江决口，从会战武汉三镇到防守洞庭湖区，从保卫大庆油田到决战哈尔滨，哪里最危险，哪里任务最艰巨，那里就有人民子弟兵。空军航空兵出动飞机上千架次，源源不断地将抗洪大军和物资器材投送到抗洪一线；海军潜水兵在长江和松花江冒着生命危险，进行水下探索和摄像，海军航空兵配合地方水利部门进行航空遥测，为抗洪指挥部提供准确的资料；陆航出动几十架直升机，及时进行空中侦察指挥，投送抢险救灾物资，解救被困人员；舟桥部队出动近千艘舟艇，救群众，运物资；通信兵部队先后为抗洪部队调用长途线路251条，架设程控电话2 588部，配发移动电话1 358部，真正做到抗洪部队战斗到哪里，通信就开通到哪里。

在参加抗洪抢险斗争的部队中，从将军到士兵，人人奋勇争先，用血肉之躯铸起了冲不垮的坚强大堤，涌现出大批英雄。高建成、李向群、吴良珠、罗伟峰、翟冲、胡继成、王占成、李长志、杨晓飞、陈申桃、包石头、宋波、董光琳、罗典苏、马殿圣等同志，就是其中的杰出代表。一个英雄倒下去，千万个英雄站起来。这种慷慨赴难、视死如归的大无畏气概，天地为之动容，世人为之赞叹。参加抗洪抢险的战士大都是十八九岁的独生子女，平时在家里都是"重点保护对象"。但在抗洪抢险的第一线，他们个个都是铁打的英雄汉，是人民的保护神。

公安干警积极投入抗洪抢险工作中，不畏艰苦，维护了灾区社会秩序的稳定。人民解放军和武警官兵为党和人民建立了新的历史功勋。受灾省区的各级党委和政府认真贯彻执行党中央、国务院的方针和决策，加强对抗洪抢险的指挥和领导，全力以赴做好动员和组织工作。在危急时刻和生死关头，各级领导干部纷纷奔赴现场，同广大军民一道顽强奋战。基层党组织充分发挥政治核心和战斗堡垒的作用，共产党员、共青团员充分发挥先锋模范作用，他们身先士卒，以身作则，冲锋在前，撤退在后，在群众中树立了良好的榜样。

人民群众是夺取抗洪抢险胜利的主力军和真正的英雄。在受到洪水威胁和袭击的各个地区，人民群众在惊涛骇浪面前没有惊慌失措，在失去家园和亲人的时刻没有悲观消沉，他们忍着悲痛更加斗志昂扬地迎战洪水。他们舍小家保大家，舍局部保全局，表现出很高的思想觉悟和高尚的情操。水利、气象、水文等方面的科技工作者夜以继日地工作，发挥了重要的技术指导作用；来自祖国四面八方的医疗卫生工作者深入抗洪前线进行防疫治病，保证了抗洪军民的身体健康。新闻工作者及时报道党中央、国务院的指示精神，不畏艰险、深入一线积极宣传抗洪军民的英雄事迹，弘扬正气，鼓舞斗志。通讯、铁路、交通和其他战线的同志都把支持抗洪抢险当作首要任务，大力协作，在各自的岗位上作出了重要贡献。

全国人民心系灾区，情系灾区，发扬中华民族团结友爱、互助互济的优良传统，无私地大力支持第一线军民。为了战胜这场特大自然灾害，解放军和武警部队共投入兵力35万多人，地方党委和政府组织调动了800多万干部群众参加抗洪抢险，加上为抗洪抢险提供直接服务的各部门、各地区、各系统的力量，总数达上亿人口。而其他以不同的方式关心、支持抗洪抢险的人们更是难以计数。这场抗洪抢险斗争规模大，气势壮，斗争严酷激烈。而更为重要的是上下一心、干群一心、党群一心、军民一心、前方后方一心，同洪水进行了惊心动魄的搏斗，确保了大江、大河、大湖、干堤的安全，确保了重要城市和主要交通干线的安全，确保了人民生命财产的安全。

在这场伟大的抗洪抢险斗争中，我们形成了万众一心、众志成城,不怕困难、顽强拼搏,坚韧不拔、敢于胜利的伟大抗洪精神,这是一笔无比珍贵的精神财富。

三、"万众一心,抗洪抢险"故事讲评中的思想政治教育

1. 万众一心、众志成城的强大凝聚力

在抗洪抢险中,各地方、各部门通力合作,一方有难,八方支援,全国人民万众一心,凝聚力空前增强,成为抗洪抢险第一线军民的坚强后盾。党中央密切关注着灾情发展趋势和抗灾的进展,时刻牵挂着受灾群众和抢险军民,各级党组织充分发挥了党的领导作用。洪水无情人有情,全国人民情系灾区,一列列火车、一架架飞机、一队队汽车满载着物资、食品,满载着各地群众的深情厚意,从各个方向往灾区集结。

这次抗洪抢险是新中国成立以后人民解放军抗御自然灾害动用兵力和装备最多的一次。截止1998年8月23日,解放军和武警部队共投入兵力36万多人,组织民兵预备役部队500多万人,动用车辆23.68万台次,舟艇3.75万艘次,飞机和直升机1289架次。地方党委和政府组织调动了800多万干部群众参加抗洪抢险运动,加上为抗洪抢险提供直接服务的各部门、各地区、各系统的力量,抗洪抢险总数达上亿人。举国上下,万众一心,不分男女老幼,捧出颗颗爱心。捐款捐物行动之快,数量之多,前所未有。民政部、中华慈善总会、中国红十字会和各地民政部门共接收捐款35.15亿元人民币,捐物折款37.44亿元人民币。① 这表达了全国人民的深情厚意,也说明了在灾难面前,中国人民万众一心、众志成城的强大凝聚力。尽管这次洪水造成了非常严重的经济损失,但是,伟大的抗洪抢险斗争,使全国人民的政治觉悟得到提高,精神状态更加振奋,中国共产党与人民群众的血肉联系、军队与人民的鱼水之情空前加

---

① 何沁.《中华人民共和国史》.北京:高等教育出版社,2009年版,第489页。

强,全民族的大团结空前巩固,使我们在政治上取得了巨大的收获。

江泽民同志在 1998 年 9 月 28 日《全国抗洪抢险总结表彰大会上的讲话》中指出:从千里长堤到首都北京,从大江南北到长城内外,从沿海省市到边疆民族地区,前方后方步调一致,举国上下齐心协力,中华儿女的力量集结在一起。越是在我国革命、建设和改革的每一个重大关头,全国人民就越是充分显示出这种非凡的凝聚力。有了这种凝聚力,我们就能始终立于不败之地。

2. 不怕困难、顽强拼搏的革命英雄主义气概

抗洪军民为了保卫国家和人民的利益,为了保卫改革开放成果,不怕困难,不畏艰险地英勇抗击这场自然灾害。不是短时间的水来土掩、兵来将挡,而是长时间的反复较量;不是个别人的身先士卒、出生入死,而是全体抗洪军民的团结合作,顽强拼搏。抗洪军民是一个英雄群体,他们中的先进分子,有的累倒,有的累死,有的舍生忘死、舍己救人,有的哥哥倒下弟弟上去、丈夫倒下妻子上去、儿子倒下父亲上去……

英雄战士李向群为了保护国家和人民利益,置生死于不顾,带病顽强抗洪,先后 4 次晕倒在大堤上,被送进医院抢救醒来后,又拔掉输液的针管上堤战斗,终因劳累过度而壮烈牺牲,以其 20 岁的短暂生命谱写了壮丽的人生赞歌,被誉为"新时期的英雄战士"。

"抗洪英雄"高炮五团某连指导员高建成,在危急关头把救生衣让给了不会游泳的新战士,在洪流中继续指挥被洪水冲散的战士进行自救和互救,在连续救出 8 名群众和战士后,自己却因体力不支被急流冲走,献出了宝贵的生命。

"抗洪钢铁战士"吴良珠,在抗洪抢险的紧要关头,既当驾驶员又当抢险突击队员,哪里任务最艰巨、情况最危急,就冲向哪里。他带着已有肝癌晚期的身体顽强拼搏,多次昏倒在大堤上,始终以生命不息、战斗不止的钢铁意志,与洪水进行殊死搏斗。

战士罗伟峰,连续 7 次下水,把 7 名群众救上了大堤。当他第 8 次跳进洪水中时,被一位老大爷死死抱住,动弹不得。危险之中,

小罗抱住了一棵大树,使尽全身的力气,双腿紧紧夹住树干,让老人坐在自己的肩上。整整一夜,水涨一寸,他就将老人往上顶一寸,硬是用自己的肩膀顶着老人,一直坚持到天亮。

战士翟冲在大堤奋战38个小时,昏迷不醒,被送进医院。在医院,他1次停止心跳10分钟,8次停止呼吸,昏迷时间长达42.5小时。

这种不怕困难、顽强拼搏的革命英雄主义精神,是中国人民始终坚强地屹立于世界民族之林的宝贵财富。

3. 坚韧不拔、敢于胜利的坚强意志和必胜信念

这次特大洪涝灾害是对抗洪军民的体力极限、精神极限的最大挑战。洪水为害范围广,持续时间长,抗洪军民被累乏,江河堤坝被泡软,抗洪抢险物资一次又一次被用完,如果没有坚强的严防死守、沉着应战、坚韧不拔的意志和耐力,没有敢于胜利的信心,没有强大的综合国力作后盾,就很难抵御凶猛的接踵而来的长江8次洪峰的冲击,也不可能夺取抗洪抢险的最后胜利。

1998年8月7日中午,九江城防大堤4、5号闸出现决口。洪水湍急,决口由3米逐渐扩展到近60米,堤内堤外落差高达7米多,九江城区50万人民的生命和财产危在旦夕。在这万分危急时刻,南京军区抗洪指挥部紧急调遣部队向决口地段集结,军区司令员陈炳德、政治委员方祖岐要求抗洪抢险部队不惜一切代价堵住决口。军区副司令员董万瑞连续3昼夜在现场指挥。8条民船被成功地沉到了决口处,一袋袋碎石、煤炭、稻谷被投放到水中,在沉船外侧筑起一道新的围堰。水势虽有所减缓,但汹涌的洪水仍穿过沉船底部空隙往堤内奔涌,形势仍然十分危急。洪水面前没有退路,只能咬紧牙关,坚持到底。大堤上拉着一幅醒目的标语:"抗洪抗到水低头,堵口堵到水不流"。在这场恶仗中,很多人连续战斗30多个小时,有的甚至两昼夜没有合眼,先后有20多人因脱水和疲劳过度昏倒了。在3个昼夜的决战中,解放军和武警部队24 000多名官兵共填筑土石方12万立方米,筑坝用钢材80吨,堵口沉船10艘。8月10日,九江决口的第三天晚上8时,决口封堵成功。洪魔在钢铁般的

官兵们面前无可奈何地低下了头。

荆江全长 300 多公里,上起湖北枝城,下至湖南城陵矶,这段河道蜿蜒曲折,泄洪不畅,在汛期往往成为地上悬河。荆江大堤作为武汉防洪的重要屏障,历来是抗洪抢险的重中之重,险口之险。空降兵某军 1.5 万名官兵守护在这抗洪形势最为险恶的 300 多公里的堤段上,奋战 79 天,度过了 79 个不眠之夜。1998 年 8 月 17 日,第 6 次洪峰到达荆江大堤。面对汹涌而来的洪峰,万余名空降兵官兵发出震撼天地的誓言:"誓与大堤共存亡!人在堤在,我在人民生命财产在!"空降兵官兵奋战 24 小时,排除了 28 起重大险情。79 个日日夜夜,空降兵部队先后排除了 300 多处险情,创造了未溃一堤一圩的奇迹。他们通过不懈的努力,保住了荆江大堤,保住了武汉三镇,保住了长江以北几百万人民的家园,保住了京广铁路。

总之,万众一心、众志成城,不怕困难、顽强拼搏,坚韧不拔、敢于胜利的伟大抗洪精神,是爱国主义、集体主义和社会主义精神的发扬,是中国共产党和人民军队光荣传统和优良作风的发扬,是中华民族的民族精神在当代中国的集中体现和新的发展。这种万众一心、众志成城的伟大抗洪精神,是我们在奋力实现中华民族伟大复兴征途中,战胜一切艰难险阻的宝贵精神财富。

第三节　白衣天使叶欣

2003 年初,我国广东省首先出现传染性非典型性肺炎。随后,广西、山西、北京等省也陆续发生非典疫情。这场突如其来的疫情灾害,严重威胁了人民群众的身体健康和生命安全,也影响着我国的经济发展、社会稳定和国际往来。面对严峻的非典疫情,中共中央和人民政府采取一系列重大决策和部署,带领全国人民迅速遏制了疫情蔓延,取得了抗击非典战役的伟大胜利。在抗击非典战役中,广大医务工作者与病魔短兵相接,涌现出了许多动人的英雄故事。

一、故事背景

新中国成立后经过 50 年的发展,特别是改革开放 20 年来艰苦卓绝的奋斗,昔日贫穷落后的中国发生了翻天覆地的历史巨变。勤劳、勇敢、智慧的中国人民在党的领导下,在古老的华夏大地上创造了举世惊叹的人间奇迹。1999 年 10 月 1 日,是新中国成立 50 周年的喜庆日子,首都各界 50 万军民在天安门广场举行了隆重的庆祝活动,充分展示了国威、军威,进一步鼓舞了全国人民满怀豪情和信心胜利地迈向新世纪。

2000 年,新中国第九个五年计划胜利完成,国民经济和社会发展取得巨大成就。国民经济持续快速健康地发展,综合国力进一步增强。"九五"期间,国内生产总值于 2000 年达到 89 404 亿元,平均每年增长 8.3%。人均国民生产总值比 1980 年翻两番的任务,已经超额完成。2000 年国家财政收入达 13 380 亿元,平均每年增长 16.5%。① 经济总量由世界第 9 位跃居第 7 位。农业基础地位继续加强,粮食综合生产能力稳定在 5 亿吨左右,实现了丰年有余、歉年平衡。工业保持快速增长,主要工业产品产量位居世界前列。粮食储备达到历史最高水平。国家外汇储备超过 1 500 亿美元,位居世界第二。"九五"期间,城乡面貌大为改观。农村贫困人口温饱问题基本解决,城乡居民收入稳定增长。香港、澳门顺利回归,祖国和平统一大业取得历史性进展。两岸经济、文化等各方面的交流与合作进一步发展,两岸同胞交往不断加强。

2001 年 7 月 13 日,中国申奥成功。世界选择了北京,选择了中国。2001 年 12 月 11 日,经过长达 15 年的艰苦谈判,中国正式加入世界贸易组织,标志着我国对外开放进入一个新阶段。

2002 年 11 月 8 日至 14 日,中共十六大召开,大会从 10 个方面总结概括了党领导人民建设中国特色社会主义的基本经验,明确了全面建设小康社会的奋斗目标。中共十六大顺利实现了中央领导的

---

① 何沁.《中华人民共和国史》. 北京:高等教育出版社,2009 年版,第 513 页。

新老交替，为中国新世纪初期全面建设小康社会和推进社会主义现代化建设事业确定了坚强的领导核心，在我们党和国家的发展进程上具有重大的历史意义。

然而，新中国的改革开放和现代化建设事业是在经受风险考验中向前发展的。2003年春天，一场"非典"（非典型性肺炎）疫病灾害突然袭来。由于非典型性肺炎是一种新发现的传染病，不但有较强的传染性，而且在没有得到及时治疗的情况下会很快致人死亡。我国人口多，流动性大，疫情很快蔓延到我国大部分省区市，广东、北京等地的疫情尤为严重。

面对这场考验，全国人民在中共中央和人民政府的领导下展开了一场前所未有的抗击"非典"的斗争。叶欣的感人故事就产生于抗击非典的战役中。

二、故事简介

叶欣1956年7月9日出生于广东湛江市徐闻县的一个医学世家。1974年进入广东省中医院卫训队。1976年毕业时，因护理能力测试成绩名列前茅被留院工作。1983年，因为业务能力突出，被提升为广东省中医院急诊科护士长，成为该院最年轻的护士长。

叶欣性格恬淡，她不求闻达，只讲奉献。作为领导，她的宽容、平和、正直，她的忍让、谦虚和公正，无不深深折服着她的同事和朋友。在急诊科，叶欣一干就是23年。每当急诊科有传染性疾病患者前来急诊时，叶欣总是一马当先，冲锋在前，尽量不让年轻的小护士们沾边。每次她总是说：你们还小，这病危险！对待这类病人，她总是护理得格外耐心、细致，没有一丝的嫌弃。对于家境贫寒的病人，她甚至主动出钱为病人买东西。她常常对护士们说："病人得了传染病已经够不幸了，而社会的歧视给他们心理造成的伤害也许比病痛更难受！作为护士，我们不仅要解决他们身体的痛苦，更要给他们爱的力量，生活的力量。"

2002年12月，一种病因未明的非典型肺炎开始在广州一些地区流行。2003年2月上旬刚过，广东省中医院二沙急诊科就开始收治确诊或疑为非典的病人，最多时一天5人。面对增加了两倍的工作量，叶欣周密筹划、冷静部署，重新调班时，她给自己安排了加强班。

在抗击非典的阻击战中，因超负荷、紧张的工作，有的护士病倒了，叶欣心急如焚。每天上班，她第一件事就是亲自打来开水，拿来预防药，亲眼看着大家吃下去。她苦口婆心地提醒大家落实各项隔离措施，从医生到护工一个也不例外。

在对非典型肺炎患者的救治中，不仅需要高度的责任心，更要有精湛的技术和医护的通力协作。每当患者病情急剧恶化，呼吸困难，烦躁不安，出现心力衰竭和呼吸衰竭时，叶欣护士长总是迅速赶来，娴熟地将病床摇高使患者呈半坐卧位，同时给予其面罩吸氧，接上床边心电图、血压血氧饱和度监测仪，静脉注射强心药、血管活性药、呼吸兴奋药，监测心率、血压、呼吸……患者终于脱离了危险，叶欣却顾不上休息，拖着疲惫的身躯又投入到另一个患者的抢救中去。

高风险、高强度、高效率的工作一直伴随着叶欣。她像一台永不疲倦的机器全速运转着。为了保持患者呼吸道通畅，必须将堵塞其间的大量浓血痰排除来，而这又是最具传染性的。面对危险和死亡，叶欣护士长和二沙急诊科主任张忠德总是默默地尽量包揽对急危重病人的检查、抢救、治疗和护理工作，有时甚至把同事关在门外，声色俱厉，毫无商量的可能。此时，叶欣护士长说得最多的一句话就是："这里危险，让我来吧！""不要靠近我，会传染！"

2003年2月24日，医院来了一位"毒"性极大的非典重症患者！叶护士长与专家组的成员迅速展开了抢救工作：气管插管、上呼吸机。时间一分一秒过去，患者终于从死亡线上被拉了回来。可非典病毒却闯进了在一线连续奋战了好多天、体力严重透支的叶欣的体内。经确诊，叶欣染上了非典型性肺炎，她不得不住进了她为之工作了27年的省中医院总部。每当医护人员前来检查和治疗，她总是再三叮嘱他们多穿一套隔离衣，多戴几层口罩。她甚至提出自己护理自己。院领导前来探望时，她还责怪自己不慎染病，给医院和领导添了麻烦。

叶欣的病情牵动了所有人的心。"叶护士长怎么样了，好转了吗?"为了救治叶欣,医院在最短时间内成立了治疗小组,抽调一名主任负责全程治疗方案的实施。吕玉波院长要求医疗小组用最好的治疗方法、手段和药物为叶欣治疗。治疗小组还特别邀请了中山大学医学院、广东省人民医院、广州医学院的专家参与了整个治疗方案的制订,同时积极向全国寻求支援。然而随着时间的推移,叶护士长的病情始终没有好转。在ICU病房,由于叶欣戴上了面罩,不方便讲话,面对前来治疗的医生,她用笔颤颤巍巍地写道:"不要靠近我,会传染。"护士含泪把纸递给了同事,但大家仍不怕危险,积极对叶欣实施抢救。

多少人的努力和呼唤,都没能挽留住叶欣匆匆离去的脚步!就在叶欣护士长最后所抢救的患者健康出院后不到一个星期,2003年3月25日,叶欣永远离开了她所热爱的岗位、战友和亲人。一位熟悉叶欣的医学专家说:"叶欣是一本书,每一页都燃烧着生命的激情和热烈的追求。"

三、叶欣故事讲评中的思想政治教育

1. 恪尽职守、患者至上的爱岗敬业精神

叶欣在担任广东省中医院急诊科护士长期间,二十多年如一日,恪尽职守,坚持患者至上的原则。急诊科是省中医院最大的护理单位,下设120、输液室、抽血室、注射室、留观室、治疗室6个部门。"快速、及时、有效"的工作性质,复杂多变的病情,不仅需要护士长有一流的护理专长,而且还要有冷静快捷的思维能力和领导能力,是对身心的超级挑战。而叶欣在这里一干就是20多年。

在叶欣的护理生涯中,她的温情护理不知感动了多少绝望的患者。救死扶伤已经化成了她人性的一部分,护理工作对叶欣而言几乎就是一种本能的奉献!每当急诊科有传染性疾病患者前来急诊时,叶欣总是一马当先,冲锋在前,护理得格外耐心、细致,没有一丝的嫌弃。有一次,一位来自福建的重症患者到急诊科治疗,病情刚稳定就急着要求回家。叶欣苦心规劝,但病人就是不听,于是科室决定用救护车送病人回家,叶欣主动申请沿途护理。病人安全到家

后，为了尽快赶回医院上班，叶欣自己出钱乘飞机回到了广州。

叶欣担任护士长期间，始终把培养护理人才作为本科室一项重要的工作来抓。她让年轻护士在自己的手背和手指上试针，并将自己的穿刺绝活倾囊相授。她常说："在我身上练到可以了，在病人身上下针就没问题了。"

叶欣担任护士长期间，始终没有放弃对新知识的钻研，她总是在第一时间掌握最新技术。1995年，叶欣的论文《甲黄膜液对褥疮治疗护理的应用研究》获广东省中医药管理局科技进步三等奖，实现了该院护理课题在科技创新中零的突破。

已经感染上非典、躺在病床上的叶欣仍然惦念着工作。隔离治疗早期，叶欣每天都打电话回科里，叫大家记得吃预防药，叫和她接触过的同事注意体检，叫护士给7床的病人记录尿量、给9床的病人翻身、拍背，等等。

由于叶欣恪尽职守、患者至上的爱岗敬业精神，她多次被评为"优秀共产党员""先进工作者""优秀护士""优秀护士长"。

2．临危不惧、挺身而出的舍生忘死精神

叶欣担任护士长期间无数次地把危险留给自己，始终冲锋在前。无论是现场急救跳楼的垂危人员，还是带头护理艾滋病吸毒者，抑或是冒死抢救"非典"病人，叶欣从来没有瞻前顾后，自虑吉凶。当有伤寒、霍乱、登革热、艾滋病等传染性患者前来就诊时，她常常抢在年轻护士的前面进行护理和救治。

面对肆虐的非典型肺炎，危险和死亡真切地向医务人员走来，此时的叶欣默默承担起最危险的工作。当遇到危急重症"非典"病人时，她与急诊科主任张忠德一起尽量包揽病人的检查、抢救、治疗、护理等工作，把其他护士挡在身后，有时甚至把自己的同事毫不留情地关在门外，不让或少让同事受病毒感染。他们深知，也许有一天自己可能倒下，但能够不让或少让自己的同事受感染，他们心甘情愿！"不要靠近我，会传染！""我已经给这个病人探过体温、听过肺、吸了痰，你们就别进去了，尽量减少感染机会。"在迎战非典的日子里，这番话令很多年轻护士落泪。

为了减少同事因接触她而被传染的机会,她给自己接补液。医生、护士靠近她听肺、吸痰时,她艰难地在纸上写:"不要靠近我,会传染。"院长和其他同事来探望时,她写着:"我很辛苦,但我顶得住。谢谢关心,但以后不要来看我,我不想传染给大家。"

叶欣的突出贡献,使得红十字国际委员会破例授予其南丁格尔奖。叶欣,用她的生命践行了南丁格尔的名言:"在可怕的疾病与死亡中,我看到人性神圣英勇的升华。"2009年9月10日,在中央宣传部、中央组织部、中央统战部等11个部门联合组织的"100位为新中国成立作出突出贡献的英雄模范人物和100位新中国成立以来感动中国人物"评选活动中,叶欣被评为"100位新中国成立以来感动中国人物"之一。

后 记

笔者是长江师范学院"中国近现代史纲要"省级精品课程、省级精品视频公开课程、省级精品资源共享课程及省级思想政治理论课教学改革创新团队的主持人、骨干成员。近年来,为了加强这门省级精品课程、省级精品视频公开课程、省级精品资源共享课程及省级思想政治理论课教学改革创新团队的建设工作,为了优化、辅助思政课教学,为了加强在校大学生思想政治教育工作,我们通力合作,在广泛深入地挖掘近现代中国历史故事资源基础上,终于将《近现代中国历史故事讲评中的思想政治教育研究》这部书稿完成了。本书在写作中参考了大量中外书籍、论文,涉及故事从近代的鸦片战争时期一直到现代的改革开放新时期,资料丰富,内容翔实。愿本书的出版能为从事思想政治教育教学及其研究的同仁、读者起到抛砖引玉之作用。

因撰写时间仓促,本书在撰写过程中,疏漏不妥之处在所难免,恳请专家和读者不吝赐教、批评指正,以便再版时修正提高。

项福库　杨风
2014 年 8 月 1 日于长江师范学院鉴湖之滨